古典文獻研究輯刊

二六編

潘美月・杜潔祥 主編

第 2 冊

四庫全書考校錄（第二冊）

江慶柏、徐大軍 編

王婷、魯秀梅、胡露、趙喜娟、
袁芸、徐大軍、孫瑾、楊麗霞、
沈玉雲、姜雨婷 著

國家圖書館出版品預行編目資料

四庫全書考校錄（第二冊） 江慶柏、徐大軍 編／王婷、
魯秀梅、胡露、趙喜娟、袁芸、徐大軍、孫瑾、楊麗霞、沈
玉雲、姜雨婷 著 — 初版 — 新北市：花木蘭文化事業有限公
司，2018〔民107〕
目 2+232 面；19×26 公分
（古典文獻研究輯刊 二六編；第 2 冊）
ISBN 978-986-485-346-5（精裝）
1. 四庫全書 2. 研究考訂
011.08　　　　　　　　　　　　　　　107001755

ISBN-978-986-485-346-5

9 789864 853465

古典文獻研究輯刊
二六編　第 二 冊　　　　　ISBN：978-986-485-346-5

四庫全書考校錄（第二冊）

編　　者　江慶柏、徐大軍
作　　者　王婷、魯秀梅、胡露、趙喜娟、袁芸、徐大軍、孫瑾、楊麗霞、
　　　　　沈玉雲、姜雨婷
主　　編　潘美月　杜潔祥
總 編 輯　杜潔祥
副總編輯　楊嘉樂
編　　輯　許郁翎、王筑　美術編輯　陳逸婷
企劃出版　北京大學文化資源研究中心
出　　版　花木蘭文化事業有限公司
發 行 人　高小娟
聯絡地址　235 新北市中和區中安街七二號十三樓
　　　　　電話：02-2923-1455／傳眞：02-2923-1452
網　　址　http://www.huamulan.tw 信箱 hml 810518@gmail.com
印　　刷　普羅文化出版廣告事業
初　　版　2018 年 3 月
全書字數　650239 字
定　　價　二六編 25 冊（精裝）新台幣 48,000 元

四庫全書考校錄（第二冊）

江慶柏、徐大軍　編

王婷、魯秀梅、胡露、趙喜娟、袁芸、
徐大軍、孫瑾、楊麗霞、沈玉雲、姜雨婷　著

目

次

《四庫全書總目》子部存目補正

胡　露

作者簡介：

　　胡露，1980 年生，湖南株洲人。2007 年畢業於南京師範大學中國古典文獻學專業，並獲文學碩士學位。曾在《圖書館雜誌》等發表有關《四庫全書總目》的文章數篇。現任職於韓山師範學院圖書館古籍室，副研究館員，點校整理的《秋蟪吟館詩鈔》曾獲 2013 年度華東地區優秀古籍圖書獎二等獎。

內容提要：

　　《四庫全書總目》作爲中國古典目錄的集大成者，對於我們「辨章學術，考鏡源流」，瞭解研究傳統文化，具有重要的參考價值，所以它至今仍是治學者不可缺少的參考工具。然而由於卷帙浩繁，成於眾手，《總目》中的訛誤和疏漏又比比皆是，已經極大地影響了它的學術價值。所以前輩學者如余嘉錫、胡玉縉等爲之做了大量的考證和訂補工作，令後人獲益匪淺。但爲當時條件所限，他們的研究大多以四庫著錄書的提要爲主，對於數量幾乎超過其一倍的存目書的提要卻涉及很少。現在《四庫全書存目叢書》的出版，給這方面的研究帶來了極大的便利，所以現在很有必要，也很有可能對存目書的提要進行一番系統的考證和研究。本文以中華書局 1965 年影印出版的杭州刻本《四庫全書總目》爲底本，並參考武英殿本《總目》，通過與《四庫全書存目叢書》所收版本的存目書的比較研究，找出《總目》子部存目提要中存在的書名、卷數、作者、生平以及內容評價、版本介紹方面的訛誤和疏漏之

處，通過查考原書，結合各家目錄、地方志、文集等相關材料，對提要進行詳細的考證和訂補，整理出共 250 餘條，可供相關研究者參考。

前　言

　　《四庫全書總目》（又名《四庫全書總目提要》，以下簡稱《總目》）是清乾隆年間纂修《四庫全書》過程中所產生的一部偉大的目錄學著作，它代表了我國古代目錄學的最高成就，是中國古典目錄的集大成之作，一向爲學術界重視，被譽爲「讀書門徑，治學津逮」，爲我們掌握古代典籍必不可少的工具之一。全書200卷，其中收有《四庫》著錄書3761種（據文淵閣《四庫全書》），另有認爲內容較差，只存書名的存目書，收有近七千種，幾乎是四庫所收書數量的兩倍。館臣對每種著錄書和存目書都撰有提要，以「辨章學術」、「考鏡源流」。余嘉錫在其《四庫提要辨證·序錄》中贊曰：「衣被天下，沾溉靡窮。嘉道以後，通儒輩出，莫不資其津逮，奉作指南，功既巨矣，用亦弘矣！」但另一方面，由於卷帙浩繁，編纂謄錄歷數百人之手及眾所周知的封建專制文化積弊等歷史原因，《總目》也存在著許多缺憾，如疏漏、訛誤等等。如果運用時不加注意，不免以訛傳訛。故許多前輩學者如胡玉縉、余嘉錫，今人李裕民、崔富章、楊武泉等先生都做過大量的考證、訂誤工作，極有益於後人。但是，他們的著作大多以考證四庫著錄書爲主，對於存目書，或是認爲價值不大，或是因爲難以看到大量存目書，所以考證不多。如《總目》子部，余嘉錫《四庫提要辨證》考證了近二百二十種，其中存目部分僅三十二種，胡玉縉《四庫全書總目提要補正》也不過十多種。而實際上，存目書的提要因作者相對不甚知名，館臣撰寫時也重視不夠，存在著更多的訛誤和疏漏，更需要做大量的補正工作。

　　歷史上，一些學者對存目書認識不足，認爲存目中大都是所謂的「俚淺」之書，沒有多大的價值，裏面有許多「糟粕」。其實，今天看來，四庫存目書

的內容極其豐富，其中有許多典籍的思想及學術價值頗高，但在清政府「寓禁於徵」的指導思想下，大量的有價值的書——即使收錄在《四庫全書》中的某些書，也未必能與之相比，卻因各種理由被列在存目中，而不能如《四庫全書》那樣行世流傳，爲我們所用（存目書的文獻價值詳見季羨林、任繼愈、劉俊文《四庫存目與〈四庫全書存目叢書〉》，《北京大學學報・哲學社會科學版》，1997 年第 5 期）。1997 年，以季羨林先生爲主編，《四庫全書存目叢書》編纂委員會編，齊魯書社出版的《四庫全書存目叢書》（以下簡稱《存目叢書》）出版齊全，爲我們解決《總目》「存目」中存在的諸多問題提供了很好的便利條件。今天如何更好的利用存目書是一個很急迫的問題，我們也極需對存目書作一番深刻的研究考察。所以，我把《總目》中對存目書的提要作爲研究目標，正是希望能作出自己應有的貢獻。由於筆者學識、時間及精力的限制，故現只就《四庫全書存目叢書》子部所錄之書進行考證，以求有益於學術研究。其餘部分的補正，以及詳細考察各條目致誤的原因等工作，則只能留待今後或其他同道完成了。

　　《古籍整理研究學刊》2006 年第 4 期曾發表過我和周錄祥的《〈四庫總目・子部雜家類〉存目訛誤例舉》，文中僅針對子部雜家類存目的訛誤分門別類，如姓名之誤、職官之誤、時間之誤、書名篇名之誤、計數之誤、籍貫之誤等，其實對於整個《總目》而言，其訛誤疏漏類型大抵也不出此範圍，諸如著者生平經歷、著述內容評價、版本介紹各方面，都存在各種訛誤與疏漏之處。本書所列，約 250 餘條，各條目即按《總目》先後之序，依次補正，不再區分訛誤類別。文中所引《總目》，除注明爲殿本《總目》之外，皆爲中華書局影印浙江刻本。

　　不難看出，《總目》（包括存目部分）存在著諸多的問題，不容漠視。學術研究中如果僅以《總目》爲據，則可能得出錯誤的結論，影響學術成果的品質。對《總目》的補正勢在必行。對《總目》作更加系統和細緻的整理工作，吸收最新的研究成果，整理出一本更加完善而又準確的《四庫全書總目》，使之眞正成爲一部治學者可信賴的學術工具書，已經刻不容緩。

《四庫全書總目》卷九五・子部五・儒家類存目一

正蒙釋四卷（《總目》頁802下，下同）

舊本題明高攀龍集注，徐必達發明。攀龍有《周易易簡說》，必達有《南京都察院志》，均已著錄。

按：考《總目》卷八十著錄有《南京都察院志》四十卷，云：「明施沛撰。沛始末未詳，其修此書時則爲南京國子監生，時董其事者爲操江副都御史徐必達。亦天啓初因修兩朝實錄而作也。」雖云徐必達董其事，然不題徐必達撰，亦未交代徐必達生平。而此處《正蒙釋》又以《南京都察院志》已著錄，徐必達本事必已交代，故例從略，致徐氏始末不明。今考《明史》卷二百九十二有：「徐世淳，字中明，秀水人。父必達，字德夫，萬曆二十年進士。知溧水縣，築石臼湖堤，奏除齊泰姻戚子孫軍籍二十六家。累遷吏部考功郎中，與吏科給事中儲純臣同領察事。純臣受賊吏賕，當大計日，必達進狀請黜純臣，面揖之退，一座大驚。遷光祿丞，陳白糧利弊十一事，悉允行。進少卿，巡漕御史孫居相以船壞不治，請雇民船濟運，必達爭止之。天啓初，以右僉都御史督操江軍。白蓮賊將窺徐州，必達募銳卒會山東兵擊破之。遷兵部右侍郎，以拾遺罷歸，卒。」又《檇李詩繫》卷十六言其著有「《南州草》、《南州詩說》」，可補《總目》之闕。

程書五十一卷（803中）

國朝程湛編。湛，爵里未詳。是編所錄惟《程氏遺書》、《外書》，而益以明道文一卷。其次序則非朱子之舊也。

按：考《四庫全書存目叢書》影印清康熙二十五年刻本清程湛撰《程書》五十一卷附《拾遺》一卷，前有呈文，云「臣湛、亮生長永寧縣二程祠旁，兢兢惟玷辱先人是懼，謹將遺書除闕誤不錄，校正重刊，進呈御覽，仍廣梓行，世勿失傳焉。」末署「兵部武庫清吏司郎中臣程湛恭呈」。可據以知其爲永寧（今河南洛寧縣）人，曾官兵部武庫清吏司郎中，此可補《總目》之闕。

小學纂注六卷（804下）

國朝高愈撰。愈有《高注周禮》，已著錄。是書因天台陳選舊《注》略刪訂之，後附《總論》及《朱子年譜》。

按：考《明史》卷一百六十一陳選本傳有「陳選字士賢，臨海人。」吳

寬《家藏集》卷五十九《布政使陳公傳》云:「公諱選,字士賢,姓陳氏,台之臨海人也」。《總目》卷九十二《小學集注》提要亦云:「選字士賢,臨海人。」考《舊唐書》卷四十《地理志》三云:「臨海:漢回浦縣,屬會稽郡。後漢改為章安,吳分章安置臨海縣。武德四年,於縣置台州,取天台山為名。」又《宋史》卷八十八《地理志》四:「台州……縣五:臨海,黃巖,寧海,天台,仙居。」又《明史》卷四四《地理志》五「浙江」「台州府」:「洪武初為府。領縣六。西北距布政司四百四十里。臨海、黃巖、天台、仙居、寧海、太平。」是台州古稱臨海,而自宋起臨海、天台俱台州二屬縣,本非一地,不容相混。若用古稱,則稱「台」即可,如吳寬撰《傳》,不言「天台」。《總目》此言「天台陳選」,不確。

言子三卷（806 上）

宋王爚編。爚字伯晦,會稽人。

按:《總目》亦未言其仕履。考《宋史》卷四百十八有本傳,云:「王爚,字仲潛,一字伯晦,紹興新昌人。登嘉定十三年進士第……（咸淳十年）十一月以爚為左丞相」,可據補。又《姑蘇志》卷四十:「王爚,字仲潛,一字伯晦,新昌人」,雍正《浙江通志》卷一百十三等亦皆稱「王爚,字仲潛,新昌人」。《總目》此亦不當稱其古名會稽。

大學衍義通略三十一卷（806 上）

明王諍編。諍號竹巖,永嘉人。嘉靖庚戌進士,官至右僉都御史,巡撫貴州。

按:考王世貞《弇州續稿》卷一百二十五《中憲大夫都察院右僉都御史竹巖王公墓表》:「日而以書奉故御史中丞王公諍之誌銘若傳而投世貞曰……夫王公者,浙之永嘉人也,字子孝。」又《經義考》卷一百六十、雍正《浙江通志》卷一百六十二、乾隆《雲南通志》卷十九亦云:「諍字子孝」,可據補《總目》之闕。

聖賢語論二卷（806 下）

元王廣謀編。廣謀始末未詳。

按:《欽定續文獻通考》卷一百七十三有《王廣謀聖賢語論》二卷,亦云:「廣謀里貫無考。」考《經義考》卷二百七十八著錄有《王氏廣謀家語句解》三卷,言:「存。馬思贊曰:『其書有延祐丁巳刊本,末題刻於精一書舍。』

廣謀字景猷，別字猷堂。」又《千頃堂書目》卷三有王廣謀《孔子家語句解》
四卷，下注：「字景猷。延祐三年刊」。又《山堂肆考》卷一百二十二「文學‧
著書上」《家語》有：「孔子家語，總目自相魯至公西赤，共四十四篇。猷堂
王廣謀句解。」皆可證廣謀字景猷，一字猷堂。此可補《總目》之闕。

《四庫全書總目》卷九六‧子部六‧儒家類存目二

顏子鼎編二卷（807 中）

明徐達左編，高陽刪補並注。達左字良夫，平江人。

按：《欽定續文獻通考》卷一百七十三亦作「平江人」。考《姑蘇志》卷
五十四、乾隆《江南通志》卷一百六十三皆云：「徐達左，字良夫，吳縣
人」。《千頃堂書目》卷十七有：「徐達左耕漁文集六卷」，云「字良夫，吳郡
人。」考《明史‧地理志一》，蘇州府元時爲平江路，領吳、長洲、吳江、崑
山、常熟、嘉定、崇明七縣及太倉州。又《明史‧地理志五》有平江縣，與
巴陵、華容、臨湘同爲岳州府之屬縣。則《總目》此言達左爲「平江人」，
蓋謂其爲蘇州人，而用宋、元時舊稱「平江」。《總目》之例，籍貫皆應明
其州縣，此署「平江」，易使人誤解爲岳州府之平江縣，不妥。此作「吳縣」
爲宜。

困辨錄八卷（811 中）

明聶豹撰。……是編乃其嘉靖丁未繫詔獄時所札記，分辨中、辨易、辨
心、辨素、辨過、辨仁、辨神、辨誠八類。羅洪先爲之批註。

按：「辨誠」，考《四庫全書存目叢書》影印南京市博物館藏明刻本《雙
江先生困辨錄》八卷，目錄及第八卷卷首皆作「辨誠」，第八卷有云：「君子
有大道，必忠信以得之，驕泰以失之。」又云：「唯天下至誠爲能經綸天下之
大經，立天下之大本。」又云：「唯天下至誠爲能盡其性，能盡其性則能盡人
之性……」可證《總目》所言「辨誠」爲「辨誠」之誤。

辨惑續編七卷附錄二卷（811 下）

明顧亮撰。……是書……分爲七門，首曰原理，言人之所以爲邪說所惑
者，由於此理之不明，次曰事生，言事親之要，曰應變，曰奠祭，曰擇墓，
曰送葬，曰拘忌，則皆論喪葬之事也。又爲附錄二卷，論生死、輪迴、壽夭、
貧富、貴賤、吉凶、禍福諸事，及師巫、邪術之害，專爲鄉俗之弊而作，故

注釋字義，詞皆淺近，取其易曉。

按：考《四庫全書存目叢書》影印上海圖書館藏明成化五年刻本《辨惑續編》七卷《附錄》二卷目錄，卷一爲「事生」，卷二爲「應變」，卷三爲「居廬」，卷四爲「奠祭」，卷五爲「擇墓」，卷六爲「送葬」，卷七爲「拘禁」，與《總目》所言「首曰原理，言人之所以爲邪說所惑者，由於此理之不明」不同，且較《總目》所列多「居廬」一門。又《附錄》卷上爲「論死生」、「論輪迴」、「論邪術」、「論貧富」、「論貴賤」、「論吉凶」，《附錄》卷下爲「論師巫」、「論邪術」。《總目》言「論生死」，不確。

諸儒語要二十卷（812下）

明唐順之編。……十四卷以前以人分，凡周子、二程子、張子、謝良佐、楊時、胡宏、朱子、張栻、陸九淵、楊簡、王守仁十有二家。十五卷以下以類分。其爲某人之言或注或不注。閱之殊不甚了了。

按：《四庫全書存目叢書》影印爲十卷。卷一至六按人分，後四卷以類分。高攀龍《高子遺書》卷九上有《重刻諸儒語要序》，云：「唐荊川先生輯《諸儒語要》十卷，其六卷皆諸先生所自得語，四卷則辨析同異，而考亭之語爲多。」然前六卷實十三家，卷六楊慈湖與王陽明間，尚有陳白沙。《總目》此遺漏。考陸隴其《三魚堂剩言》卷七即云「唐荊川編《諸儒語要》十卷，高景逸序云：『前六卷皆諸先生所自得語，後四卷則辨析同異。』然前六卷載周、程、張、朱五先生、上蔡、龜山、五峰、南軒之語，而終以象山、慈湖、白沙、陽明之語，如河津、餘干不得與焉，則去取未當也。後四卷雜取先儒之言而不注明姓氏，則條例未善也……」亦可證其遺漏。

擬學小記六卷續錄一卷（812上）

明尤時熙撰。時熙字季美，自號西川居士，洛陽人。嘉靖壬午舉人，官國子監博士。事蹟具《明史·儒林傳》。

按：《欽定續文獻通考》卷一百七十四言其「官至工部主事」。考《明史》卷二八三，儒林二，云：「入爲國子博士……尋以戶部主事榷稅滸墅，課足而止，不私一錢，念母老乞終養歸，遂不出。」《明儒學案》卷二十九「主事尤西川先生時熙」亦云：「歷元氏、章丘學諭、國子學正、戶部主事，終養歸。」《明文海》卷四百四十二《尤西川墓銘》（張元忭撰）述之更詳：「庚子遷國子學正……甲辰，遷戶部主事，榷滸墅稅。……丁未，年四十有六，以母老乞終養歸。」皆可證其官至戶部主事，《總目》此例不當僅言其「官國子

監博士」。

東溪蔓語一卷（812中）

明曹煜撰。煜，浮梁人。嘉靖丙戌進士，其仕履未詳。據書中自言，則嘗爲縣令者也。

按：考同治《上海縣志》卷十二「職官表上」，縣令嘉靖七年至十年爲曹煜。卷十四「名宦」有傳，云「曹煜字孟輝，浮梁人。嘉靖四年進士。七年，任縣事。仁厚宏恕，博愛兼濟……多著政績，在任四年，天官卿上其事，詔拜南京監察御史。」知其字孟輝，嘉靖七年至十年官上海縣令。雍正《江西通志》「選舉」「明　六」「嘉靖五年丙戌龔用卿榜」卷五十四「曹煜，浮梁人，僉事。」雍正《浙江通志》卷一百十八「職官　八」「明　二」「提刑按察司僉事」中有「曹煜，浮梁人」。考《明史》卷七十三「職官二」：「十三道監察御史一百十人，正七品」，卷七十五「職官志四」：「提刑按察使司。……僉事無定員，正五品。」。則曹煜當官至浙江提刑按察司僉事。

廉矩一卷（812下）

明王文祿撰。文祿字世廉，海鹽人。嘉靖辛卯舉人。

按：《檇李詩繫》卷十二「沂陽子王文祿」云：「文祿字世廉，號沂川叟，號沂陽子，海鹽人，嘉靖辛卯舉人」。然考《明义海》卷三百八十四有王文祿《蟄存坯戶記》云：「沂陽王生文祿，字世廉，父諱佐，母陸氏。弘治癸亥夏五二十九日亥時生，七齡就傅，弱冠受詩。正德庚辰遊海鹽邑庠，嘉靖辛卯中浙試式。」《弇州四部稿》卷十九有《長短句奉贈沂陽王子》。可知王文祿本山東沂陽人，年十八始就學海鹽。《總目》徑以其爲海鹽人，誤。

識仁定性解注二卷（813上）

明何祥撰。祥字克齋，內江人。嘉靖甲午舉人。

按：《總目》未言其仕履。《大清一統志》卷一百九十一「同州府　三」「名宦」「何祥，內江人，嘉靖中知華陰縣，時華山諸峪水暴溢，祥疏渠築堰，逾年工竣，引水漑田，遂成沃壤。」又雍正《湖廣通志》卷四十四「名宦志」「襄陽府」：「何祥，字子修，內江舉人。嘉靖間同知。襄陽北城臨漢水，舊有老龍堤護之，後因水決，祥修築堅固以紓其患，至今賴之，稱爲何夫子」。光緒《襄陽府志》卷二十「職官志一」襄陽府「同知」亦有「何祥，內江人，隆慶元年」。卷二十一「職官志三」「宦績」有傳，云「何祥，字子修，內江人。

舉人。官同知。仁恕平易。老龍堤決，祥築之，堅於昔日。民稱之何佛子」。又雍正《陝西通志》卷五十三「名宦　四　令長」有「何祥，字子修，四川內江人。舉人。華陰知縣。……升襄陽府同知」。皆可證何祥曾官華陰知縣，後官至襄陽府同知。

禮要樂則二卷（813 中）

明阮鶚撰。鶚，桐城人。嘉靖甲辰進士，官至右副都御史，巡撫福建。事蹟附見《明史‧胡宗憲傳》。

按：《總目》未言其字號。考雍正《浙江通志》卷一百十七、《萬姓統譜》卷八十一皆有「阮鶚，字應薦，桐城人」。《別號錄》卷二亦有：「阮鶚應薦」。雍正《浙江通志》卷一百四十八又有「阮鶚，《獻徵錄》：號函峰，桐城人。」明許相卿《雲村集》卷六有《與阮函峰宗師》文。《御定淵鑒類函》卷九十三「建高士堂」條下亦有注：「周文興……晚年移居武林，徜徉湖山，總制胡梅林、巡撫阮函峰爲建高士堂以居之。」皆可證阮鶚字應薦，號函峰。此皆可補《總目》之闕。

學蔀通辨十二卷（813 中）

明陳建撰。大旨以佛與陸、王爲學之三蔀，分前編、後編、續編、終編。每編又自分上、中、下，而採取《朱子文集》、《語類》、《年譜》諸書以辨之。

按：《總目》未言陳建生平。考《欽定續文獻通考》卷一百七十四「陳建《學蔀通辨》十二卷」下云：「建字廷肇，東莞人，嘉靖舉人，官知信陽縣。」又雍正《廣東通志》卷四十七「文苑傳」有：「陳建字廷肇，東莞人，知府恩季子也。與兄越、超、赴皆領鄉薦，而建爲春秋魁，究心因革治亂之跡及道術邪正之機，兩上春官皆乙榜，以母老選授侯官教諭……遷臨江府學教授，編《周子全書》、《程子遺書》、《學蔀通辨》……尋升山東信陽令，興利除害，民稱頌焉。未幾，以母老歸養，益銳意於著述，裒輯《明朝通紀》，至今爲海內所宗，學者稱清瀾先生。」此可補《總目》之闕。

大儒學粹九卷（814 上）

明魏時亮編。時亮字敬吾，南昌人。嘉靖己未進士，官至工部侍郎。事蹟具《明史》本傳。

按：考《明史》卷二二一其本傳，作：「魏時亮，字工甫，南昌人。」雍正《江西通志》卷六十九、《大清一統志》卷二百三十九、民國魏元曠纂修《南

昌縣志》卷三十二「人物三」亦云：「字工甫」。《總目》此言「字敬吾」，未知何據。

胡子衡齊八卷（814上）

明胡直撰。……分言末、理問、亡錮、博辨、明中、徵孔、談言、續問、申言九篇。篇有上下。

按：考《四庫全書存目叢書》影印中國科學院圖書館藏明萬曆曾鳳儀刻本《胡子衡齊》八卷，其目錄及第二卷卷首，皆作「六錮」。卷中有云：「弟子曰：『……蓋二三者之錮於中者有六，請竟宣之以瘳承學。』胡子曰：『何哉六錮？』曰：『世儒之所為爭而未肯降者，則虛實也、天人也、心性也、體用也、循序與格物也。』」可證《總目》作「亡錮」，誤。又考此書「六錮」止一篇，未分上、下。《總目》言「篇有上下」，不確。

三儒類要五卷（814中）

明徐用檢編。用檢字魯源，蘭溪人。

按：雍正《浙江通志》卷一百七十「徐用檢：舊雍正《浙江通志》：號魯源，蘭溪人」，以「魯源」為其號。又考《禮部志稿》卷四十二，有「徐用檢，克賢，浙江蘭溪人。」則其字為「克賢」。《欽定續文獻通考》卷一百七十四作「用檢，字克賢，號魯源。蘭溪人」，《明儒學案》卷十四「太常徐魯源先生用檢」，云「徐用檢，字克賢，號魯源，婺之蘭溪人」，可證。《千頃堂書目》卷三徐用檢《五經辨疑》下亦云：「字克賢，蘭溪人。」

李見羅書二十卷（814中）

明李復陽編。皆其師李材講學之書。材字孟誠，豐城人。嘉靖壬戌進士，官至右僉都御史，巡撫鄖陽。事蹟具《明史》本傳。

按：《總目》未言李復陽生平。考《東林列傳》卷二十一有《李復陽傳》，云：「李復陽字宗誠，江西豐城人。萬曆癸未進士……歷遷通政司左參議，卒，學者稱元沖先生。」可據補《總目》之闕。

中銓六卷（815中）

明汪應蛟撰。……是編皆其講學之語，起萬曆丁亥，至乙卯，凡二十年。

按：考《四庫全書存目叢書》影印中國科學院圖書館藏明萬曆四十六年新安汪氏刻清印本，卷一為萬曆丁亥戊子集，卷二為萬曆丁未戊申集，卷三為萬曆己酉庚戌集，卷四為辛亥壬子集，卷五為萬曆甲寅乙卯集，卷六為萬

曆丙辰丁巳集。實自萬曆丁亥，至萬曆丁巳，前後歷三十一年，然實止錄其中十二年講學之語，非三十一年中，年年皆登也。

殘本文華大訓箴解三卷（816下）

明吳道南撰。……道南因按其篇章，前爲之序，次爲之解，次爲之箴，以嘉靖十四年正月表上。此本僅存三卷，已非完書。

按：考《四庫全書存目叢書》影印南京圖書館藏明嘉靖刻本《文華大訓箴解》六卷，爲全本。前載道南《文華大訓箴解表》，云：「嘉靖十九年正月，內臣道南謹奏：爲昭對謨以崇固國本事。」可知《總目》言「以嘉靖十四年正月表上」，誤。

聖學啟關臆說三卷（817上）

明龍遇奇撰。遇奇字才卿，號紫海，吉安人。萬曆辛丑進士，官至監察御史。

按：考雍正《江西通志》卷七十九、雍正《浙江通志》卷一百五十五、雍正《陝西通志》卷五十一皆稱龍遇奇「字紫海，永寧人」。考《明史》卷四三《地理志四·江西》，永寧縣隸屬吉安府，《總目》舉編撰者籍貫，例皆明其州縣名。則此可據補《總目》之疏。

劉子節要十四卷（817中）

明惲日初編。日初號遜庵，武進人。

按：《總目》未言其字，考《清史稿》卷五○○有：「惲日初，字仲升，號遜庵，武進人。崇禎癸酉副榜。」此可補《總目》之闕。

印正稿六卷（818中）

明張信民撰。信民，澠池人，孟化鯉之門人也。

按：此言信民生平未詳。考《總目》卷六十著錄有明馮奮庸撰《張抱初年譜》一卷，提要云：「信民字孚若，號抱初，澠池人，由鄉貢官仁懷縣知縣」。然考雍正《河南通志》卷六十一：「張信民……由明經授懷隴令……以不避權貴謫檢校」。《千頃堂書目》卷二，張信民《四禮述》、卷三《訓蒙要纂》、卷十一《日鈔》下皆注云：「字孚若，澠池人，萬曆中選貢，懷仁知縣。」所述亦頗牴牾。考《中州人物考》卷一《張知縣信民》，云：「信民……尋以萬曆朝選貢授隴西令……未幾，以不避權貴，謫西安藩司檢校……及誣詆白，授懷仁令。」則其先後官陝西隴西令、河南懷仁令也。雍正《河南通志》誤合

隴西、懷仁爲懷隴，《總目》則誤倒「懷仁」爲「仁懷」也。

衡門芹一卷（818 中）

是書皆論治天下之法，分治本三綱，治具八目。三綱曰君治、君心、君學。

按：「君治」，殿本《總目》作「君志」。考《四庫全書存目叢書》影印北京圖書館藏明晉淑健等刻本，亦作「君志」，其中云：「志貴弘而毅，作室者先築基，習射者先立鵠，行路者先期所止之境，何也？……昔伊尹、顏淵俱布衣，有志欲爲堯舜，竟與堯舜同歸。……」皆論立志。可知浙本《總目》作「君治」，誤。

《四庫全書總目》卷九七・子部七・儒家類存目三

紫陽通志錄四卷（821 中）

國朝高世泰編。世泰有《五朝三楚文獻錄》，已著錄。

按：《四庫》著錄高世泰書，唯《紫陽通志錄》一種，並無《五朝三楚文獻錄》。考乾隆《江南通志》卷一百四十二有傳，云：「高世泰字彙旃，攀龍從子，懷宗時以進士授禮部主事，歷湖廣提學僉事，嚴立教條以理學訓士，葺江夏濂溪書院，邀楚士講習其間，任滿乞歸，與諸同志勤舉講會。」雍正《湖廣通志》卷四十一亦有傳。可據補《總目》之闕。

此庵語錄十卷（821 下）

國朝胡統虞撰。統虞字孝緒，武陵人。前明崇禎癸未進士，入國朝官至國子監祭酒。

按：考雍正《湖廣通志》卷五十：「胡統虞，武陵人，前明進士，選庶吉士，升檢討，順治初詔授國史院檢討，典直隸鄉試，稱得人，擢國子監祭酒，講學彝倫堂，以明善誠身爲要，升秘書院學士，纂修《實錄》，教習庶起士，以疾終。」既言「升秘書院學士」，則非「官至國子監祭酒」也。《詞林典故》卷七：「順治六年己丑科」「胡統虞」下亦注「內院學士」，可證。

論性書二卷（823 下）

是書引《書》、《易》、《孝經》、《論語》、《家語》、《左傳》、《禮記》、《中庸》、《孟子》、《孔叢子》、《子華子》、《荀卿子》、《論衡》、《老子》以及唐宋

以來諸家論性之語，而衷以己說，末自附《性說》二篇。

按：考《四庫全書存目叢書》影印北京圖書館藏清初龍江書院刻本此集，《論衡》、《老子》之下，尚有《秦漢人論性》一節，包括賈誼、王輔嗣（弼）、趙臺卿（岐）、韓嬰、啖助、袁準等人論性之語。《總目》此遺漏矣。

約言錄二卷（823下）

國朝魏裔介撰。是編乃順治甲午冬裔介在告時所筆記，內篇多講學，外篇則兼及雜論。

按：考《四庫全書存目叢書》影印北京圖書館分館藏清刻本《靜怡齋約言錄》二卷，前有《約言錄自序》，云：「癸巳之冬，注籍在寓，積雪凝寒，百年所無，飛鴻滿野，鳩面盈途，痛念吾生未至饑困，然不能賑救，亦何忍見聞？遂謝卻知交，閉戶高吟，追憶舊聞，隨手記錄，得二百一十餘則，分為內、外二篇，曰《約言錄》。」末署「順治甲午正月，柏鄉魏裔介題於燕邸之靜怡齋中」，可知此書成於順治癸巳之冬至甲午正月，非如《總目》所云「順治甲午冬」。

朱子聖學考略十卷（824上）

國朝朱澤沄撰。澤沄字止泉，寶應人。

按：考《清史稿》卷四八〇列傳第二六七儒林一：「王懋竑，字子中，寶應人。……同邑與懋竑學朱子學者，有朱澤沄、喬僅。澤沄，字湘陶。」又賴貴三《清代乾嘉揚州學派經學研究的成果與貢獻》亦云：「朱澤沄（1666～1732），字湘陶，號止泉。」可知《總目》誤其號「止泉」為其字也。

廣祀典議一卷（824上）

國朝吳肅公撰。肅公有《讀禮問》，已著錄。

按：考《總目》卷二十三禮類存目一著錄有《讀禮問》一卷，提要云：「國朝吳肅公撰。肅公有《詩問》，已著錄。」《詩問》著錄於《總目》卷十八詩類存目二。則此亦當言「肅公有《詩問》，已著錄」，不當舉較後者。

溯流史學鈔二十卷（825上）

國朝張沐撰。……次曰《嵩高錄》，遊嵩山時作。侯重喜序稱：「二錄作於避薦潛跡之時。」考沐前後兩任縣令，不知中間數年何以忽為隱士也？次曰《鈞談錄》，因歲歉流寓禹州作。

按：考《四庫全書存目叢書》影印清華大學圖書館、中國科學院圖書館

藏清康熙侯重喜等刻本此集，「嵩高錄」，目錄及卷六至八卷首、版心皆作「嵩談錄」，「鈞談錄」，目錄、卷九、十卷首、版心皆作「鈞談錄」。考書前附康熙三十三年季冬之四日丁酉年雪園侯重喜序有：「《關中錄》，夫子避薦舉，潛跡長安、臨潼間止筆。旋又避於嵩高登密間，又爲《嵩談錄》。至《鈞談錄》者，夫子避蔡邑凶歉，講學於禹州所錄也。」鈞，鈞州，即禹州。《明史》卷四二《地理志》三：「禹州，元曰鈞州。……萬曆三年四月避諱改曰禹州」。則作「鈞談錄」，非。

信陽子卓錄八卷（826下）

國朝張鵬翮撰。……是書凡分七目：曰體道、曰致和、曰存省、曰修己、曰治人、曰聞道、曰博物。俱采輯前言往行，附以己說。名曰「卓錄」，取如有所立卓爾之義也。

按：考《四庫全書存目叢書》影印北京大學圖書館藏清康熙刻本此集，《體道》後作《致知》，其中云：「朱子曰：知者，心之神明，所以妙眾理而應萬事也。故知不昧，斯能妙眾理而應萬事。日用之間，知最爲切要……」皆論「格物致知」之「致知」，《總目》作「致和」，非也。

《四庫全書總目》卷九八・子部八・儒家類存目四

小學稽業五卷（829上）

國朝李塨撰。……卷四爲學記。卷五爲十有五學樂、誦詩、舞勺。

按：考《四庫全書存目叢書》影印中國科學院圖書館藏清光緒五年定州王氏謙德堂刻畿輔叢書本此集目錄，卷四爲「學計」。考卷四所載有《九九數》、《算盤九九上下法》、《九歸歌》、《歸因總歌》、《九章算法》等，皆爲計算之學。則《總目》作「學記」，誤。又目錄卷五作「十有三年學樂　誦詩　舞勺」，卷五卷首有：「《內則》曰：十有三年，學樂、誦詩、舞勺。」考《禮記注疏》卷二十八《內則篇》，有「十有三年，學樂、誦詩、舞勺。成童舞象，學射御。」注云：「先學勺，後學象，文武之次也。成童，十五以上」。則《總目》作「十有五學樂、誦詩、舞勺」，誤。

嵩陽學凡六卷（829下）

國朝景日昣撰。日昣有《嵩岳廟史》，已著錄。

按：考《四庫全書總目》卷七六史部三二地理類存目五依次著錄有《說

嵩》三十二卷、《嵩岳廟史》十卷,《說嵩》提要云:「國朝景日昣撰。日昣字東陽,登封人。康熙辛未進士,官至戶部侍郎。」則此處例當言:「日昣有《說嵩》,已著錄。」又考《四庫全書存目叢書》影印四川省圖書館藏清康熙刻本,目錄、各卷卷首、版心皆作「嵩厓學凡」。考卷一卷首鈐有印章,云:「嵩厓景日昣,字多易,亦字東暘。」又書前扶景氏《學凡題言》,末署「壬午歲冬十月嵩厓景日昣多易氏書之於端署之聽日軒」,則嵩厓為其號。又書前附焦欽若跋有:「需次家居,刻《嵩厓詩集》……」知景氏自撰書,多以「嵩厓」為題。則《總目》此作「嵩陽學凡」,不確。

續小學六卷（829 下）

國朝葉鈴編。鈴號潛夫,嘉善人。

按:《總目》未言其字。考清江峰青修、顧福仁纂光緒二十年刻本《重修嘉善縣志》卷二十四「文苑」,有:「葉鈴字重君,號潛夫,繼美孫……著有《孝經注疏大全》、《明紀編遺》、《小學衍義》、《續小學》、《果山志》、《人譜大全》」。此可補《總目》之闕。

讀書小記三十一卷（833 上）

其目為《大學》、《中庸》、《論語》、《孟子》札記者,凡六卷。為《周易》札記、《易論》、《易卦考》者,凡七卷。

按:考《四庫全書存目叢書》影印北京師範大學圖書館藏清雍正七年敬恕堂刻本此集,目錄及正文皆作「易輪」,版心題「婁山易輪」。有《易輪引》,云:「易輪者,羲易之變也。羲易極天下之至變而周易反變,實以發明羲易之變,有非漢唐以下諸子所能盡其變者。愚嘗思而衍之十餘年,乃為此圖。其法止於一闢一闔而惟變所適足以撥轉六十四卦,使之周流六虛,往來不窮,而旋轉如輪。……」可證《總目》作「易論」,誤。

講學一卷（834 中）

國朝陳祖銘編。……上卷曰溯源委、同人我、端學術、定志趣、認本體、議工夫、求悟門、先默識、崇實際、重悟輕修、脫世味,凡十一條。

按:考《四庫全書存目叢書》影印北京圖書館藏清鈔本此集,「求悟門」後、「先默識」前尚有「嚴真似」一條,此條下注:「銘按:真似嚴而邪偽之術消」,文中有「第有為似狂,有守似狷,似狂則不得為真狂,似狷則不得為真狷……諸公能認得真狂狷脈絡否?認得真狂狷脈絡,便可直造中行以

入堯舜之道」云云。則《總目》所列闕「嚴眞似」一條，而總數實應爲十二條也。

《四庫全書總目》卷一〇五‧子部一五‧醫家類存目

神應經一卷（884頁下）

明陳會撰，劉瑾補輯。會字善同，稱宏綱先生。瑾字永懷，號恒庵。均不知何許人。

按：考《四庫全書存目叢書》影印中國中醫研究院圖書館藏日本昭和四十九年東京都盛文堂據日本正保二年版翻刻本，前有《梓桑君針道傳宗圖》，云：「宏綱陳先生名會，字善同，漢丞相蕃四十一代孫，豐城橫江里人。」「劉瑜，永佩，西江人。劉瑾，永懷，劉瑜弟。」此可補《總目》之闕。

刪補頤生微論四卷（886下）

凡二十四篇：曰三奇、曰醫宗、曰先天、曰後天、曰辨妄、曰審象、曰宣藥、曰運氣、曰臟腑、曰別證、曰四要、曰化源、口知機、曰明治、曰風土、曰虛癆、曰邪祟、曰傷寒、曰廣嗣、曰婦科、曰藥性、曰醫方、曰醫藥、曰感應。門類頗爲冗雜。

按：考《四庫全書存目叢書》影印中國科學院圖書館藏明崇禎十五年刻本此集，卷四有「醫方論第二十二」後，爲「醫案論第二十三」，其中列「吏部少宰蔣恬庵」、「屯田孫待御瀟湘夫人」、「徽州太學方經儒」等三十例病症，卷首《總目並凡例》亦云：「述案三十條，皆症之變者，而常者不贅也」。則《總目》作「醫藥」，誤。

雷公炮製藥性解六卷（886下）

舊本題明李中梓撰。凡金石部三十三種，果部十八種，穀部十一種，草部九十六種，木部五十七種，人部十種，禽獸部十八種，蟲魚部二十六種。每味之下各有論案。

按：考《四庫全書存目叢書》影印中國中醫研究院圖書館藏明天啓二年刻本此集，其「草部」分上、中、下三卷，草部上四十二種，草部中五十四種，草部下五十四種，則草部凡一百五十種也。意者館臣止計其上、下二部九十六種，而漏計草部中五十四種也。又，此集「木部」下有菜部（卷六），凡十種，館臣漏計。又，此集目錄中禽獸部爲十八種，然考其卷六正文，此

部實十九種，正文「雄雀」後有「雀卵」一種，《目錄》中漏載，《總目》止據《目錄》，未核正文，因致誤。

魯府秘方四卷（887 上）

明劉應泰編。應泰嘗爲魯王府侍醫，其里貫未詳。是書分福、壽、康、寧四集。首載五言贊一首，以頌魯王。

按：考《四庫全書存目叢書》影印北京圖書館藏明鈔本《新刊魯府秘方》四卷，首載《禁方括》一首，曰：「魯藩仁主，心同天地。忠孝賢明，精金美玉。時值飢饉，迻施賑齋。積善累德，陰功普被……刊佈天下，咸沾恩惠。國泰民安，功垂萬世。」即《總目》所謂頌魯王贊者也，然其明爲四言詩，非《總目》所謂五言詩。

末載《延生》、《勸世》等箴，尤與醫藥無關。

按：考此集卷四末，有《延年廿箴》、《勸世百箴》，《總目》所謂「延生」，不確。

孫氏醫案五卷（887 上）

明孫泰來、孫明來同編。

按：考《四庫全書存目叢書》影印中國科學院圖書館藏明萬曆孫泰來等刻本此集，其中《三吳治驗》卷首題：「明新安生生子孫一奎文垣甫輯，門人余煌、子泰來、朋來同閱梓」，孫一奎族侄燁《族叔生生子醫案小序》亦云：「叔始因余言而翻然首肯，乃其二子泰來、朋來欣欣色喜……」皆作「朋來」，而非「明來」。《赤水元珠》屢言「孫仲子泰來曰」云云、「孫季子朋來曰」云云，亦可證《總目》作「明來」，誤。「泰來」、「朋來」，皆出《周易》。《易·復》：「朋來無咎」。作「明來」不可解矣。

折肱漫錄六卷（887 中）

明黃承昊撰。……分養神、養氣、醫藥三門，其論專主於補益，未免一偏。

按：考《四庫全書存目叢書》影印中國科學院圖書館藏明崇禎刻本此集，書前《小引》云：「蓋取三折肱成良醫之義，一曰養神，一曰養形，一曰醫藥。」書中卷二至卷三即爲養形篇。《總目》作「養氣」，不確。

證治大還四十三卷（887 下）

國朝陳治撰。治字三農，華亭人。是書凡《證視近纂》二卷、《藥理近考》

二卷、《濟陰近編》五卷、《幼幼近編》四卷、《醫學近編》二十卷、《傷寒近編前集》五卷、《後集》五卷。

按：考《四庫全書存目叢書》影印北京圖書館分館藏清康熙貞白堂刻本此集，首爲《診視近纂》二卷。「診視」，義爲瞭解病情而進行檢查。《總目》作《證視近纂》，不確。

治自謂五世業醫，所著書有《璜溪醫約解》、《醫師窹言》、《外臺秘典》、《脈藥驪珠》各種。

按：《總目》之意，所列四種皆陳治自撰也。考此集前自序：「閱曾大父而至於治，蓋已五世於茲矣。邃崑公有《璜溪醫約解》，完樸公則有《醫歸窹言》，蓉城公有《外臺秘典》、《脈藥驪珠》。」則四種爲其先世諸公所著。且《總目》誤《醫歸窹言》爲《醫師窹言》，蓋字形相近也。醫歸者，爲醫之宗旨也。

石室秘籙六卷（888 下）

國朝陳士鐸撰⋯⋯前有岐伯序，自題「中清殿下宏宣秘籙無上天大帝真君」。又有張機序，自題「廣蘊真人」。方術家固多依託，然未有怪妄至此者，亦拙於作僞矣。

按：考《四庫全書存目叢書》影印中國科學院圖書館藏清雍正八年馬弘儒萱永堂刻本此集，康熙丁卯冬至前一日岐伯《序》，自題爲「中清殿下弘宣秘籙無上天真大帝真君」，《總目》所引脫一「真」字。又張機《序》，實題「廣德真人」，非《總目》所謂「廣蘊真人」。

濟陰綱目十四卷（889 上）

國朝武之望撰，汪淇箋釋。之望字叔卿，自署關中人。淇字瞻漪，一字右子，錢塘人。是書所分門目，與《證治準繩》之《女科》相同，文亦全相因襲，非別有所發明。蓋即王肯堂書加以評釋圈點，以便檢閱耳。

按：雍正《陝西通志》卷七十五「經籍第二·子類」著錄有《濟陰綱目》，注云：「總督三邊臨潼武之望撰」，考雍正《陝西通志》卷六十云：「武之望，字叔卿，臨潼人，萬曆己丑進士。⋯⋯以少司馬總督陝西三邊軍務⋯⋯」。乾隆《臨潼縣志》卷七亦有其傳。可參。《中國古籍善本書目》著錄《濟陰綱目》有明萬曆四十八年刻本（五卷）、明天啓刻本（五卷）等，皆題「明武之望撰」。《總目》以武之望爲清人，誤。又《四庫全書存目叢書》影印中國科學院圖書館藏清雍正天德堂刻本此集，書前所附自序署「西陵憺漪子汪淇右子甫」，

各卷卷首皆題作「西陵汪淇憺漪子箋釋」，《總目》此作「瞻漪」，誤。《總目》卷一九四總集類存目四著錄有《尺牘新語》二十四卷，云：「國朝徐士俊、汪淇同編。士俊字野君，淇字憺漪，並錢塘人」，則不誤。

保生碎事一卷（889 上）

國朝汪淇撰。卷末一條云「隨有《濟陰綱目》及《慈幼綱目》即鐫行」。則是書之成，猶在《濟陰綱目》之前。其《慈幼綱目》自謂即《證治準繩》之《幼科》，加以評釋。今未見其本。

按：考《四庫全書存目叢書》影印中國科學院圖書館藏清雍正天德堂刻本此集，書末一條爲「又曰：隨有《濟陽綱目》（南圖藏清金閶書業堂梓行正本，行款皆與此本同，唯此作「濟陰綱目」）及《慈幼綱目》即鐫行世，謹此預白。」據前，《濟陰綱目》爲明萬曆時武之望撰，汪淇清人，不過加以箋釋耳。《保生碎事》乃淇自編，成書安得在《濟陰綱目》前？

傷寒分經十卷（889 下）

國朝吳儀洛撰。此書爲其《醫學述》之第五種。取喻嘉言所撰《尚論篇》重爲訂正。凡太陽經三篇、陽明經三篇、太陰經一篇、少陰經二篇、厥陰經一篇、春溫三篇、夏熱一篇、脈法二篇、諸方一篇、補卒病論一篇、秋燥一篇，共十有九篇。

按：考《四庫全書存目叢書》影印此集，陽明經上、中、下三篇後，太陰經一篇前，尚有少陽經一篇（此書卷三上），法共二十一條，附合病九條，附並病五條，附壞病三條，附痰病三條。合《總目》所列舉之十九篇，實共二十篇。

醫津筏一卷（890 下）

國朝江之蘭撰。之蘭字含微，歙縣人。

按：考《四庫全書存目叢書》影印山西大學圖書館藏清道光吳江沈氏世楷堂刻昭代叢書本此集，題「歙縣江之蘭含徵著」，《總目》稱其字「含微」，不確。

安驥集三卷（890 下）

不著撰人名氏。前有僞齊劉豫時刊書序曰：「尚書兵部阜昌五年準內降付下都省奏，朝散大夫尚書戶部郎中馮長寧等箚子，成忠郎皇城司準備差遣盧元賓進呈司牧《安驥集方》四冊。奉齊旨，可看詳，開印施行。長寧等竊謂

國家乘宋後，不得已而用兵。故遣官市馬於隴右，詔修馬政。始命有司看詳司牧《安驥集方》，開印以廣其傳」云云。詳其序意，則舊有此書，偽齊刊之耳。

按：考《宋史》卷二〇七「藝文志第一百六十·藝文六」，著錄有李石《司牧安驥集》三卷，又《司牧安驥方》一卷。雍正《陝西通志》卷七十五「經籍第二　子類」著錄有《樂善錄》十卷、《司牧安驥方》一卷、《司牧安驥集》三卷，注云：「俱唐宗室司馬李石撰。」

《四庫全書總目》卷一〇〇·子部一〇·兵家類存目

兩浙兵制四卷（843 下）

明侯繼國撰。繼國號龍泉，金山衛人。世襲指揮使。

按：考《四庫全書存目叢書》影印天津圖書館藏舊鈔本《全浙兵制》三卷，作侯繼高撰。《明史》卷九十七「藝文志二」著錄有：「侯繼高《全浙兵志考》四卷」、「侯繼高《日本風土記》四卷」。《千頃堂書目》卷八、卷九、朱彝尊《曝書亭集》卷四十四《書海東諸國紀後》亦作侯繼高。雍正《浙江通志》卷二百五十四「經籍·兵制」著錄有《兩浙兵制考》四卷，注云：「萬曆癸巳，將軍侯繼高撰。」此皆可證《總目》作「侯繼國」之誤。

《四庫全書總目》卷一〇七·子部一七·天文算法類存目

官曆刻漏圖二卷（910 中）

宋王普撰。……普字伯照，里籍未詳，官左朝散大夫、行太常博士。

按：考乾隆《福建通志》卷四十三「人物一」：「王普字伯照，與同時劉藻字昭信、任文薦字遠流，俱閩縣人。朱熹嘗稱福州先輩明禮者三人，普為最優，藻次之，文薦又次之。普兼精律曆，官至侍郎。」朱熹所稱即《朱子五經語類》卷六十三「禮四」：「福州有前輩三人，皆以明禮稱，王普字伯照、劉藻字昭信、任文薦字希純……王侍郎普禮學、律曆皆極精深，蓋其所著皆據本，而言非出私臆。」鄞縣萬斯同撰《儒林宗派》卷十二《宋諸儒博考》亦云：「王普伯照，閩縣。」《淳熙三山志》卷二十八：「王普，賓之子，字伯照，歷太常少卿，工部侍郎，終中奉大夫，贈敷文閣待制」。此皆可證王普為

閩縣人，官至工部侍郎。

天心復要三卷（910下）

明鮑泰撰。泰，徽州人。是書作於成化中。

按：考《四庫全書存目叢書》影印天一閣文物保管所藏明鈔本此集，卷首題有「新安鮑泰希止敘述」，書前有《序》，末署「弘治甲寅冬十月，新安鮑泰希止書敘於天都山之獨月樓。」則泰字希止。弘治甲寅爲弘治七年（1494）。又《講歲曆論》後有注：「戊午年書示講曆者」，書後有其識語，云：「弘治戊午夏六月，因書《刻天心復要序》……」，此戊午爲 1498 年（弘治十一年）。又書中《三乘運會圖》之「下乘」有「帝臨　十一章十一年甲子　弘治十七年」云云，則是書絕非成化間即成書也。

《四庫全書總目》卷一一〇・子部二〇・術數類存目一

皇極經世心易發微八卷（932下）

明楊向春撰。向春字體元，號野厓，普洱人。

按：考《四庫全書存目叢書》影印中國科學院圖書館藏民國雲南叢書處刻《雲南叢書》本此集，卷首載《野厓先生傳》，云：「按先生氏楊，諱體仁，字向春，別號野厓，前明嘉靖人也。」後一篇《序》末署：「洱陽楊體仁野厓氏題」，此書前亦題「洱陽楊體仁野厓氏手著」，則《總目》此誤倒其名與字，又誤「體仁」爲「體元」矣。

戎事類占二十一卷（938上）

元李克家撰。考《江西通志》，李克家字肖翁，南昌富州人。至正末，任本學教諭，遷遼陽儒學提舉，即其人也。

按：考《四庫存目叢書》影印明萬曆二十五年厭原山館刻本此書，卷首題「豫章李克家嗣宗甫輯」。書前有豫章張壽朋魯叟甫撰《李嗣宗戎事類占序》，云：「吾郡西山李嗣宗，督學公之孫，大司寇之從孫，孝廉長卿先生之子也。……屬布衣玉山喻魯望紹介，過余竹中居，問序……獨嗣宗乃父心相許，比入仕途，歷上谷參軍……比量移江北，佐郡，乞休歸。適倭奴發難，冉冉六七年，而倭患與日俱深，頃開山失守……會嗣宗出是編相示，余受而卒業，拊掌大歎曰：『虎父生虎子，信然哉！孝廉所奏，保泰榮子，其奉之爲箕裘矣。』」則此書作者李克家字嗣宗，與《總目》作「字肖翁」不同。問序

於張壽朋，則張壽朋與之同時。考《明詩綜》卷五十九有張壽朋詩三首，云「壽朋字沖和，號西江，南城人。萬曆癸未進士，除刑部主事，謫泰安州同知，終廬州府通判。有《深息窩集》」。則張壽朋為明末人，李克家亦明末人。《總目》作元人，誤矣。又《明史》卷二一《神宗本紀二》：「（二十五年）八月丁丑，倭破朝鮮閑山，遂薄南原。」可與張壽朋《序》「適倭奴發難，冉冉六七年，而倭患與日俱深，頃閑山失守」相印證。又此書後有黃岡蔡正茂撰《後序》，云：「李君方少年，才品學識為吾儒大弟子，乃從令孝廉，同抱杞憂。」亦與李克用同時。考雍正《湖廣通志》卷三十五，「萬曆十三年乙酉鄉試榜」有蔡正茂，云「黃岡人，知縣。」亦可證李克用為明末人。又考乾隆《南昌府志》卷五十二「仕績」有「李遷字子安，新建人，嘉靖進士……召為刑部尚書……」即張壽朋序所謂「大司寇」「李遜，字洪西，新建人，嘉靖進士，累官至廣東督學。」即張壽朋序所謂「督學公」，康熙十九年《新建縣志》卷二十四「人物」、卷二十五「經濟」亦各有二人傳。卷二十五又有遜子《李鼎傳》，云：「字長卿，萬曆戊子順天中式……」即張壽朋序所謂「孝廉長卿先生」。以上三人，即李克家之從伯祖及祖、父。此皆可證李克家，明萬曆時南昌新建人，字嗣宗，李遜孫，李鼎子，曾任上谷參軍。《總目》誤與元同名南昌人李克家者混淆矣。

天文秘略無卷數（938 上）

舊本題新安胡氏撰，不著名字。其書雜採占候之說，而附以《步天歌》所陳測驗。大抵牽引傅會，純駁溷淆，不出術士之技。前有劉基序，當為元末、明初之人。然詞旨膚淺，基集亦不載，殆妄人所依託也。

按：考《四庫全書存目叢書》影印北京大學藏清初抄本此書，卷首題「新安心廷胡獻忠集」，胡獻忠著有《大統皇曆經世》三卷，《總目》卷一百十一卷術數類存目二著錄。此書前有新安謝存仁《重訂天文秘略序》，云：「友人胡君抱《天文秘略》以示不佞。」「謝存仁字生甫，祁門人，萬曆乙未進士……歷雲南布政，升巡撫。」前又有其「萬曆乙卯仲秋古旦」自序。則其非「元末、明初之人」明矣。

參籌秘書十卷（938 中）

明汪三益撰。三益字漢謀，貴溪道士。是編採《禽遁》、《奇門》諸書，裒合成編，以備兵家之占。成於崇禎己卯，楊延樞為之序。己卯，崇禎十二年也。

　　按：考《四庫全書存目叢書》影印北京大學圖書館藏明崇禎十二年楊廷樞刻本此書，前有敘，云：「丁丑歲，江城廉訪沈桐岡先生邀余入魯，署中餘暇，興言及此，每爲歎息。爰是冒昧濫筆，彙集前後諸書，剖精晰微，以禽遁演注七元、甲子、吉凶、勝負、定局，訂正奇門定論，考補軍營旗幟，俟受閫外重任者臨用之際不覽國然……戊寅季夏，桐岡先生再轉中州，余因恙南歸，舟次吳門，楊維斗先生熟閱斯書，不忍秘之，命梓以廣其傳……」，署「崇禎戊寅多寓古吳薌溪汪三益」，則此書之成，當在丁丑歲，即崇禎十年。《總目》謂成於崇禎十二年，不確。崇禎十二年，乃此書刊刻之年也。

《四庫全書總目》卷一一一・子部二一・術數類存目二

六壬五變中黃經二卷（944 中）

　　不著撰人名氏。中黃本道家之言，《道藏》有《太清中黃眞經》二卷，亦名《胎藏論》，稱九仙君撰，中黃眞人注，共十八章，皆服氣要訣。是書題嵩嶽眞人凝神子，與所稱九仙君者不相合。蓋術家竊道經之名以示神奇，與吐納導引本無涉也。焦竑《經籍志》載有此書二卷，其來已久。故言六壬者，多援以爲證。今觀其書，傳寫訛謬，注釋亦多互異，殆後人已有所增損。……

　　按：考《四庫全書存目叢書》影印北京圖書館藏明鈔本《大六壬五變中黃經正文》一卷《釋義》四卷，前有《補完直解六壬五變中黃經序》，署「倫古齋後學燕人商皓仲賢書」，云：「郭璞者何？晉明帝時常爲司天官，號曰凝神子、嵩嶽眞人者是也。璞見寶鑒之汗漫難傳，歲久湮沒，因摘其關鍵，另成一篇，名鬼賊五變中黃經之書，……課之紀綱，郭凝神言之備矣；象之吉凶，焦休文注之明矣！……僕弱冠以來，常爲省部掾，奉公閑暇，精力幸餘，攻慕壬課，研窮耽玩，無捨寸陰，積三十餘年，頗得中黃之旨趣，兵革以來，舊本煨燼，徧詣諸方求訪殘編，用心考校，其中闕少者，按羣書經籍，添補脫漏，差錯者，憑諸書改正，更用直言句眞易讀，義淺易識，庶幾廣傳，發揚術中美事，俾好學之君子，復得覽焉。」據此，則此書相傳爲郭璞編，其後焦休文注，而商皓複重編之。焦休文始末不詳。而商皓此序又云：「方今司天監張君正之，亦與之齊名。」考張正之，名居中，金人，官司天監提點。《金史》卷十三《衛紹王本紀》有「司天提點張正之寫災異十六條」。元耶律楚材《湛然居士集》卷八有《司天判官張居中六壬祛惑鈐序》，云：「予故人張正

之，世掌羲和之職，通經史百家之學。」《千頃堂書目》卷十三「五行類·金」著錄有張居中《六壬無惑鈐》六卷，注云「司天判官」。商皓與之同時，可知亦金元間人。

星平會海十卷（947下）

不著撰人名氏。黃虞稷《千頃堂書目》載有其名，蓋明人所編。前有自題，稱武當山玉虛宮三逢甲子日金山人。如果甲子三逢，則年已一百八十矣。術家故爲虛誕，以惑人聽，不足恁也。

按：考《四庫全書存目叢書》影印北京大學圖書館藏清道光八年天祿齋刻本《增補星平會海命學全書》十卷首一卷，卷首署「武當山玉虛宮三逢甲子月金山人　霞陽　水中龍　編集　洪都羊城汝月門人　庚甲山人　雲陽朱會龍　校正　殘夢居士　澹漪　汪淇　重訂」。《總目》此所引不全，且誤「月金山人」爲「日金山人」。又三逢甲子，未必一百八十歲，倘甲子年生，則實歲百二十歲時，即三逢甲子矣。

丙丁高抬貴手五卷續錄二卷（948中）

是書大旨以丙午、丁未爲國家厄會，因歷撫秦莊襄王以後至晉天福十二年，凡值丙午、丁未者二十有一，皆有事變應之，而歸本於修省戒懼，以人勝天。

按：考《存目叢書》影印北京圖書館藏清彭氏知聖道齋鈔本此集，末一則作「後漢高祖天福十二年丁未」。後晉高祖始以天福爲年號，歷公元 936 至 942 年，943 年繼以出帝，未改元，944 年，出帝改元開運，947 年，後漢高祖即位，又號天福。948 年，乃改元乾祐。則此丁未年，當云後漢高祖天福元年，不當承接前朝。《丙丁高抬貴手》云「後漢高祖天福十二年」，亦不確。

《四庫全書總目》卷一一四·子部二四·藝術類存目

理性元雅六卷（978下）

明張廷玉撰。……是編爲所作琴譜，琴凡四式，曲凡百篇，有本調、正調、別調、指法、調法、研注諸門，又別譜鼓瑟之法，案律取音，案音協調，合一十有二曲爲一卷，以附於後。

按：考《存目叢書》影印明萬曆刻本此集，前有張廷玉自作引，云：「琴

凡四式，曲凡七十有二。」檢正文所列之曲，亦七十二篇，非提要所言「百篇」。

《四庫全書總目》卷一一六・子部二六・譜錄類存目

漢甘泉宮瓦記一卷（1000 上）

國朝林佶撰。佶字吉人，侯官人。康熙乙卯舉人，直武英殿。壬辰，特賜進士，授內閣中書。

按：康熙乙卯爲康熙十四年，然考乾隆《福建通志》卷四十一，林佶爲康熙三十八年己卯張遠榜舉人。則《總目》誤「己卯」爲「乙卯」矣。

酒史六卷（1001 中）

明馮時化撰。前有隆慶庚申趙惟卿序稱：「時化，宇應龍，別號與川，晚自號無懷山人。」而不著其裏籍。

按：考雍正《畿輔通志》卷七十九「文翰」「趙州・明」有馮時化，云：「字與川，柏鄉人，博涉經史，爲詩文駘蕩不羈，有人倫鑒。趙南星爲童子時，時化見其文曰：『此他日名臣也。』遂以女妻之。性嗜酒，常作《夢遊無懷山記》，復捃摭諸書爲《酒史》八篇。」雍正《畿輔通志》卷一一六有郭棻《皇畿賦》亦云：「馮時化之《酒史》典核，劉汝教之《樵吟》縱浪。」可知其確爲畿輔趙州人。

酒概四卷（1001 中）

其書仿陸羽《茶經》之體，以類酒事。一卷三目，曰酒、名、器。二卷七目，曰釋、法、造、出、稱、量、飲。三卷六目，曰評、僻、寄、緣、事、異。四卷六目，曰功、德、戒、亂、令、文。

按：考《存目叢書》影印北京圖書館藏明刻本此集，一卷三目，爲源、名、器。正文「源」云：「大古無酒，用水行禮……乃知酒之始爲祭祀設也。《戰國策》儀狄作酒，禹飲而甘之，曰：『後也必有以酒亡其國者。』因相沿爲儀狄始作酒。予考《神農本草》……著酒之性味，《黃帝內經》亦言酒之致病，則非始於儀狄可知。……由此觀之，酒之作也，直與天地並矣」。皆考述酒之產生，即酒之源。《總目》卷一一五著錄陸羽《茶經》，云：「其書分十類：曰一之源，二之具，三之造，四之器，五之煮，六之飲，七之事，八之出，九之略，十之圖」，此書既仿陸羽《茶經》之體，則首述「源」宜也。《總目》

此誤矣。

亳州牡丹志一卷（1002下）

第三條稱「太祖斷宮嬪腕」者，不知爲明爲宋，大抵「齊東之語」。

按：考《存目叢書》影印中國科學院圖書館藏明萬曆新安汪氏刻《山居雜志》本此集，「太祖斷宮嬪腕者事」云：「太祖一日幸後苑……截其腕而去」。考此文實載宋王鞏《聞見近錄》，此太祖，即宋太祖也。

箋卉一卷（1004上）

國朝吳菘撰。菘字綺園，歙縣人。黃山僧雪花嘗以黃山所產諸卉繪爲圖，宋舉爲題句。菘因各爲作箋，凡三十五條。

按：考《存目叢書》影印山西大學圖書館藏清道光吳江沈氏世楷堂刻《昭代叢書》本此集，前有歙縣張潮《箋卉題辭》：「及讀宋中丞《滄浪亭》詩中有《題黃山雪莊上人山花圖》五言斷句二十首……予又不知雪莊之所圖與綺圓之所箋遂足以盡黃山之所有乎？抑或有所未足乎？其種種嘉名雪莊之所賜乎？……今此諸卉幸有雪莊、綺圓諸人爲之圖畫箋注，而又有中丞之詩爲詠歌……」可知《總目》所言黃山僧「雪花」，乃「雪莊」之誤。

花史左編二十七卷（1004中）

明王路撰。……又此本二十五卷「花之友」，二十七卷「花之器」皆題「潭雲宣猷馭雲子補」。二十二卷「花塵」，題「百花生主人輯」。則路書本二十四卷，此三卷乃後人所補入，而刊書者並爲一目耳。又路《小序》稱此書爲左編，別有右編爲花之辭翰，約一十二卷。蓋有其名而未成書者也。

按：考《存目叢書》影印北京大學圖書館藏明萬曆四十六年綠綺軒刻本此集，卷二十五「花之友」、二十七「花之器」皆題「潭陽宣猷馭雲子補」。潭陽，縣名，《舊唐書》卷四〇《地理志三》云屬巫州，乃「先天二年，分龍標置」。《總目》此作「潭雲」，當涉下「馭雲」而誤。又，此書「花塵」爲卷二十六，與《總目》所稱卷二十二不同。

虎薈六卷（1005上）

明陳繼儒撰。……是編末有黃庭鳳跋，謂繼儒病瘧，王穉稚登貽以虎苑一帙佩之，而瘧愈，遂爲是書。

按：「黃庭鳳」，殿本作「黃廷鳳」。考《存目叢書》影印復旦大學圖書館藏明萬曆繡水沈氏刻寶顏堂秘笈本此集，後跋，署「黃廷鳳益威甫」。雍正《廣

西通志》卷五十六云其爲澧州人，嘉靖三十二年任崇善縣知縣。浙本此誤。又考此跋，唯云：「仲醇道兄昨歲值瘁病，君子客有貽之《虎苑》」，未言貽書者爲誰。而陳繼儒《虎薈序》有：「余丁酉六月二十三日始困瘁……先是百谷王丈訪余於寶顏堂，授以《虎苑》。」百穀即王穉登之字。則《總目》云「黃庭鳳跋謂繼儒病瘁，王穉登貽以虎苑一帙佩之」，不確。

《四庫全書總目》卷一二四・子部三四・雜家類存目一

化書新聲無卷數（1065 中）

明王清一撰。前有序，自稱「先天風雷侍者」，且言「萬曆壬辰，自京師奏太后，請武當山《道藏經》回，止三公岩，大眾推充都管」。蓋道士也。

按：考《存目叢書》影印北京大學圖書館藏明萬曆刻四經本此集，前有自序，云：「一清抱樗櫟之姿……一清今也爲之注……」，末署：「皇明萬曆甲午大端陽日先天風雷侍者岫雲王一清」。則其名爲「一清」，非《總目》所謂「清一」。

樂善錄二卷（1066 中）

宋李昌齡撰。昌齡，始末未詳。書中引胡仔《苕溪漁隱叢話》及葉夢得《岩下放言》，蓋紹興後人。

按：《文淵閣書目》卷二著錄有李伯崇《樂善錄》一部一冊，即此書。考《存目叢書》影印涵芬樓輯續古逸叢書影印宋紹定刻本此書，前有隆興甲申七夕日蒙野何榮孫《樂善序》，云：「隴西李伯崇，迎曦先生之曾孫，天資樂善，得《南中勸誡錄》，伏而讀之……凡有補於名教者，增而廣之，分爲十卷，名之曰『樂善錄』」。可知李昌齡字伯崇，孝宗隆興時隴西人。

筆疇二卷（1067 下）

明王達撰。達字達善，號耐軒居士，無錫人。洪武中，以明經薦爲縣學訓導，故大同府學，後遷國子助教。永樂初，擢編修，官至侍讀學士。是書多抑鬱憤世之談。前有題詞，稱「遠居塞外」，蓋官大同時作也。又有太陸倉陸之箕序，稱「是書本載達所著《天遊集》中，凡百有七篇。王澄之弟淵，先刊其二十二篇，續又得五十二篇刊之，尚闕其三之一，之箕復爲校補成完書，付淵全刊焉。」各條之下，間附之箕案語，亦膚淺罕所考正。

按：「先刊其二十二篇」，殿本《總目》作「先刊其三十二篇」。考《四庫

全書存目叢書》影印上海圖書館藏明萬曆榮壽堂刻本此集，前有長白山人太倉陸之箕《筆疇序》：「歲癸巳，梅岩毛公既取其行世三十二篇，刻之家塾……又爲篇五十有五，毛公喜，即嗣刻焉……毛公名淵，字彥深，梅岩則其自號，少保文簡公弟也。」則浙本作「先刊其二十二篇」，不確，殿本不誤。而「續又得五十二篇刊之」，亦不確。又從中可知，《總目》所謂「王澄」、「王淵」，皆應姓毛，非姓王。考有明一代無名「王澄」而謚「文簡」者，而《明史》卷一九一列傳第七十九有《毛澄傳》，云：「毛澄字憲清，崑山人，舉弘治六年進士第一……其卒也，深悼惜之，贈少傅，謚文簡」。此即陸之箕序中之「少保文簡公」也。

黎子雜釋一卷（1067下）

明黎久之撰，久之字未齋，臨川人。官高要縣知縣。

按：《四庫全書存目叢書》影印涵芬樓影印明隆慶刻《百陵學山》本此集，卷首題：「未齋黎久之大」。考《千頃堂書目》卷十九著錄有黎久《未齋集》十六卷，云：「字之大，臨川人，宣德中應薦試優等，爲高要知縣。」雍正《江西通志》卷八十一有：「黎近一作黎久，字之大，臨川人，宣德間應文學材行科，歷高要知縣……」《萬姓統譜》卷十四亦云：「黎近字之大，甫弱冠，遂以著述爲事，宣德間應文學才行卓然出眾，授銅陵丞，政教兼舉，升知高安縣。時徭賊據城東南，近出榜諭降之，負固，輒火其巢，然御隸太嚴，爲權奸所忌，繫獄十年，獄中作《太平鐃歌》、《鼓吹曲》、《太平》等頌，英廟嘉歎釋之，改知泌陽。」則其名久，字之大，未齋乃其號，《總目》誤，而其官，則終於泌陽知縣。

金罍子四十四卷（1072上）

明陳絳撰。絳字用言。上虞人。嘉靖甲辰進士，官至太僕寺卿。

按：楊武泉《辨誤》引乾隆《紹興府志》、光緒《上虞縣志校續》等，以爲應作「官至光祿寺卿」。考乾隆《山東通志》卷二十五之一《職官志》「明·承宣布政司」，隆慶間右布政使有陳絳，注云「上虞人」。雍正《四川通志》卷三十《職官志》「明·布政使司」萬曆時亦有陳絳，云「上虞人，進士」，即此著《金罍子》之陳絳也。考《明史》卷七四、七五《職官志》光祿寺卿、太僕寺卿皆爲從三品，承宣布政使司左、右布政使爲從二品，則布政使品位較太僕寺卿、光祿寺卿爲高。康熙《上虞縣志》、光緒《上虞縣志校續》云「三遷至左布政使，尋擢光祿卿」，「擢」字實不妥。《總目》此當云「官至四川布

政使」。

瞿塘日錄十二卷（1072下）

明來知德撰。……內篇分十五種：……九曰《九善榻記》。

按：考《四庫全書存目叢書》影印四川省圖書館藏清道光十一年刻本《來瞿唐先生日錄》，內篇目錄有《九喜榻記》，文中云：「一喜生中華，二喜丁太平，三喜爲儒開道，四喜父母兄弟壽考，五喜婚嫁早畢，六喜無災，七喜壽已逾六十花甲之外，八喜賦性簡淡寬緩，九喜無惡疾。」可知此文乃述九種可喜之事，《總目》作「九善」，誤矣。

外篇爲所作詩文：曰《斧山稿》、曰《悟山稿》、曰《遊峨嵋稿》、曰《快活庵稿》、曰《八關稿》、曰《遊足稿》、曰《重遊白帝稿》、曰《求溪稿》、曰《買月亭稿》、曰《鐵鳳稿》、曰《遊華山稿》、曰《遊太和稿》、曰《續求溪稿》，凡十三集。

按：考《四庫全書存目叢書》中「外篇」，有《釜山稿》，前有王廷章《識語》，云：「釜山，在縣西二十里沙河，其山如釜，故以釜名之。……正統後移居釜山，釜山乃先生所生之地，故以『釜山』名稿。」《總目》作「斧山稿」，誤。又，此書外篇有《遊吳稿》，小序、版心亦皆作「遊吳稿」，其中內容諸如《登小孤山》、《鞋山篇》、《歌鳳臺》、《燕子磯》，皆爲遊覽吳地時所作。《總目》作「遊足」，誤。

一貫編四卷（1073上）

明羅汝芳撰。……是編爲其門人熊濱所輯。……前有濱序，又有楊起元序。起元亦汝芳之門人也。

按：「熊濱」、「濱序」之「濱」，殿本《總目》皆作「儐」。考《四庫全書存目叢書》影印中國科學院圖書館藏明長松館刻本此集，有《近溪羅先生一貫編序》，末署「萬曆戊戌白鹿洞門人熊儐序」。各卷卷首亦題「門人熊儐孺夫編次」。雍正《江西通志》卷九十一有傳，云：「熊儐，字敬吾，星子人……後聞羅近溪得陽明旨要，徒步往南昌，與語移時，若合符契。所著有《易經翼旨》、《熊子庸言》、《羅氏一貫編》、《匡樵野詠》等書。」「儐」，通「賓」，義爲敬。《禮記·禮運》：「山川，所以儐鬼神也。」與其字「敬吾」正合。作「濱」不可解矣。

《四庫全書總目》卷一二五‧子部三五‧雜家類存目二

甘露園長書六卷短書十一卷（1075 上）

明陳汝錡撰。汝錡字伯容，高安人。嘉靖中由貢生官建陽縣訓導。

按：考《四庫全書存目叢書》影印中國人民大學圖書館藏明萬曆三十八年陳邦瞻刻、清康熙劉願人重修本《甘露園短書》十一卷，前有《甘露園書自序》，末署：「萬曆庚戌秋八月，高安陳汝錡伯容序」。萬曆三十八年陳汝錡尚未辭世。此書又有願願道人《陳真吾先生傳》，云：「為瑞州府學生，食廩餼三十四年，六應科而不遇，貢於廷，選建陽縣訓導，在官一年而卒。」可知陳汝錡官建陽訓導，不早於萬曆三十七年，而非如《總目》所言在嘉靖中。又此傳中載有萬曆己卯歲，其應江省秋闈事，是為萬曆七年；又有見海剛峰總留臺赫然聲望，勸以急流勇退事，此事為萬曆十五年前事；又有西夏以難都城戒嚴，先生上書獻方略事，此為萬曆二十年事。凡此，皆在其成貢生前。亦可證《總目》作「嘉靖中由貢生官建陽縣訓導」，誤也。

鴻苞四十八卷（1076 中）

明屠隆撰。隆字長卿，鄞縣人。萬曆丁丑進士，官至禮部儀制司主事。

按：考《明史》卷二八八《文苑四》：「屠隆者，字長卿，……舉萬曆五年進士，除潁上知縣，調繁青浦。……遷禮部主事。」《總目》言其「官至禮部儀制司主事」，同本此。而雍正《浙江通志》卷一百三十三《選舉十一‧明進士》萬曆五年丁丑科沈懋學榜中有屠隆，云：「鄞人，禮部郎中。」卷一百八十其傳亦云：「屠隆，《列朝詩集傳》：字緯真，一字長卿，鄞人，萬曆丁丑進士，除潁上知縣，調青浦，升禮部郎中。」據《明史》卷七二《職官志一》，禮部郎中為正五品，主事為正六品。可知此應作「官至禮部郎中」。

因明子（1076 下）

明張恒撰。恒字伯常，嘉定人。萬曆庚辰進士，官至太常寺少卿。

按：《大清一統志》卷七十一：「張恒，字明初，嘉定人。萬曆進士，歷江西按察副使。」乾隆《江南通志》卷一百四十五亦云：「張恒字明初，嘉定人。萬曆庚辰進士，知建昌府，……舉江右循吏第一，仕至參政。」雍正《江西通志》卷四十七《秩官‧明》萬曆間右參政有張恒，上海人。卷五十八有其傳，云：「張恒，字明初，嘉定人，萬曆進士，由刑部郎，遷江西副使。」據《明史》卷七四《職官志三》，太常寺少卿為正四品，《明史》卷七五《職

官志四》參政爲從三品，提刑按察司副使爲正四品，則張恒應官至江西右參政。《總目》誤。

進修錄三卷（1076下）

明馮渠撰。渠字謙川，江西新城人。萬曆癸未進士。

按：《總目》未言其仕履。考雍正《江西通志》卷五十五《選舉七》萬曆十一年癸未朱國祚榜有馮渠，云「新城人，知縣」。乾隆《江南通志》卷六十五《河渠志》有「萬曆中，泰興縣令馮渠建天井河」，則馮渠曾官泰興縣令。雍正《廣東通志》卷二十八《職官志·明知縣》，番禺縣令、永安縣令各有馮渠，唯一誤作浙江新城人，一誤作山東新城人，實皆江西新城之馮渠也。雍正《廣東通志》卷四十《名宦志》有《馮渠傳》，可參。

宗一聖論二卷（1077上）

今考上卷爲《性善篇》、《致知上篇》、《致知下篇》、《養氣篇》、《孝慈篇》，下卷爲《知人篇》、《樂善篇》，凡八篇。

按：「樂善篇」，殿本《總目》作「樂壽篇」。考《四庫全書存目叢書》影印中國科學院圖書館藏清光緒四年吳樹申刻本此集，亦作「樂壽篇」，云「天下有至樂而人不知也，而皆以苦爲樂也。天下有至壽而人不知也，而皆以夭爲壽也。……」通篇皆論樂與壽，則浙本《總目》此誤。

叢語十二卷（1077中）

明吳炯撰。……此本乃其門人孫汝學重爲排次，刻於南京，始分爲十七類。

按：考《四庫全書存目叢書》影印上海圖書館藏明萬曆何汝學重刻本此集，前有序，述重編其類，而付剞劂之始末，末署「門生何汝學謹書」。可知《總目》作「孫汝學」，誤。又考雍正《畿輔通志》卷六十二、六十四，何汝學爲吳橋人，正德庚午科舉人，正德甲戌科唐皋榜進士，曾任知縣。

剩言十四卷（1078下）

明戴君恩撰。君恩字忠甫，澧州人。萬曆癸丑進士，官至四川兵備副使。

按：考雍正《湖廣通志》卷三十二《選舉志》：「戴君恩，澧州人，巡撫」。雍正《山西通志》卷七十九《職官七》：「戴君恩，進士，崇禎時任巡撫山西都御史，湖廣澧州人」。《大清一統志》卷二百八十七有其傳，亦云「戴君恩，字紫宸，澧州人，萬曆進士，……歷官都御史、巡撫山西，計擒賊王綱等三

百餘人」。《總目》言其「官至四川兵備副使」，誤。

宏山集四卷（1078 下）

明張後覺撰。後覺字志人，號宏山，茌平人。官華陰縣訓導，嘗受業於尤時熙。

按：楊武泉《辨誤》引《明儒學案》卷二九《北方王門學案》「教諭張弘山先生後覺」條，云《總目》「官華陰縣訓導」當為「終華陰縣教諭」之誤。然《大清一統志》卷一三三、乾隆《山東通志》卷二十八之三皆云其官華陰縣訓導。考《華陰縣志》卷七《職官》，「教諭」中無張後覺，而「訓導」中有張後覺，云：「山東茌平人，（嘉靖）三十五年任」。《華陰縣志》卷十二《宦績》有其傳，亦云「嘉靖間以歲貢生授邑學訓導」。可知《總目》不誤，楊武泉止據孤證，反誤。

論學緒言六卷（1079 上）

明鄒士元撰。士元字志尹，吉水人。

按：《總目》未言其科第、仕履。考雍正《江西通志》卷七十九有其傳云：「鄒士元字志伊，萬安人。嘉靖鄉舉，授蘄州教諭，遷滕縣令，廉介自持，知代州，以憂去，一意聖賢之學……」又考雍正《江西通志》卷五十四《選舉六·明》，士元為嘉靖十九年庚子科舉人。可補。而《總目》謂其為吉水人，不確。吉水、萬安皆為吉安府屬縣。

紀聞類編四卷（1079 中）

明竇文照撰。文照字子明，秀水人。萬曆中官光祿寺典簿。

按：考雍正《廣東通志》卷二十七《職官志二·明》，惠州府通判有竇文照，云：「浙江秀水人，監生，（萬曆）二十八年任」。考《明史卷》七四《職官志三》，光祿寺典簿為從七品，《明史》卷七五《職官志四》，通判為正六品。則其官至惠州府通判。

王氏二書選要十　卷（1079 下）

明王貞善撰。貞善字如性，泰和人。

按：《總目》未詳其科第、仕履。考雍正《江西通志》卷五十四《選舉六·明》，嘉靖七年戊子鄉試有王貞善，云「泰和人，知縣」，可補。

文園漫語一卷（1079 下）

舊本題程希堯撰，不著時代，亦不詳其始末。

按：考康熙《靜樂縣志》卷六「職官」，明知縣有程希堯，云：「錦衣衛籍，河南陳留人，由舉人，萬曆三十九年任。」可窺其生平。

蒼崖子（1081 下）

明朱健撰。健字子強，進賢人。天啓辛酉舉人。

按：《總目》未詳其仕履。考雍正《江西通志》卷七十有其傳，云：「朱健，字子強，進賢人，天啓辛酉鄉舉。……著《蒼崖子》，又著《古今治平略》……授邵武推官，靖九都賊，以申太守吳文禕棄城奔逃事，反為所中，冤死。」考乾隆《福建通志》卷二十五，明邵武府推官確有朱健，崇禎間任。《千頃堂書目》卷九著錄有朱健《古今治平略》三十六卷，亦云：「進賢人，天啓辛酉舉人，推官。」可補。

尚絅小語三卷（1081 下）

明姚張斌撰。張斌號尚絅，亦號絅生，金溪人。天啓乙丑進士。

按：《總目》未詳其字及仕履，考雍正《江西通志》卷五十五《選舉七·明》，天啓五年乙丑余煌榜有姚張斌，云：「臨川人，廣西僉事。」又考雍正《廣西通志》卷五十三《秩官·明》，左參議有姚張斌，云：「崇禎八年任，詳名宦。」雍正《廣西通志》卷六十八《名宦·明》有其傳，云：「姚張斌，字憲卿，臨川人。崇禎八年任蒼梧道……」，雍正《江西通志》卷五十五《選舉七·明》，萬曆四十六年戊午鄉試有張斌，云：「臨川人，複姓姚，解元。」卷八十二有其傳，云：「張斌，字憲卿，本姓姚，臨川人，金溪籍，戊午鄉試第一，乙丑進士，授大理評事，擢禮部，勳戚有閘河取利者，立清之，皆斂戢不敢爭。遷廣西蒼梧道，卒官」。可補。

補計然子一卷（1082 中）

明董漢策撰。漢策字帷儒，烏程人。

按：《總目》未言其科第、仕履，考雍正《浙江通志》卷一百三十二《選舉十·明進士》，嘉靖二年癸未科姚淶榜有董漢策，云：「鄞人，知府」。雍正《浙江通志》卷一百三十七《選舉十五·明舉人》正德十一年丙子科有董漢策，云：「鄞人，癸未進士，湖廣中式。」雍正《湖廣通志》卷三十二《選舉志》嘉靖二年癸未科姚淶榜有董漢策，云：「辰州人，僉事」。《明史》卷七五《職官志四》，知府為正四品，僉事為正五品。則其當官至知府。

拳拳錄二卷（1084 上）

國朝李袁燦撰。袁燦號梅村，含山人。官荊門州知州。

按：考《大清一統志》九十一皆云：「李袁燦，字黎仲，含山人。順治中以貢授知洵陽縣，遷冀州知州，復補荊門州，……擢衛輝府同知。」乾隆《江南通志》卷一百五十卷其傳亦同。乾隆《江南通志》卷一百三十七《選舉志・貢監》有李袁燦，亦云：「含山人，副榜貢，衛輝府同知。」考《明史》卷七五《職官志四》，知州為從五品，府同知為正五品。《總目》此當云「官至衛輝府同知」。

潛書四卷（1084 下）

國朝唐甄撰。甄字鑄萬，達州人，僑寓蘇州。順治庚子舉人，官長子縣知縣。

按：胡玉縉《補正》云：「李慈銘《荀學齋日記》己集下六八云云。案其鄉舉，《提要》云庚子，李作丁酉，朱琦《古文匯抄・小傳》亦作丁酉，俟考。」考此書其婿王聞遠刻本附《西蜀唐圃亭先生行略一十五則》，云：「先生姓唐氏，諱大陶，字鑄萬。順治丁酉舉人，仕為山西潞安府長子縣知縣。後更名曰甄，別號圃亭。先生生於西蜀夔州府之達州。……著《衡書》九十七篇。天道、人事、前古、後今，具備其中，曰『衡』者，志在權衡天下也。後以連蹇不遇，更名《潛書》。」《吳中文獻小叢書》之十四楊賓《楊大瓢先生雜文殘稿》之《唐鑄萬傳》、《清史列傳》卷七十《文苑傳》一、乾隆《吳江縣志》卷三十六《寓賢》、民國《達縣志》卷十五《人物門・宦業》等皆有傳，云其為順治十四年丁酉舉人，不誤。同治《蘇州府志》《流寓》二，言其「順治丁丑中四川鄉試」，四川大學圖書館藏抄本《劍閣芳華集》云其為「順治甲午舉人」，《四川儒林文苑傳》言其為「奉節人」，皆誤。由前《行略》可知，《潛書》前身即為《衡書》，且云《衡書》亦為九十七篇，楊賓《楊大瓢先生雜文殘稿》之《唐鑄萬〈潛書〉序》又云：「初刻十二篇，名《衡書》，四方爭購之，其後文益多，以其名類於老泉之《權書》，更之曰《潛書》」可知兩書成書之顛末。《總目》同卷著錄有《衡書》三卷，云：「國朝唐大陶撰。大陶字鑄采，夔州人。書中自稱『官長子時事』，蓋嘗為長子縣知縣也。是書凡核儒、仁師、五行、審知、利才、釋孟、受任、抑尊、權實、賤隸、貞隱、明悌、富國十三篇。大抵學莊、列之寓言。」可知館臣未諳二書之關係及唐氏前後之名，分別著錄，誤為二人，又誤大陶字為「鑄采」矣。又，考《潛

書目錄》，《仁師》、《審知》、《利才》、《受任》、《抑尊》、《權實》、《貞隱》、《明悌》八篇皆有，而《核儒》或即《潛書》之《辨儒》，《釋孟》或即《潛書》之《尊孟》與《宗孟》，《賤隸》或即《潛書》之《賤奴》，《富國》或即《潛書》之《富民》，惟《五行》一篇，《潛書》無相應篇目，而下篇下有《五形》篇，論軍事上常見之五種情形，與五行無涉，意者《總目》《衡書》提要之「五行」乃「五形」之誤歟？

進善集（1085 上）

國朝張天柱撰。天柱字孟高，號擎庵，秀水人。康熙丙申，天柱寄跡南京，見風俗奢汰，因為是書。

按：雍正《浙江通志》卷一百四十五《選舉二十三‧國朝武進士》康熙五十一年壬辰科進士有張天柱，云嘉興人。雍正《河南通志》卷三十九《職官十》汝寧營守備有張天柱，云浙江人，雍正四年任。或即其人歟？

苕西問答一卷（1085 下）

國朝吳學孔錄其師羅為賡講學語也。為賡號西溪，南充人。康熙中官烏程縣知縣。

按：《總目》未言羅為賡科第。考雍正《四川通志》卷三十六《選舉‧舉人》順治甲午科有羅為賡，卷九下《皇清人物》有其傳，云：「羅為賡，字西溪，南充人。順治甲午鄉薦，任浙江孝豐令，民德之立祠祀焉，擢行人，致仕歸里。」《大清一統志》卷之二百二十三、雍正《浙江通志》卷一百五十一其傳皆云官孝豐縣令。據《清史稿》卷六五《地理志十二‧浙江》，烏程、孝豐皆為湖州府屬縣，《總目》言其官烏程縣知縣，不確。又雍正《陝西通志》卷三十二《選舉三》，吳學孔為雍正己酉副貢，乾州人。

天方典禮擇要解二十卷（1085 上）

國朝劉智撰。……首為《原教》、《真宰》、《識認》、《諦言》四卷。次為《五功》四卷。五功者，念真、禮真、齋戒、捐課、朝覲也。次為《裡祀》一卷。次為《五典》四卷，言五倫之事。次為《民常》四卷。次為《娶禮》、《婚禮》、《喪禮》，而附以《歸正儀》。

按：考《四庫全書存目叢書》影印天津圖書館藏清康熙四十九年揚斐茮刻本此集，卷十八為《聚禮篇》，非「娶禮」，云：「聚禮者，斂眾歸一，以示斂性歸真之義也。」所述皆回教聚眾禮拜之儀，故云「聚禮」。且其卷十九為

《婚姻篇》，述嫁聚之儀，若卷十八爲「娶禮」，則重複矣。亦可證《總目》作「娶禮」，誤。

《四庫全書總目》卷一二六‧子部三六‧雜家類存目三

千古辨疑七卷（1088 上）

明陳錫撰。錫字南衡，天台人。嘉靖丙辰進士，官至禮部員外郎。

按：考雍正《浙江通志》卷一百三十二《選舉十‧明進士》，嘉靖三十五年丙辰科諸大綏榜有陳錫，然云：「臨海人，禮部主事。」卷一百八十一有其傳云：「陳錫：《臨海縣志》：字元之，鉅集通該博，嘉靖己酉薦於鄉，……丙辰成進士，授禮部祠祭司主事，會日食，時陰雲莫辨，相嵩方以當食不食，奏稱賀，錫從實報所食分數，嵩怒，因考察罷歸，益杜門著書……」則其當爲臨海人，官至禮部祠祭司主事。

琅玡曼衍四卷（1088 下）

明張鼎思撰。鼎思字愼吾，安陽人。萬曆丁丑進士。

按：楊武泉《辨誤》已云張鼎思爲直隸長洲人，非安陽人。考《四庫全書存目叢書》影印清華大學圖書館藏明萬曆二十五年陳性學刻本《琅邪代醉編》四十卷，卷首題：「姑蘇張鼎思睿父父輯」，可證其爲蘇州人，且其字爲睿父，非愼吾。《總目》卷一百三十八子部類書類存目二著錄有明李肇亨撰《婦女雙名記》一卷，提要云：「自序謂王元美《弇州卮言》、張睿父《琅琊代醉編》」云云，可證。胡應麟《少室山房文集》卷六十四有《寄張睿父參知時以新賦三律見示》詩，即此人也。考雍正《江西通志》卷四十七《秩官》，張鼎思萬曆年間任江西按察使。又《江蘇藝文志‧蘇州卷》云：「名一作鼎恩，字睿甫，號愼悟。明長洲人。萬曆五年（1577）進士，入翰林院，改授吏科給事中，歷兵部都給事中，丁憂服闕，補吏科給事中，時當大計，條上五事，命著爲令。擢江西按察使。申時行爲其撰《墓誌銘》。」（P431）可參。此皆可補《總目》之闕。

玉唾壺二卷（1089 中）

明王一槐撰。一槐，錢塘人。萬曆末官臨淄縣知縣。

按：考《存目叢書》影印北京圖書館藏明抄本此集，卷首題「臨淄令王一槐」。考民國《臨淄縣志》卷十七《職官志‧明縣令》有王一槐，云：「仁

和舉人。」雍正《浙江通志》卷一百三十七《選舉十五・明舉人》正德十一年丙子科（1516）：「王一槐，仁和人。」正德十一年距萬曆末約百年，《總目》言：「萬曆末官臨淄縣知縣」，誤。

雅俗稽言四十卷（1090 上）

明張存紳撰。……是書鈔撮雜說，凡二十門。

按：考《四庫全書存目叢書》影印湖北省圖書館藏清康熙刻本此書，書前目錄共計四十卷，凡十九門，依次爲「天文」、「天時」、「地理」、「人倫」、「飲食」、「宮室」、「冠服」、「器用」、「禮制」、「音樂」、「人事」、「人物」、「經說」、「史說」、「子說」、「詩文」、「字學」、「動物」、「植物」。正文亦同。《總目》言：「凡二十門」，誤。

修潔齋閒筆四卷（1091 上）

國朝劉堅撰。堅字青城，無錫人。是書凡三百餘條，皆雜論典故字義，大抵從說部中錄出。自序稱：「同邑顧宸有《闢疆園習察》一書，綴輯未竟，復刺取數十則以附益之」。今書中不加標識，亦不知孰爲顧氏之語也。

按：考《四庫全書存目叢書》影印北京圖書館藏清乾隆六年自刻本此書，書前自序：「俯仰蕭閒，南窗默坐，爐香盂茗，萬念俱捐，時檢說部諸書，隨意批覽，有會於心，輒掌錄之，日月既多，漸成卷帙，年來翻閱再過，汰其什七，僅存三百餘條，復以《闢疆園習察》刺取數十則，略加比次，區分四卷……」後列目錄：「卷一，計七十二條；卷二，計一百二條；卷三，計一百四十四條；卷四，計九十三條。」考《四庫全書存目叢書》影印此書凡八卷，前四卷各條數確如目錄所言，後四卷各八十條、一百二十四條、九十二條、六十四條，蓋後來續刻，故目錄未備載條數，館臣所見此集蓋止前四卷也。然即前四卷言，亦有四百一十一條，館臣蓋誤讀書前自序，未計其後復輯之數十條也。

事物考辨六十二卷（1091 下）

國朝周象明撰。……是書自七經、諸史至昆蟲、植物，凡分四十六類。

按：考《四庫全書存目叢書》影印故宮博物院圖書館藏清康熙二十四年周德宣抄本此書，爲六十三卷，前有自序云：「……壬戌下第北歸，檢閱一過，如金在沙，如玉在璞，往往眞贋不分，爰別爲四十三類，共六十三卷……」考其書，誠如所言，則《總目》言「凡分四十六類」，誤。

畏壘筆記四卷（1092 上）

國朝徐昂發撰。……是書成於康熙戊戌。前有昂發題詞，稱「自庚寅、己丑間始隨筆札記。」

按：康熙庚寅爲康熙四十九年，己丑爲康熙四十八年，不當顚倒。考《四庫全書存目叢書》影印中央民族大學藏清康熙桂森堂刻本此集，卷一前所載小序，正作「自己丑、庚寅間，始隨筆札記」，可證《總目》此誤倒。

《四庫全書總目》卷一二七・子部三七・雜家類存目四

學易居筆錄一卷（1095 上）

元俞鎮撰。鎮字伯貞，崇德人。

按：《總目》未言其科第、仕履。《明一統志》卷三十九有其傳云「俞鎮，崇德人，博覽經史，鄉舉第一，累官建德縣尹，所著有《修辭稿》。」雍正《浙江通志》卷一百七十九亦有傳，云：「俞鎮：正德《崇德縣志》：字伯貞，……延祐丁巳領鄉薦第一，由教授歷典湖廣、江西、江浙文衡，官至建德路知事。……」可知俞鎮爲延祐丁巳舉人，官至建德縣尹。

聽雨紀談一卷（1096 中）

明都穆撰。……穆登弘治己未進士。而此書自題成化丁酉九月所作，距其登第時二十有一年。

按：考《四庫全書存目叢書》影印中央民族大學圖書館藏明正德嘉靖間陽山顧氏家塾刻顧氏明朝四十家小說本此集，書前《聽雨紀談序》：「成化丁未，自夏入秋不雨，至九月淫雨洽旬，齋居無事，客有過我，清言竟日，漫爾筆之，得數十則，命之曰《聽雨紀談》。」則《總目》言「成化丁酉」乃「成化丁未」之誤。又，成化丁酉爲 1477 年，丁未爲 1487 年，各距其中進士之年弘治己未（1499）爲二十二年、十二年，《總目》所言「距其登第時二十有一年」，亦不確。

遁言十卷（1096 下）

明孫宜撰。宜字仲可，華容人。

按：《總目》未言其科第。考雍正《江西通志》卷五十四《選舉六・明》嘉靖七年戊子科舉人有孫宜，云：「進賢人，華容籍」。雍正《湖廣通志》卷三十五《選舉志・舉人》同年亦有孫宜。可補。王世貞《弇州四部稿》卷二

十二《挽洞庭漁人孫仲可》詩,可參。

次麓子集十二卷（1098 下）

明李錦撰。錦號次麓,榆社人。嘉靖壬子舉人,官宛平縣知縣。

按:雍正《山西通志》卷一百七十五《經籍》著錄有李錦製《次麓子外集》。雍正《山西通志》卷六十八,嘉靖三十一年壬子科舉人,有李錦製,云:「榆社人,元英子。宛平知縣」。嘉靖三十七年戊午科舉人有李錦襲,云:「榆社人,元英子,涇州知州。」考乾隆《榆社縣志》卷七《選舉志》,明舉人有李錦製,云「西廂人,嘉靖壬子科亞魁,任博興、文安、口安、宛平四縣知縣。」卷八《人才志》亦有其傳。又考康熙《宛平縣志》卷之四《歷官》,明知縣有李錦製,云「山西榆次人,萬曆二年任。」(此「榆次」當為「榆社」之誤。兩縣皆屬山西,地鄰)。此皆可證《總目》誤脫其名之末字。

黃谷瑣談四卷（1098 下）

明李蓘撰。蓘字於田,內鄉人。嘉靖癸丑進士,官至提學副使。

按:考《四庫全書存目叢書》影印中國科學院圖書館藏民國十八年陶然齋刻本此集,卷首題「順陽李蓘子田甫著」,書前張嘉謀序亦云:「內鄉李子田《黃谷瑣談》存目於四庫」,則《總目》作「字於田」,誤。雍正《河南通志》卷六十五李蓘傳、《欽定續文獻通考》卷一百七十七小傳作「字子田」不誤。《欽定續文獻通考》卷一百九十三著錄有李蓘《子田文集》四卷,亦可證。

禪寄筆談十卷續談五卷（1099 下）

明陳師撰。……書成於萬曆二十三年,蓋生於正德中也。

按:考《四庫全書存目叢書》影印北京圖書館藏明萬曆二十一年自刻本此集,書後有自序,云:「毛穎之役既訖,遂不度而錄諸梓。夫敧厥之費,予窶人也,力不辦此,奈性癖嗜,乃變一螯得十金,召工始事,余藉友人高誼,次第助成之,爰述所由,以紀歲月。」末署「萬曆癸巳歲,朱明之中呂月中浣書」。萬曆癸巳為萬曆二十一年,此書此年前已成,《總目》云「書成於萬曆二十三年」,不確。

對問編八卷（1100 上）

明江應曉撰。應曉字覺卿,徽州人。

按:《四庫全書存目叢書》影印中國科學院圖書館藏明萬曆刻本此集,卷

首題「新安江應曉覺卿著」，前附焦竑《江覺卿傳》亦云其爲新安人，乾隆《江南通志》卷一六七有其傳，作歙人。歙明時乃徽州府屬縣，古稱新安，《總目》逕作「徽州」，失之籠統。

孤竹賓談四卷（1100 上）

明陳德文撰。德文號石陽山人，吉州人。嘉靖中以順天府尹行部永平，館於夷齊廟。公事餘閒，隨筆記載。

按：考萬曆《順天府志》卷四《政事志・歷官》，《順天府尹丞題名記》後，順天府尹無陳德文，而《順天府僚佐領題名記》後，順天「治中」有陳德文，云：「江西泰和縣人，由舉人」。《總目》所謂「順天府尹」乃「順天治中」之誤。又，《四庫全書存目叢書》影印北京圖書館藏明嘉靖二十八年蘇繼等刻藍印本此集，卷首題「石陽山人吉州陳德文」，此係沿用古名，泰和唐、宋代爲吉州屬縣，吉州明時已改爲吉安府。明代山西省亦有吉州，屬平陽府。《總目》逕言其爲「吉州人」，易致混淆，此當作「泰和人」。又《總目》未言其科第，考雍正《江西通志》卷五十四《選舉六》，陳德文爲嘉靖四年乙酉舉人，可補。

《四庫全書總目》卷一二八・子部三八・雜家類存目五

浣水續談一卷（1101 上）

明朱孟震撰。是編乃萬曆十三年孟震官四川按察使時所作，故以浣水爲名。

按：考《四庫全書存日叢書》影印北京圖書館藏明萬曆刻朱秉器全集本此集，前有《浣水續談小引》，云：「歲癸未，再入蜀，叨總臬事，蜀三面邊夷，犬羊內訌，時煩大吏，以故臬事視他臬稍繁。然藉上寵靈，督府直指，威德所填，懷未期年，戎棧冉狁，以次馴服，得稱無事。又長夏風雨，門絕車馬之跡，馮幾據梧，頗自暇適，乃取笥中舊峽，時一展玩，以代晤言，復憶夕昔傳聞與所睹記，援管濡墨登之陟釐，可得五十餘幅，方較前紀差有異同……」，末署「萬曆十又二年六月朔，鬱木山人朱孟震識」。《總目》作「萬曆十三年」，不確。

趙氏連城十八卷（1102 下）

明趙世顯撰。……是書中分三種：……一爲《芸圃叢談》六卷，前有謝

肇湖序……

　　按：考《四庫全書存目叢書》影印北京圖書館藏明鈔本此集，其中第二部分各卷皆作「芝圃叢談」。考乾隆《福建通志》卷六十八《藝文一》、《千頃堂書目》卷二十六皆著錄有趙世顯《芝園叢談》二十八卷。則芝圃、芝園或即趙世顯之號，二書因以為名。《總目》作「芸圃」者蓋形誤。

射林八卷（1104 上）

　　明朱光裕撰。光裕字仁仲，蘇州人。萬曆中諸生。

　　按：考《四庫全書存目叢書》影印北京大學圖書館藏明嘉靖二十三年刻本此集，《刻射林自序》、卷一卷首皆題：「吳郡朱克裕著」。書後附其弟朱克溫《書射林後》，云：「乃今予兄卒能要百家之言，以廣先人之業，於先人意旨殆有足稱云，予讀之能無三復流涕也？。」亦可證《總目》作「朱光裕」，誤。

青溪暇筆三卷（1104 上）

　　明姚福撰。福字世昌，有號守素道人，江寧人。

　　按：《千頃堂書目》卷十二著錄有姚福《青溪暇筆》二十卷，云：「字世昌，號守素道人。南京羽林衛千戶。成化中人。……」可參。

閱耕餘錄六卷（1104 中）

　　明張所望撰。所望字叔翹，上海人。萬曆辛丑進士，官至廣東按察司副使。

　　按：考雍正《廣東通志》卷二十七《職官志二》，「提刑按察司按察使」有張所望，云：「江南上海人，進士，三十八年任。」而同卷「按察司副使」中，未列張所望。《總目》云其「官至廣東按察司副使」，不確。

蓬窗日錄八卷（1104 下）

　　明陳全之撰。全之字粹仲，閩縣人。萬曆甲辰進士。

　　按：陳全之為嘉靖二十三年甲辰秦鳴雷榜進士，楊武泉《辨誤》已指正。《總目》未言其仕履。考乾隆《福建通志》卷三十六《選舉志·進士》云其官「山西參政」，雍正《山西通志》卷七十九《職官七》亦云：「陳全之，進士，嘉靖時任右參政，福建閩縣人。」《四庫全書存目叢書》影印明萬曆嘉靖四十四年祁縣知縣岳木刻本，此集前有山西朱繪《蓬窗日錄序》，云：「津南陳公參晉藩之明年，政既成，乃出其所著《蓬窗日錄》者視諸太原吳侯……」，

可證。

是編分世務、寰宇、詩談、事紀四門，門各二卷。

按：考《四庫全書存目叢書》所收，其書八卷，卷一之二為寰宇，卷三之四為為世務、卷五之六為事紀，卷七之八為詩談。所附白撰《蓬窗日錄後語》亦云：「辛亥官南宮，刪其稿；庚申轉蘆滄，重訂之，釐為八卷，曰寰宇、曰世務、曰事紀、曰詩談。」可見《總目》顛倒其次序矣。

燕居功課二十七卷（1104下）

明安世鳳撰。世鳳字鳳引，商邱人。萬曆癸丑進士，官至定海縣知縣。是編分二十四類，每類子目各五。

按：楊武泉《辨誤》已言「癸丑」為「癸未」之誤。考康熙《商邱縣志》卷六選舉，癸未十一年進士有安世鳳，云：「任戶部主事，臨清鈔關，謫山西解州同知，遷浙江嘉興府通判。」則《總目》言其「官至定海縣知縣」，不確。又考《四庫全書存目叢書》影印山東圖書館藏明萬曆刻本此集，二十七卷中，前二十四卷，卷各一類，類分五目，而二十五卷至二十七卷分別為戒上（戒所以養身者）、戒中（戒所以養德者）、戒下（戒所以養交者），各分四目。《總目》似止就前二十四卷而言也。

戒庵漫筆八卷（1105上）

明李詡撰。詡字厚德，江陰人。

按：考《四庫全書存目叢書》影印中國科學院圖書館藏清順治五年李成之世德堂重刻本此集，前有《戒庵老人漫筆序》，云：「利城蓋有李先生，云先生名詡，字原德，有道君子也，號戒庵老人。」《總目》稱其「字厚德」，誤。

露書十四卷（1105中）

明姚旅撰。旅號園客，莆田人。

按：考《千頃堂書目》卷十二著錄有姚旅《露書》十四卷，云：「字園客，莆田人。」周嬰《卮林》卷七有《增姚莆中方言》條，云：「吾鄉姚旅，字園客，作《露書》數十卷」，周嬰即莆田人也。《御選明詩姓名爵里六·諸家姓名爵里》、《明詩綜》卷六十九，皆云其「初名鼎梅，字園客，莆田人」。可見《總目》誤其字為號矣。

說楛七卷（1106上）

明焦周撰。周字茂叔，上元人。焦竑之子也。萬曆庚子舉人。

按：《千頃堂書目》卷十二著錄有焦周《焦氏說楛》七卷，亦云：「焦竑子，萬曆庚子舉人。」然考乾隆《江南通志》卷一百二十九《選舉志・舉人五》，焦周為萬曆三十一年癸卯科舉人。《總目》此蓋沿《千頃堂書目》之誤。

《四庫全書總目》卷一二九・子部三九・雜家類存目六

尚論持平二卷析疑待正二卷事文標異一卷（1109 下）

國朝陸次雲撰。次雲有《八紘譯史》，已著錄。

按：考《總目》《八紘譯史》四卷《紀餘》四卷提要云：「國朝陸次雲撰。次雲有《湖壖雜記》，已著錄。」《湖壖雜記》著錄於《總目》卷七七・史部地理類存目六、《八紘譯史》著錄於《總目》卷七八・史部地理類存目七，則此亦當云「次雲有《湖壖雜記》，已著錄」。《總目》卷一八二・集部別集類存目九《澄江集》提要、卷二○○・集部詞曲類存目《玉山詞》提要作「次雲有《八紘譯史》，已著錄」，誤同。

榴園管測五卷（1112 中）

國朝王元復撰。元復字能愚，號醒齋，里籍未詳。是編採永樂《性理大全》、所列周子《太極圖說》、邵子《皇極經世書》、朱子《易學啓蒙》、蔡元定《律呂新書》、蔡沈《洪範數》諸書，而引申其說。

按：《大清一統志》卷二百七十八有「王元復，邵陽貢生，究心《皇極經世書》、《洪範內篇》、《律呂新書》，皆有新得之義，善啓牖後學，士人尊師之。」恐即此人也。雍正《湖廣通志》卷五十七亦有其傳，可參。

《四庫全書總目》卷一三一・子部四一・雜家類存目八

女教書四卷（1117 上）

元許熙載撰。熙載字獻臣，彰德相州人。參知政事有壬之父也。

按：《總目》未言其仕履。考雍正《河南通志》卷五十八有其傳，云：「許熙載，字獻臣，湯陰人。博古知今，事母以孝聞。仕為會福院照磨，能以儒術飾吏治，執法平允，多所矜貸。」可補。

誠齋雜記二卷（1117下）

舊本題元林坤撰。前有永嘉周達卿序，稱坤字載卿，會稽人，曾官翰林。所著書凡十二種，此乃其一。誠齋，坤所自號也。作序年月題丙戌嘉平，不署紀元。

按：考《四庫全書存目叢書》影印中國科學院圖書館藏明崇禎虞山毛氏汲古閣刻津逮秘書本此集，前《誠齋雜記敘》末署「丙戌嘉平望日永嘉周達觀撰」，不作「周達卿」，《總目》蓋涉下「坤字載卿」而誤。周達觀，元溫州人，著有《眞臘風土記》，《總目》著錄於卷七十一，史部地理類四。

綱常懿範十卷（1118下）

明周是修撰。是修初名德，以字行，泰和人。洪武中舉明經，由霍邱訓導改衡府紀善，燕王兵入死之。事蹟具《明史》本傳。乾隆四十一年賜諡節愍。

按：考《明史》卷一四三是修本傳，云：「洪武末，舉明經，爲霍丘訓導。太祖問家居何爲。對曰：『教人子弟，孝悌力田。』太祖喜，擢周府奉祀正。逾年，從王北征至黑山，還，遷紀善。建文元年，有告王不法者，官屬皆下吏。是修以嘗諫王得免，改衡府紀善。衡王，惠帝母弟，未之藩。是修留京師，預翰林纂修，好薦士，陳說國家大計。」則周是修霍邱訓導之後所官，依次爲周府奉祀正、紀善，非直接由霍邱訓導改衡府紀善，《總目》所言不確。又考《欽定勝朝殉節諸臣錄》卷十二，「通諡『忠節』諸臣」十三人中有周是修，云：「衡府紀善周是修，泰和人，有學行，城陷，自經於應天府學尊經閣。見《明史》及《輯覽》」。《大清一統志》卷二百五十其傳亦云：「本朝乾隆四十一年賜諡忠節。」《總目》謂「賜諡節愍」，誤。

政訓二卷（1119上）

是編凡《文公政訓》一卷，皆採掇《朱子語類》中論政之語。《西山政訓》，則眞德秀《西山集》中所載帥長沙及知泉州日告諭官僚之文也。《西山政訓》之末，舊附《心》、《政》二經，見張悅序中。此本乃陳繼儒刻入《寶顏堂秘笈》者，因《心》、《政》二經有別本自行，故所存僅此二卷云。

按：考《四庫全書存目叢書》影印中國科學院圖書館藏明萬曆繡水沈氏刻《寶顏堂秘笈》本此集，書前彭韶序云：「繼文公而興者，又有西山眞先生焉。先生嘗著《心》、《政》二經，傳在學者。其帥湖南守溫陵，於僚屬吏民屢有諭教，諄諄一家之言，委曲詳盡，讀之使人油然欣慕，亦非其僚吏所可

專也。詔以海隅鄙人，承乏按察使於蜀餘一載矣。修己治人，茫然無術，比欲與同寅諸君子文告，有司上下深慮無益，乃錄文公弟子問答之語、西山諭屬之文，名曰《政訓》，刻梓以行，期與吾僚吏共勉之。」則《西山政訓》皆出自真德秀諭教僚屬吏民之語，內容本在《心經》、《政經》二書之外。書後又有張悅序，乃云：「吾僚長憲使彭君鳳儀有見於此，乃於退食之暇，翻閱朱子相與門弟子問答時政之語錄、真西山氏所著《心》、《政》二經與夫戒諭僚屬之文，掇其尤切於日用者，總若干條，梓爲一編，名曰《政訓》。」則張悅已誤以爲《西山政訓》出自「《心》、《政》二經與夫戒諭僚屬之文」，而館臣又以爲「《西山政訓》之末，舊附《心》、《政》二經」，後陳繼儒刻入《寶顏堂秘笈》乃刪去不附，則更誤讀張悅序矣。

諸子纂要八卷（1119 中）

明黎堯卿編。堯卿，忠州人，宏治癸丑進士。

按：《總目》未言其字號、仕履。考乾隆《甘肅通志》卷二十七《職官》，云其曾任寧夏河東道。又道光《忠州直隸州志》卷八《人物‧仕績》有其傳，云：「黎堯卿，名和仲，以字行。……官陝西按察使僉事……有《諸子纂要》行世。」此可補《總目》之闕。

翼學編十三卷（1120 上）

明朱應奎撰。應奎字麗明，廣漢人。考太學進士題名碑，嘉靖辛丑科有朱應奎，錦衣衛籍，不知即其人否也？

按：考《明清進士題名碑錄索引》，明中進士者有兩朱應奎，一爲錦衣衛籍（直隸丹陽人），嘉靖二十年辛丑進士；一爲四川潼州人，萬曆二十三年乙未進士。四川潼州即潼川州。《四庫全書存目叢書》影印北京大學圖書館藏明萬曆刻本此集，卷首題：「廣漢朱應奎麗明父編述」。廣漢、潼州皆綿州古地名。則此書作者實後者也。此書前有序，末署「年弟劉一爌撰」。考《明清進士題名碑錄索引》及雍正《江西通志》卷五十五，劉一爌爲萬曆二十三年乙未朱之蕃榜進士，正與朱應奎爲同榜進士，又書前又有汲郡林堯俞、畢懋康、胡國鑒所撰敘三篇，考林堯俞爲萬曆十七年己丑焦竑榜進士，畢懋康爲萬曆二十六年戊戌科趙秉忠榜進士，胡國鑒爲萬曆二十年壬辰科翁正春榜進士，皆可證作者爲萬曆人。又考雍正《四川通志》卷三十四《選舉》，萬曆乙未進士有朱應奎，注云：「潼川州人，歷參政。」考雍正《浙江通志》卷一百十八，承宣布政司左參政有朱應奎，潼川州人。故此朱應奎應官至浙江承宣布政司

左參政。

續自警編八卷（1120 中）

明黃希憲撰。希憲字毅所，金溪人。嘉靖癸丑進士，官至應天巡撫。

按：考《綏寇紀略》卷十二有「是月（崇禎十四年九月）應天巡撫黃希憲奏地震」。崇禎十四年爲 1641 年，此年距嘉靖癸丑（1553 年），已有八十八年，官應天巡撫之黃希憲，決不可能爲嘉靖癸丑進士。考明江西實有兩進士皆名黃希憲。雍正《江西通志》卷五十四《選舉六》，嘉靖三十二年癸丑陳謹榜有黃希憲，云：「金溪人，副使。」卷五十五《選舉七》，天啓五年余煌榜又有黃希憲，云：「分宜人，總督河道，兵部侍郎。」分宜黃希憲之傳見雍正《江西通志》卷七十二《人物七》：「黃希憲原名金貴，字雙南，分宜人。天啓進士，知順德縣，擢御史，巡按甘肅，遷太僕少卿、應天巡撫……晉秩河道總督，兼兵、工二部侍郎。乙酉，江左奸黨誣以河工冒餉，下詔獄，會喪亂出亡，遇盜殺於江上。」即前《綏寇紀略》所引之黃希憲，亦非如《總目》所云「官至應天巡撫」，而是官至「河道總督，兼兵、工二部侍郎」。金溪黃希憲之傳見雍正《江西通志》卷八十二《人物十七》，云：「嘉靖進士。歷官知嘉興府。……。按：黃希憲所著有《蘭臺奏章》、《自警編》、《效顰初稿》、《入楚入蜀稿》若干卷。《分省人物考》」。可知《總目》謂著《續自警編》之黃希憲「官至應天巡撫」，實爲張冠李戴。又考雍正《湖廣通志》卷二十八副使有黃希憲，云「金溪，進士」。知府與提刑按察司副使皆爲正四品，則其當官至湖北提刑按察司副使。

牧鑒十卷（1120 中）

明楊昱撰。昱字子晦，別號東溪，汀州人。

按：《總目》未言其科第、仕履。考乾隆《福建通志》卷四十八有其傳，云：「楊昱字子晦，汀州衛人。正德己卯舉人，署龍南學事，尋令朝城。操履端嚴，布袍蔬食，淡如也。補知都昌，減偏累民糧，歲旱，祈禱輒應。致仕歸，學者稱東溪先生。」此可補《總目》之闕。

芸心識餘七卷續一卷（1120 下）

明陳其力撰。其力字克相，號芸心子，通海人。官南京戶部司務。

按：《總目》未言其科第。考乾隆《雲南通志》卷二十中《選舉》，陳其力爲嘉靖己酉科舉人。可補。

煙霞小說二十二卷（1120 下）

明陸貽孫編。貽孫，蘇州人。是書仿曾慥《類說》之例，刪取稗官雜記凡十二種。中如楊循吉《吳中故語》、黃暐《蓬軒記》、馬愈《日鈔》、杜瓊《紀善錄》、王凝齋《名臣錄》、陸延枝《說聽》六種，逸事瑣聲，尚資考論。

按：考《四庫全書存目叢書》影印北京圖書館藏明萬曆十八年刻本此集，卷一《吳中故語》後為《蓬軒吳記》，前有王鏊《蓬軒吳記題詞》，云：「故友刑部正郎黃君諱暐，字日升……」《總目》書名誤「蓬」為「篷」，又脫「吳」字。人名又誤「暐」為「曄」矣。考黃暐著有《蓬窗類記》，《總目》著錄於卷一百四十四子部小說家類存目二。

百家類纂四十卷（1121 中）

明沈津編。案：明有兩沈津，其正德中作《鄧尉山志》及《欣賞編》者，乃蘇州人，此沈津慈谿人，嘉靖中官含山縣教諭。

按：考雍正《浙江通志》卷一百三十八《選舉十六‧明舉人》，嘉靖三十一年壬子科舉人有沈津，云：「慈谿人，知縣」，即此沈津。可補《總目》之闕。

《四庫全書總目》卷一三二‧子部四二‧雜家類存目九

群書摘草五卷（1122 上）

明王國賓編。國賓號養默，武進人。萬曆甲戌進士。其作此書時，方監榷杭州北新關，未詳其終於何官也。

按：《總目》未言其字。考雍正《浙江通志》卷一百十七《職官七》，萬曆時官「北關戶部分司」者，有王國賓，云：「字用卿，武進人」。又《江蘇藝文志‧常州卷》云：「官至戶部員外郎。」亦可補《總目》之闕。

警語類鈔八卷（1122 中）

明程達撰。達字順甫，清江人。萬曆丁丑進士，官至漳泉兵備道。

按：考雍正《江西通志》卷五十五《選舉七》，萬曆五年丁丑沈懋學榜有程達，注云：「清江人，太僕卿」。卷七十四有其傳，云：「程達，字順甫，清江人。萬曆進士，授崑山令，……再調仁和，擢御史，巡按廣東……以忤出守泉州，升兵備副使，尋秉臬憲，歷浙江、貴州布政使，加太僕卿致仕。」然考雍正《浙江通志》卷一百十八承宣布政使司左右布政使，皆無程達。乾

隆《貴州通志》卷十七，布政使亦無程達。又考乾隆《福建通志》卷二十一，程達曾官福建按察使司按察使。雍正《江西通志》小傳「歷浙江、貴州布政使」或爲「福建按察使」之誤。要之，《總目》言其「官至漳泉兵備道」，不確，當云：「官至福建按察使，加太僕寺卿」。

沈氏學弢十六卷（1122 下）

明沈堯中撰。堯中字執甫，嘉興人。萬曆庚辰進士，官至刑部尚書。

按：考雍正《浙江通志》卷一百三十三《選舉十一·明進士》，萬曆八年庚辰科張懋修榜有沈堯中，云：「嘉興人，刑部郎中。」卷一百七十九有其傳，云：「沈堯中，《檇李詩繫》：字執甫，嘉興人，萬曆庚辰進士，起家縣令，歷升南刑曹。博學嗜古，明於典故，纂修郡志。著有《沈司寇集》、《治統紀略》、《邊籌七略》、《高士匯林》等書。」亦未言其「官至刑部尚書」也，《總目》以其著有《沈司寇集》，即以其官至刑部尚書，大誤。

廉平錄五卷（1123 中）

明傅履禮、高爲表同撰。履禮題長蘆鹽運司知事，爲表題滄州學正，其始末均未詳也。

按：考《明清進士題名碑錄索引》，傅履禮爲福建南安人，萬曆八年進士。而乾隆《福建通志》卷三十六《選舉四·明進士》，萬曆八年庚辰張懋修榜有傅履禮，爲晉江人，官至知府。又乾隆《福建通志》卷三十八《選舉六·明舉人》履禮爲萬曆元年癸酉蘇濬榜舉人，云：「陽明子」。考同卷，傅陽明爲嘉靖二十五年丙午洪世遷榜舉人，南安人。則履禮亦當爲南安人。又考雍正《廣東通志》卷三十三《選舉志三·舉人》，萬曆四年丙子鄉試榜有高爲表，爲番禺人，官至知府。此皆可補《總目》之闕。

續說郛四十六卷（1124 上）

明陶珽編。珽，姚安人。萬曆庚戌進士。

按：《總目》未言其仕履，考乾隆《雲南通志》卷二十上《選舉》，萬曆庚戌科韓敬榜有陶珽，云「姚安人，副使」。卷二十一之一有其傳，云：「陶珽，姚安所人。萬曆庚戌進士，累官武昌兵備道。」可補。又雍正《浙江通志》卷一百三十三《選舉十一·明進士》此榜亦有陶珽，云「黃岩人，副使」，乾隆《甘肅通志》卷二十七《職官》，「分守隴右道」有陶珽，云：「浙江黃岩人」。此同一人也。蓋珽以軍籍中進士，其祖籍則黃岩也。

學古適用篇九十一卷（1124 中）

明呂純如撰。純如字孟諧，一字益軒，吳江人。萬曆辛丑進士，官至兵部侍郎。

按：考谷應泰編《明史紀事本末》卷七十一《魏忠賢亂政》條有：「（天啓元年）九月協理京營兵部尚書呂純如免」，可知其曾官兵部尚書。《江蘇藝文志·蘇州卷》亦云：「仕至兵部尚書」（p2276），《總目》言其「官至兵部侍郎」，不確。

十可篇十卷（1125 中）

明馬嘉松編。嘉松字曼生，平湖人。萬曆末諸生。是書摘錄子史及諸家小說，分爲十篇：曰可景、可味、可快、可鄙、可泯、可坦、可遠、可諧、可嘉、可刪。

按：「可刪」，殿本《總目》作「可冊」。《四庫全書存目叢書》影印中國科學院圖書館藏明崇禎刻本此集，卷十卷首、版心皆作「可冊」。前有有序，云：「宇宙大矣！書史夥矣！縱心思無窮，目力有限，人品不齊，破壞狼藉，盈屋充棟，非指觸如新，則塵凝如故，趙季仁謂羅景綸曰：某平生有三願，一願識盡世間好人，二願讀盡世間好書，三願看盡世間好山水，羅曰：盡則安能？但身到處莫放過耳。集《可冊》。」可冊者，可以編爲一冊也。作「可刪」，則不可解矣。

元壺雜俎八卷（1125 中）

明趙爾昌撰。爾昌字慶叔，錢塘人。官宣城縣知縣。

按：《總目》未言其科第，考雍正《浙江通志》卷一百四十《選舉十八·明舉人》萬曆二十五年丁酉科有趙爾昌，云「仁和人」。仁和與錢塘皆爲杭州府屬縣，地近，《總目》蓋誤。

益智編四十一卷（1125 下）

明孫能傳撰。……是書成於萬曆甲寅。

按：考《四庫全書存目叢書》影印北京大學圖書館藏明萬曆孫能正刻本此集，前有序，末署「萬曆甲寅冬月，同里友弟眞實居士鄒鳴雷長豫父題於浮槎閣」，《總目》所謂「是書成於萬曆甲寅」，蓋本此。然此序後尚有《刻益智篇小引》，云「余仲水衡氏之手是編也……無何天奪予仲，遺此一編，諸所撰結，多鉛摘未就。」末署：「萬曆癸丑長夏，四明孫能正書於臨溪澤宮之文昌

樓」。則萬曆癸丑年，孫能傳已卒，其書之草成，必早於萬曆癸丑。萬曆癸丑爲 1613 年，萬曆甲寅爲 1614 年。《總目》言「是書成於萬曆甲寅」，誤矣。

廣百川學海（1126 中）

舊本題明馮可賓編。可賓，益都人。天啓壬戌進士。

按：《總目》未言其仕履，考乾隆《山東通志》卷十五之一《選舉志》，天啓二年壬戌科文震孟榜有馮可賓，云：「益都人，太常寺少卿。」《太常續考》卷七「少卿」亦有馮可賓，云：「山東益都縣人，壬戌，崇禎十年任。」可補。

家規輯要（1127 中）

明胡爌撰。爌有《拾遺錄》，已著錄。

按：《拾遺錄》一卷，《總目》著錄卷一一九，子部雜家類三，然其提要云：「明胡爌撰。爌有《家規輯要》，已著錄。」考《欽定續文獻通考》卷一百七十六著錄有胡爌《拾遺錄》，云：「爌字闇翁，南昌人。」可補。

萃古名言四卷（1128 上）

明趙民獻編。民獻，雲南人。

按：乾隆《雲南通志》卷二十一之二《宦蹟·大理府》有其傳，云：「趙民獻，字大蓋，趙州人。天啓辛酉舉人，任磁州學正，教士先德行，歷知閿鄉縣，愛民如子，升陝西臨洮府同知。……著有《萃古名言》四卷行世，卒年九十五，鄉人尸祝之。」乾隆《雲南通志》卷二十中《選舉》天啓辛酉科亦有趙民獻，云：「趙州人，同知。」可補。

管字昭玉，交河人。康熙癸丑進士，官湖廣提學副使。

按：雍正《畿輔通志》卷七十四有其傳，云：「王管字錫湘，交河人。……管登康熙癸丑進士，授陝西保安令……擢吏部主事，出爲雲南參議，分守永昌，……遷湖廣提學副使。……」述其字，與《總目》不同。

之太，字聽嵒，黃川人，其仕履未詳。

按：考雍正《湖廣通志》卷三十六《選舉志·皇清舉人》，康熙十七年戊午鄉試榜有胡之太，云：「黃岡人，知縣。」可補。

昨非齋日纂二十卷（1128 中）

明鄭瑄撰。瑄字漢奉，閩縣人。崇禎辛未進士，官至應天巡撫。

按：乾隆《福建通志》卷三十六《選舉四·明進士》，崇禎四年辛未陳於

泰榜有鄭瑄，然爲侯官人，非閩縣人。雍正《浙江通志》卷一百五十有其傳云：「鄭瑄，《舊嘉興府志》：字鴻達，崇禎進士。知嘉興府……遷寧紹副使，累擢大理寺卿」。卷一一九嘉興知府，亦云：「字鴻達，侯官人。」

廣仁品二集（1128下）

明李長科編。長科，字小有，揚州興化人。

按：乾隆《江南通志》卷一百三十五《選舉志·薦辟》有李長科，云：「興化人，以賢良方正官知縣。」《江蘇藝文志·揚州卷》，云「改名盤。字根大，號小有，又號廣仁居士。清興化人。……明崇禎十四年歲貢，舉孝廉，官廣西懷遠知縣。」（P805）考《總目》卷一百著錄有《殘本金湯十二籌》八卷，云：「明李盤撰，盤字小有，揚州人。」即長科也。《總目》不當分爲二人。又雍正《廣西通志》卷五十五《秩官·明》懷集縣知縣有李盤，云崇禎十三年任。懷集屬梧州府，懷遠屬柳州府，《江蘇藝文志》云「官廣西懷遠知縣」，當爲「懷集知縣」之誤。民國《懷集縣志》卷四《明秩官表·知縣》有李盤，然云：「句容人，薦辟，崇正十三年任。」同卷《宦績列傳》亦有其傳，唯誤其籍爲句容矣。

著疑錄九卷（1129上）

明戴有孚撰。有孚字聖，永新人。

按：《總目》未言其仕履，考雍正《廣東通志》卷二十七《職官志二》韶州府通判有戴有孚，云：「江西永新人，歲貢，（嘉靖）三十三年任。」又考同治《永新縣志》卷十二《選舉·諸貢》，嘉靖朝有戴有孚，云：「韶州通判，鄭州知州。」卷十六《人物志·列傳》有其傳，云：「拜廣東韶州別駕……擢鄭州守……所著有《韶成集》、《管城紀》、《辛壬錄》、《著疑錄》。」可參。

《四庫全書總目》卷一三三·子部四三·雜家類存目一○

豐暇觀頤四卷（1130上）

不著撰人名氏。有序三首，一稱懶散道人，一稱見廬主人，一稱醉醒逸叟。而卷首復題「醉醒逸叟偶閱」字。詳其詞氣，當是一人。一題己丑，一題辛卯，一題癸巳，皆不著年號。中引湯賓尹《睡庵集》。考《睡庵集序》題萬曆庚戌，則此書在是集之後。己丑爲順治六年，辛卯爲順治八年，癸巳爲順治十一年，是國朝人矣。

按：考《四庫全書存目叢書》影印南京圖書館藏清初刻本，前第二敘末署「辛卯初冬八日，息盧主人新有喪耦之戚，筆於鳳里閣中」。《總目》作「見盧主人」，誤。又順治十一年爲甲午，癸巳爲順治十年。《總目》云爲順治十一年，誤。

經世名言十二卷（1131 上）

國朝蘇宏祖撰。宏祖字光啓，湯陰人。順治丙戌進士，官知縣。

按：雍正《河南通志》卷四十五《選舉二》，順治丙戌科傳以漸榜有蘇宏祖，云：「湯陰人，知縣。」然考《四庫全書存目叢書》影印中國人民大學圖書館藏清順治十六年刻本此集，前有自序，末署「順治己亥孟冬襄平蘇弘祖光啓氏題」。《總目》卷五〇史部別史類著錄有《尚史》，其提要云：「卷首自署曰襄平。考襄平爲漢遼東郡治，今爲盛京遼陽州地。」則此蘇弘祖非湯陰人。考《清史稿》卷二四〇列傳第二七有其傳，云：「蘇宏祖，漢軍正紅旗人，初籍遼陽。崇德三年，以舉人授戶部啓心郎。賜朝衣一襲，免丁四。八年，考滿，授世職牛錄章京。順治初，授河南河北道。累遷陝西布政使。……十五年，授南贛巡撫……」雍正《欽定盛京通志》卷七十八、雍正《欽定八旗通志》卷二百、雍正《江西通志》卷五十八、乾隆《福建通志》卷三十亦有其傳，可參。

同歸集十六卷（1131 下）

國朝吳調元撰。調元字雨蒼，石城人。據卷首胡世安序，蓋嘗以舉人官教諭者也。

按：考乾隆《江南通志》卷一百三十一《選舉志·舉人七》順治三年丙戌科有吳調元，云上元人。上元即今南京，所謂石頭城也。意者其書卷首題「石城吳調元」，館臣即以之著錄歟？又考乾隆《福建通志》卷二十七《職官八》，興化府知府有吳調元，云：「上元人，舉人，康熙四年任。」此皆可補《總目》之闕。

秦氏閨訓新編十二卷（1132 上）

是書成於康熙丙寅，因《呂氏閨範》而增損之，而分爲后妃女主、女道、兄弟、婦道、妯娌、嫡庶、母道、後母、雜錄、處變十一目，則體例略殊。

按：考《四庫全書存目叢書》影印中國科學院圖書館藏清康熙二十五年徐樹屏刻本此集，卷二爲「公主」，所謂「天下無生而貴者也。生而貴，惟帝

女矣」（卷二前《小序》），所載爲隋蘭陵公主至明里安大長公主等八人之事。《總目》作「女主」，誤矣。

《四庫全書總目》卷一三四·子部四四·雜家類存目一一

六詔紀聞二卷（1135中）

上卷曰《會勘夷情錄》，乃嘉靖十四年建昌道兵備副使俞夔處置四川鹽井衛士千户與雲南麗永二府土舍爭界事公移案牘。下卷曰《南荒振玉》，乃乩仙方海、何眞人與夔等倡和之詩。南京吏科給事中彭汝嘉合刻傳之，夔門人李應元爲之序。二卷一記邊防，一談神怪，殊爲不倫，殆於無類可歸，姑錄之雜編，附存其目。夔，建德人，正德丁丑進士。汝嘉，嘉定州人，正德辛巳進士。

按：考雍正《浙江通志》卷一百三十二《選舉十·明進士》，正德十二年丁丑科舒芬榜有俞夔，云：「建德人，布政使」。卷一百七十四有其傳，云：「俞夔，《兩浙名賢錄》：字舜臣，建德人，正德進士。授安福知縣，宸濠之亂，多保障功，擢長沙府同知……升四川按察司僉事，兵備安綿，……升本司副使，兵備建昌，……升江西按察使，歷左右布政使，卒於官。」又考雍正《江西通志》卷四十七《秩官》，左、右布政使有俞夔，則其官至江西右布政使。楊武泉《辨誤》已云「彭汝嘉」爲「彭汝實」之誤。

木鍾臺集無卷數（1135中）

此編凡分二十九種：曰《禮元剩語》、曰《眞談》、曰《語錄》、曰《遊錄》、曰《周禮因論》、曰《因領錄》、曰《三十測》、曰《咨言》、曰《感學編》、曰《答言》、曰《轄圜窩雜著》、曰《證道》、曰《偶客談》、曰《疑誼》、曰《海議》、曰《國琛集》、曰《未信編》、曰《館論》、曰《易修墨守》、曰《法綴》、曰《列流測》、曰《宋學商求》、曰《枝辭》、曰《積承錄》、曰《政問》、曰《冀越通》、曰《嘉禾問錄》、曰《春秋讀意》、曰《激衷小擬》。析門分類，俱各冠以序文。其別行之本，已各存目，此其總匯之本也。

按：考《四庫全書存目叢書》影印私藏明嘉靖萬曆間刻本此集，「三十測」作「三一測」，有《三一測敍》，云：「《三一測》者，一庵唐先生之微言也。……『三一』者，天地自然之數也。《老子》曰：『道生一，一生三，三生萬物。』……析之三才，合之一理。」可證《總目》作「三十測」，誤。又考此書無《未信

編》，而有《未學學》，有門人金某《未學序》，云：「名曰『未學學』，若曰『孔子未學而吾人之學』云爾」。又有唐樞《未學學引》，云：「孔子答衛靈公：『軍旅之事，未之學也』。」是編所載，乃行軍作戰之事，是以名之曰「未學」。《總目》作「未信編」，誤。

紀錄彙編二百十六卷（1136 上）

明沈節甫編。節甫烏程人。嘉靖己未進士，官至工部左侍郎，諡端靖。

按：《總目》未言其字，考雍正《浙江通志》卷一百五十九有其傳，云：「沈節甫，《分省人物考》，字以安，烏程人。」可補。

中都四子集六十四卷（1136 上）

明朱東光編。東光字元曦，浦城人。隆慶戊辰進士，官分巡淮徐道。

按：考雍正《江西通志》卷八十二有其傳，云：「朱東光，臨川人，隆慶進士。初授平陽知縣……擢戶科給事中、廣東參政，致仕。」乾隆《福建通志》卷四十七亦有其傳，云：「朱東光，字元義，建安人。隆慶戊辰進士，知平陽，補祁門，以卓異擢戶科給事中，出督河工，擢廣東副使，征海蠻有功，給賞，爲有力者所擠，奉母家居十餘年，起爲廣西參議，討平猺獞，升廣東參政，復以禦倭功加俸，請老歸。著有《訓政編》。」皆可證其官至廣東參政，可補。又雍正《江西通志》卷五十四《選舉六》，隆慶二年戊辰羅萬化榜進士有朱東光，云：「臨川人，建寧籍，廣東參政。」則《總目》言其爲浦城人，誤。

鹽邑志林六十二卷（1137 上）

明樊維城編。維城，黃岡人。萬曆丙辰進士，崇禎中以福建按察司副使家居。張獻忠陷黃州，抗節死。事蹟附見《明史‧樊玉衡傳》。

按：《總目》未言其字，考雍正《湖廣通志》卷六十有其傳，云：「樊維城，字紫蓋，玉衡子……」，可補。

《四庫全書總目》卷一三七‧子部四七‧類書類存目一

翰墨大全一百二十五卷（1162 上）

宋劉應李撰。應李自稱鄉貢進士，其里籍未詳。

按：余嘉錫《辨證》引《日本訪書志》卷十一、錢大昕《元史藝文志》

卷三，云應李爲宋末元初閩人。考《千頃堂書目》卷十五著錄有劉應李《翰墨全書》一百三十三卷（一作一百四十五卷），云：「字希泌，建陽人，咸淳進士，授本邑簿，與熊禾、胡廷芳講學洪源書堂。」考乾隆《福建通志》卷三十五《選舉三》，咸淳十年甲戌王龍澤榜進士有建陽縣劉應李。《閩中理學淵源考》卷六有「主簿劉希泌先生應李」傳，云：「劉應李，字希泌，初名槃，謹厚莊重，博習修潔，舉咸淳十年進士，調建陽簿，至元不仕，與熊禾、胡廷芳講道洪源山，居十有二年，後建化龍書院於莒潭，聚徒講授，厚給課試，悉仿州縣法。」乾隆《福建通志》卷五十一亦有其傳。可參。

兩漢蒙求十一卷（1162 中）

宋劉班撰。班字希範，吳興人。仕至同知三省樞密院事。

按：「劉班」爲「劉玨」之誤。《宋史》卷二百七《藝文志六》著錄有劉玨《兩漢蒙求》十卷。《宋史》卷三七八有其傳，云：「劉玨，字希范，湖州長興人，登崇寧五年進士第。……有《吳興集》二十卷、《集議》五卷、《兩漢蒙求》十卷。」可證。

野服考一卷（1162 下）

宋方鳳撰。鳳一名景山，字韶卿，浦陽人。宋末授容州文學。國亡不仕，放浪山澤間，與謝翱、吳思齊友善。

按：《四庫全書存目叢書》影印江西省圖書館藏涵芬樓影印清道光十一年六安晁氏木活字學海類編本此集，卷首題「宋東陽方鳳韶父纂」。雍正《浙江通志》卷一百八十一有其傳，亦云：「方鳳，《浦陽人物記》：一名景山，字韶父。」《總目》作「字韶卿」，不確。

玉海纂二十二卷（1163 上）

明劉鴻訓編。鴻訓字默成，長山人。萬曆癸丑進士，官至文淵閣大學士，事蹟具《明史》本傳。

按：考《明史》卷二百五十一鴻訓本傳、《東林列傳》卷十八其傳等，皆云「字默承」，《總目》誤。

經學隊仗三卷（1163 上）

舊本題朱景元撰。景元不知何時人。考晁公武《讀書志》，有唐太子諭德朱景元集。

按：遍檢晁公武《郡齋讀書志》，無唐太子諭德朱景元集。考《直齋書錄

解題》卷十九著錄有《朱景元集》一卷，云唐太子諭德朱景元撰，則《總目》此「晁公武《讀書志》」當爲「陳振孫《直齋書錄解題》」之誤。

諸史偶論十卷（1163 中）

舊本題進士柳州計宗道校。考太學題名碑，宏治己未科進士有計宗道，馬平人。馬平爲柳州府屬，蓋即其人。

按：《總目》未言計宗道字號、仕履。考雍正《廣西通志》卷七十八有其傳，云：「計宗道，字惟仲，馬平人。……未冠，鄉試第一，成弘治進士，知常熟……後轉延平同知，入爲戶部郎，出守衡州，卒。」可補。

敏求機要十六卷（1164 上）

舊本題月梧劉實撰。鳳梧劉茂實注。而撰人於劉字下實字之上空一字，疑二人兄弟本以實字連名，舊本模糊，傳寫者因於撰者之名空一字也。

按：胡玉縉《補正》云「陸氏、丁氏《藏書志》並有舊鈔本，題『月梧劉芳實撰，鳳梧劉茂實注』，則空處爲芳字。」考《千頃堂書目》卷十五亦著錄有劉芳實、劉茂實《敏求機要》十六卷，云：「芳實字月梧，茂實字鳳梧，同編。」（卷三著錄有劉芳《敏求機要》十六卷，其名當脫一「實」字）。可補。

聲律發蒙五卷（1164 下）

元祝明撰。潘瑛續，明劉節校補。……瑛不知何許人，節有《春秋列傳》，已著錄。

按：《總目》亦未詳祝明生平。考《四庫全書存目叢書》影印北京圖書館藏明萬曆二十一年涂時相刻本此集，前有劉節《聲律發蒙小引》，云：「《聲律發蒙》五卷，前二卷，安平素庵祝先生文卿所作，後三卷則四明潘瑛景輝氏續而成之者。」安平縣有兩，一爲河北，一爲廣西。考康熙《（河北）安平縣志》卷之七《人物·隱逸》有其祝明傳，云：「字文卿，號素庵，博學善屬文，教授生徒，從者雲集……文卿屢徵不起，所著有《聲律發蒙》一卷行於世，今祀鄉賢。」則祝明爲河北安平人。

四六叢珠匯選十卷（1165 上）

舊本題當塗縣學官晉江王明鰲、繁昌教諭黃金璽同校選，不著時代。

按：《總目》卷一九三集部總集類存目三亦著錄有《四六叢珠匯選》十卷，云：「明王明鰲編。明鰲字懋良，晉江人，萬曆己卯舉人，官至寧波府通判。」

此書體例爲類書，非總集，總集類不當復著錄。又雍正《廣西通志》卷五十四《秩官·明》，平樂縣知縣有黃金璽，云：「福建連江人，舉人，萬曆二十二年任。」可補。

群書纂類十二卷（1166 上）

明袁均哲撰。均哲字庶明，建昌人。正統中官郴州知州。

按：考雍正《江西通志》卷五十二《選舉四》，永樂二十一年癸卯舉人有袁均哲，云：「建昌人，瓊州知府。」乾隆《貴州通志》卷十七，開順時黎平府知府有袁均哲，云：「建昌人，舉人」。可補。

韻府續編四十卷（1166 上）

舊本題元青田包瑜撰。考《括蒼彙編》，包瑜字希賢，青田人，景泰庚午舉人，官教諭，著有《周易衍義》。黃虞稷《千頃堂書目》載包瑜《周易衍義》，注曰：「成化中，浮梁知縣。」則瑜實明人，觀書中所列部分，已用《洪武正韻》，是其明證。

按：雍正《浙江通志》卷一百七十七有其傳，云：「包瑜，《兩浙名賢錄》：字希賢，青田人，……由舉人任教諭，淮王聞其賢，修書幣，聘進講，輒稱先生，著《通鑑事類》一百二十卷、《左傳事類》四十卷……七年告歸，撰述甚多。」不言其曾官知縣。考《千頃堂書目》卷二著錄有包瑜《春秋講義》，又云：「青田人，成化中浮梁教諭。」與卷一《周易衍義》注不同。考乾隆《浮梁縣志》卷六《官司上》明知縣無包瑜，而明成化間教諭有包瑜，卷六《官司上》亦其傳，可證《千頃堂書目》卷一《周易衍義》注云「成化中，浮梁知縣」，乃「浮梁教諭」之誤。又據乾隆《福建通志》卷二十五《職官六》，包瑜又曾官建寧縣教諭。

修辭指南二十卷（1167 中）

明浦南金編。南金，吳縣人。嘉靖壬午舉人，官國子監助教。

按：乾隆《江南通志》卷一百二十八《選舉志·舉人四》，嘉靖元年壬午科有浦南金，然云嘉定人。考乾隆《嘉定縣志》卷八科貢，嘉靖元年舉人有浦南金，卷十一《藝文志·書籍》有《修辭指南》、《詩學正宗》，俱浦南金著。卷十中《文學》有其傳，云：「浦南金，字伯兼，居婁塘，嘉靖壬午舉人……由歸安教諭擢國子助教……出爲唐邸教授……歲餘移疾歸……著有《修辭指南》、《詩學正宗》二書。」可證其爲嘉定人，非吳縣人。《四庫全書存目叢書》

影印北京大學圖書館藏明嘉靖三十六年浦氏五樂堂刻本此集，卷首題：「皇明國子監助教東海浦南金編次」。書末《後序》署：「嘉靖丁巳臘月廿有四日海濱浦南金著」。「東海」、「海濱」者，嘉定濱海，吳縣則不然矣。

騷苑四卷（1167 下）

前三卷明黃省曾撰。後一卷張所敬補。……所敬字長輿，自署曰清河，疑從郡望也。

按：考《千頃堂書目》卷二十六著錄有張所敬《張長輿詩》六卷，雲上海人。王世貞《弇州續稿》卷十九有《秋日發黃浦朱氏三子與張長輿顧仲韓拿舟送別書此紀事》詩，卷二十又有《顧仲韓攜酒船相送傾倒尤深因贈仲韓並及張長輿朱氏三子》詩，詩題中「張長輿」，即張所敬也。

名物類考四卷（1168 上）

明耿隨朝撰。隨朝號敬庵，滑縣人。嘉靖丁未進士，官至山西按察司副使。

按：考雍正《湖廣通志》卷二十八《職官志》，耿隨朝曾任湖廣副使。雍正《山西通志》卷七十九《職官七》，云：「耿隨朝，進士，嘉靖時任右參政，直隸滑縣人。」不言其曾官副使。同卷有「耿隨卿，進士，嘉靖時任副使，直隸滑縣人」。隨卿，隨朝弟也，官至順天巡撫。《總目》蓋誤弟爲兄矣。《明史》亦曾誤混二人，如《明史》卷八十六《河渠志四》：「四十五年，順天巡撫耿隨朝勘海道」，此「耿隨朝」即「耿隨卿」之誤。據《明史》卷七五《職官志四》參政爲從三品，提刑按察司副使爲正四品，則耿隨朝應官至山西右參政。雍正《河南通志》卷四十五亦云：「耿隨朝，滑縣人，明嘉靖丁未科，仕至參政。」《萬姓統譜》卷八十七有兄弟二人傳，云：「耿隨朝，字子衡，滑縣人，嘉靖丁未進士，歷參政；弟隨卿，字子承，同科進士，歷巡撫順天都御史，有才名。」可參。

匯苑詳注三十六卷（1168 中）

一名《類苑詳注》。舊本題明王世貞撰，鄒善長重訂。善長不知何許人。

按：考《四庫全書存目叢書》影印中國科學院圖書館藏明萬曆三十三年鄒道元刻梅墅石渠閣補修本此集，前有晉江黃鳳翔序，云：「吾鄉鄒善長先生晞茂先之博物，兼子雲之好奇，於太學卒業，終日校書……善長乃中秘樂壺先生猶子，名道元，而善長其字云。」則其爲晉江人，名元道，字善長。

強識略四十卷（1168 下）

明吳夢材編。夢材字國賢，崇陽人。

按：胡玉縉《補正》：「案《明史·藝文志》作吳楚材《強識略》二十四卷，與此不同。」考《四庫全書存目叢書》影印浙江圖書館藏明萬曆十七年陽春園刻本此集，卷首題「崇陽吳楚材國賢編，劉日孚應占校」，前有《敘述》，末署：「萬曆己丑上巳陽春園主人吳楚材國賢志」，可知《總目》作「吳夢材」，誤。《千頃堂書目》卷十五皆著錄有此書，亦作吳楚材，《訂訛雜錄》卷八《名諱》條、《香祖筆記》卷四提及《強識略》皆作吳楚材，可證。《弇州四部稿·續稿卷一百八十》有致吳國賢書，論《強識略》云：「《強識略》奇書也，梓之必傳，第不可不加詳覈。」可參。

考古辭宗二十卷（1168 下）

明況淑祺編。叔祺字吉甫，高安人。嘉靖庚戌進士，官至貴州提學僉事。

按：考雍正《江西通志》卷七十一有其傳，云：「況叔祺，字吉夫，高安人。弱冠登進士，授刑部主事……歷禮部郎中、貴州提學副使。」考乾隆《貴州通志》卷十七《秩官》，況淑祺嘉靖中官副使。明俞汝楫編《禮部志稿》卷四十四《歷官表·精膳司郎中》中亦有況淑祺，云：「吉夫，江西高安縣人，嘉靖庚戌進士，升貴州提學副使。」據《明史》卷七五《職官志四》，副使為正四品，僉事為正五品。《總目》不確。

《四庫全書總目》卷一三八·子部四八·類書類存目二

注釋啟蒙對偶續編四卷（1170 中）

明孟紱撰。鄭以誠注。紱、以誠皆始末未詳。

按：考《四庫全書存目叢書》影印天一閣文物保管所藏明嘉靖二十三年刻本此集，卷首題「東安後學孟紱華甫編次，南康門生殷廷舉校正，關中後學王朔伯光重校」，未及鄭以誠。又書前龔桐《啟蒙對偶續編後序》云：「嘉靖甲辰，東莊先生對偶錄成，桐拜手稽首進言曰」云云。考雍正《畿輔通志》卷六十五《舉人》，嘉靖戊子科有孟紱，云東安人，即此人也。天啟《東安縣志》卷五《選舉·鄉薦》，孟紱下云：「中戊子經元，授南康府通判」。康熙《東安志》卷九《遺書》亦著錄有孟紱《啟蒙對偶》。則孟紱，字華甫，號東莊，東安人，嘉靖戊子科舉人，官南康府通判。

類雋三十卷（1170 中）

明鄭若庸撰。若庸字虛舟，崑山人。

按：乾隆《江南通志》卷一百六十五：「鄭若庸，字中伯，崑山人。」《千頃堂書目》卷二十四著錄有鄭若庸《蛣蜣集》，云：「字中伯，崑山人。趙康王客。」《明詩綜》卷五十四錄其詩五首，云：「若庸字中伯，崑山人，有《蛣蜣集》」《別號錄》卷七云「虛舟鄭若庸中伯山人歷崑」，可知其字當爲中伯，虛舟乃其號也。

含元齋別編十卷（1170 下）

明趙樞生撰。樞生字彥材，徽州人。據其子頤光後跋，樞生所著諸書，皆無錫顧冶排纂成帙。

按：其子「頤光」乃「宧光」之誤。《千頃堂書目》卷十二著錄有趙樞生《含玄子》十六卷，云：「吳人，趙宧光父。」可證。同書卷二十四又著錄有趙樞生《含玄集》四卷，云：「字彥材，長洲布衣。」考《總目》卷一百四十七子部道家類存目著錄有《含元子》十二卷，云：「明趙樞生撰。樞生字彥材，太倉人。」即同一人也。樞生本太倉人，居長洲縣，後移家吳市，其子趙宧光等，遂爲吳縣人。要之《總目》此以其爲徽州人，誤。

何氏類鎔三十五卷（1171 中）

明何三畏撰。三畏有《雲間志略》，已著錄。

按：考《總目》並未著錄何三畏《雲間志略》。《千頃堂書目》著錄有何三畏《漱六齋集》四十八卷，云：「字士抑，華亭人，紹興推官。」《明詩綜》卷五十八錄有其詩二首，云：「三畏字士抑，松江華亭人。萬曆壬午中順天鄉試，選授紹興推官。」然考乾隆《江南通志》卷一百二十九《選舉志‧舉人五》、雍正《畿輔通志》卷六十五《舉人》，萬曆壬午舉人皆無何三畏，《明詩綜》恐誤。乾隆《江南通志》卷一百九十一《藝文志》著錄有《雲間志略》二十四卷、《志餘》一卷，云：「俱青浦何三畏。」以其籍爲青浦，不確。

異物匯苑十八卷（1171 下）

明閔文振撰。文振字道充，浮梁人。

按：考乾隆《福建通志》卷三十二有其傳，云：「閔文振，浮梁人，嘉靖十二年寧德訓導。」考乾隆《福建通志》卷二十六《職官七》，寧德縣訓導確

有閔文振。可補。

事物紺珠四十一卷（1172 上）

明黃一正編。一正字定父，揚州人。是編成於萬曆辛卯。《明史‧藝文志》著錄四十六卷。今考其目，自天文、地理至瑣言、瑣事，凡四十六目，非四十六卷也。

按：考《四庫全書存目叢書》影印北京大學圖書館藏明萬曆吳勉學刻本此集，前有敘，署「萬曆辛卯夏日，五嶽山人沔陽陳文燭撰」，《總目》所謂「是編成於萬曆辛卯」，蓋本此。然此書又有張佳胤序，云：「近得黃子定父《事物紺珠》四十六卷閱之」，末署：「萬曆乙酉七月既望，銅梁居來山人張佳胤撰」。萬曆辛卯為萬曆十九年（1591），萬曆乙酉為萬曆十三年（1585）。則此書萬曆乙酉年已成，《總目》誤矣。

事言要元三十二卷（1172 下）

明陳懋學撰。懋學字希顏，福唐人。萬曆壬子舉人，官兵馬司指揮。

按：福唐為福建福清縣古名。考乾隆《福建通志》卷三十八《選舉六‧明舉人》，萬曆十年壬午謝綱榜舉人有陳懋學，福清縣人，兵馬指揮。即此人也。《總目》言其為「萬曆壬子舉人」，不確。

獅山掌錄二十八卷（1172 下）

明吳之俊撰。……是編纂故實，特取雋穎。其每標籤目，亦嘉為新異。曰甄元，曰控輿，曰挈壺，曰採眞，曰測符，曰提靈，曰綜挴，曰緯閫，曰襄盫，曰延清，曰宣籟，曰緝章，曰簡棲，曰合雋，曰挹溫，曰薈芳，曰循蜚，曰登脂，曰抽騎，曰犁潛，曰苑萌，曰連蠕，曰遊環，曰折致，曰詮際，曰拾劑，凡二十六類。

按：考《四庫全書存目叢書》影印中國科學院圖書館藏明萬曆四十五年黃正中等刻本此集，「簡棲」之後，有「規象」；「薈芳」之後，有「疏蔭」，共二十八類，非《總目》所謂二十六類。又卷十六不作「挹溫」，而作「挹滋」，有小序云：「味有五，齊有六，皆帝之所遺，以戱民穀，第飲者飲而遞為豪，吾請以七碗百觚聽達人之自卜，錄挹滋」。所謂挹滋者，酌取其味也，此卷所錄，自《名酒》至《桂醪》，皆為各色酒，可證。又卷二十六為「析致」，不作「折致」，有小序云：「灑灑之趣，如山出雲；嬝嬝之韻，如壺貯水，其知者曰此為吹蘭泛蕙，其不知者且囂囂然曰彼為蟬緩之音，錄析致第二十六」。

析致者，辨析其中韻致趣味也，作「折致」則不辭。

諸經纂注三十四卷（1173 上）

明楊聯芳編。聯芳字懋賞，漳州人。

按：考《四庫全書存目叢書》影印北京師範大學圖書館藏明萬曆刻本此集，前有序，末署：「萬曆癸丑歲六月立秋穀日，閩人後學楊聯芳懋實父序。」卷首亦題「閩漳後學楊聯芳懋實父纂」，芳者，華也，華實相對，作「懋實」是。《總目》誤。《經義考》卷二百五十著錄有楊氏聯芳《群經類纂》三十四卷，云：「繆泳曰：楊聯芳，字懋實，南靖人，萬曆辛丑進士，仕至貴州按察副使。」乾隆《福建通志》卷三十六《選舉四·明進士》，萬曆二十九年辛丑張以誠榜有楊聯芳，南靖人。乾隆《福建通志》卷四十六有其傳，云：「楊聯芳，字蘅苑，龍溪人，萬曆辛丑進士，授行人，出知杭州，……遷廣西臬長，為忌者所中，鐫級致仕，卒年八十七。著有《書經纂注》三十四卷」（龍溪當為南靖之誤，書經當為諸經之誤）。可補。

駢字憑霄二十四卷（1173 上）

明徐應秋撰。應秋字君義，號雲林，浙江西安人。萬曆丙辰進士，官至福建布政使。

按：《總目》卷一二三·子部雜家類七已著錄其《玉芝堂談薈》三十六卷，此不當更贅述其生平，應徑言「應秋有《玉芝堂談薈》，已著錄。」又雍正《浙江通志》卷一百三十三《選舉十一·明進士》，萬曆四十四年丙辰科錢士升榜有徐應秋，亦云：「西安人，福建左布政使」。然考乾隆《福建通志》卷二十一《職官二》，福建左布政使無徐應秋，而崇禎年間按察副使有徐應秋。則其未曾官福建左布政使。又雍正《廣東通志》卷二十七《職官志二》布政司左參政有徐應秋，云「陝西西安人，進士，（崇禎）三年任。」陝西西安顯為浙江西安之誤。要之徐應秋當官至廣東布政司左參政。

唐類函二百卷（1173 中）

明俞安期編。安期初名策，字公臨，後改今名，字羨長，萬曆末布衣。

按：《總目》未言其籍貫。考《欽定續文獻通考》卷一百八十七著錄有俞安期《唐類函》二百卷、《詩雋類函》一百五十卷、《類苑瓊英》十卷，云：「安期字羨長，吳江人。」乾隆《江南通志》卷一百六十五《人物志·文苑一》、雍正《陝西通志》卷六十四《人物十·隱逸》有其傳，皆云：「俞安期，字羨

長，吳江人」。可補。

劉氏類山十卷（1173 下）

明劉嗣昌撰。嗣昌字燕及，桐城人。萬曆中官至興化府知府。

按：考《四庫全書存目叢書》影印復旦大學圖書館藏明萬曆三十三年刻本此集，卷首題「桐城劉胤昌燕及甫編纂」。前有《自題》末署「萬曆戊戌孟冬月日桐城劉胤昌燕及題」，可知其名為劉胤昌。《千頃堂書目》卷十五著錄有劉胤昌《劉氏類山》十卷，云：「字燕及，桐城人，萬曆甲辰進士。」卷二十六著錄有其《遷草》，云：「興化府知府」。考乾隆《江南通志》卷一百二十三《選舉志·進士五》，甲辰科楊守勤榜有此人，作「劉應昌」。按此「劉應昌」與《總目》之「劉嗣昌」，皆避雍正諱改。又考乾隆《福建通志》卷二十三《職官四·興化府》，明萬曆間興化府知府有呂一靜至雷化鱗等十四人，無桐城人劉嗣昌，疑《總目》及《千頃堂書目》誤。

卓氏藻林八卷（1173 下）

明卓明卿撰。明卿字澄甫，錢塘人。萬曆中由國子監生官光祿寺署正。

按：《御選宋金元明四朝詩·御選明詩·姓名爵里四》云：「卓明卿，字徵甫（按：徵甫當為澄甫之訛），仁和人，以太學選授光祿寺署丞，有集。」《弇州四部稿·續稿》卷一百二十五有《恩例冠帶卓見齋翁墓表》文，云：「余與光祿署丞卓明卿遊。」可知其官至光祿寺丞。《總目》不確。

事典考略六卷（1174 上）

明徐袍編。袍字仲章，婺源人。

按：《千頃堂書目》卷十著錄有徐袍《金仁山年譜》，云：「袍，蘭溪人。」考雍正《浙江通志》卷一百三十八《選舉十六·明舉人》嘉靖十三年甲午科有徐袍，蘭溪人。考《蘭溪縣志》卷十三上《儒林》有其傳，云：「著有《古訓私編》、《事典考略》等書」。可證其為蘭溪人，非婺源人。

劉氏鴻書一百八卷（1174 上）

是書分二十四類，又分子目二百六十有奇。

按：考《四庫全書存目叢書》影印中國科學院圖書館藏明萬曆刻本此集，確分為二十四部，書前有目錄，每類下詳列其類之數，如天文部十六類、地理部三十五類、歲時部二十一類、世系部四十二類、三教部十五類、五倫部二十七類、人事部四十類、人品部三十類、官職部四十五類、文史部十七類、

身體部二十類、宮室部六類、飲食部十五類、衣帛部十四類、珍寶部二十九類、器用部四十四類、音樂部十二類、方術部二十三類、花木部六十九類、鳥獸部六十類、鱗介部十類、昆蟲部十八類、錄異部四類、紀厄部十三類，凡六百零七類，《總目》言「又分子目二百六十有奇」，不確。

十三經類語十四卷（1174下）

舊本題明羅萬藻編。萬藻字文止，江西人。

按：《總目》未詳其籍貫，《四庫全書存目叢書》影印甘肅省圖書館藏明崇禎十三年刻本此集，卷首題「豫章羅萬藻文止類」。考雍正《江西通志》卷五十五《選舉七》，天啓七年丁卯舉人有羅萬藻，云臨川人。卷八十二有其傳，亦云臨川人。可補。

事物考八卷（1176上）

明傅巖撰。巖字野清，義烏人。崇禎甲戌進士，官至監察御史。

按：《四庫全書存目叢書》所收事物考八卷，爲天津圖書館藏明隆慶三年刻本，有嘉靖癸亥孟秋趙忻《刻事物考序》，又有隆慶己巳孟夏吉兗州干嘉賓《刻事物考跋》二篇，文字略同，其後篇有：「傅君名巖自陝中來，攜是書見惠。」《總目》即誤以爲其爲傅巖撰。考此書前有小序，云：「王三聘曰：餘生僻壤，困舉業，無他書讀，嘉靖戊戌，寓南棘，得《事物紀原》一編，喜該博，遂不置焉，……乃續錄之，貯書簏中，備徵事者，未敢云輯也。邑侯何公仕優好雅，兼而收之，遂名曰『事物考』，凡八卷。」可知其作者應爲王三聘。《明史》卷九十八《藝文志三》、《千頃堂書目》卷十二皆著錄有王三聘《事物考》八卷，雍正《陝西通志》卷七十四《經籍一》著錄有《子史錄》、《古今事物考》、《鰲屋縣志》、《終南仙境志》，云：「俱僉事鰲屋王三聘撰。」考雍正《陝西通志》卷三十《選舉一》，王三聘爲嘉靖十四年乙未韓應龍榜進士。卷五十七上有其傳，云：「王三聘，字夢莘，鰲屋人。嘉靖乙未進士，授大理評事，讞獄多所平反，擢僉事河南，督屯政，兼理驛傳，……改僉事四川」。可補。

麗句集六卷（1176中）

明許之吉撰。之吉爵里未詳。

按：考《四庫全書存目叢書》影印北京大學圖書館藏明天啓刻本此集，卷首題：「宜黃許之吉選」，書前有天啓乙丑暮春婁堅序，有「友人許君伯隆」

云云，石城傅汝舟《題辭》亦有「許君伯隆」云云，知滁州青蓮謝於教序有「余友許伯隆，宜黃博雅士也」云云，可知許之吉，字伯隆，宜黃人。

文苑匯雋二十四卷（1176 中）

明孫丕顯撰。丕顯字啓周，自稱閩人。未詳其邑里。

按：考《四庫全書存目叢書》影印北京大學圖書館藏明萬曆三十六年刻本此集，各卷卷首，有題「南閩孫丕顯匯纂」者，有題「西甌孫丕顯匯纂」者。南閩、西甌，皆指廣西鬱林也。（《舊唐書·地理志》：「鬱林郡，古西甌駱越所居」。宋王應麟撰《通鑑地理通釋》卷二：「以秦郡考之，南海因舊名桂林，更名鬱林，象郡更名曰南閩。」）則其當爲廣西鬱林人。

《四庫全書總目》卷一三九·子部四九·類書類存目三

考古類編十二卷（1177 下）

原名《通考纂要》，雍正甲辰，華亭姚培謙爲之評注，改題今名。

按：考《四庫全書存目叢書》影印中國科學院圖書館藏清雍正四年澹成堂刻本此集，卷首題：「華亭姚廷謙平山評」，前有序，末署：「雍正甲辰花生日，華亭後學姚廷謙拜手書」，《總目》作「姚培謙」，誤。

二酉匯刪二十四卷（1178 上）

國朝王訓撰。訓字敷彞，安邱人。順治丁亥進士。

按：《總目》未言其仕履。考雍正《山西通志》卷八十二《職官十》，萬泉縣知縣有王訓，山東安丘人，進士，順治四年任。可補。

古今疏十五卷（1178 上）

國朝朱虛撰。虛字邵齋，號可庵，又號介庵，曹州人。順治丁亥進士，官至紹興府知府。

按：考雍正《浙江通志》卷一百二十二《職官十二》紹興府知府無朱虛。據同書卷一百二十一《職官十一》，朱虛曾任分守寧紹臺道。乾隆《山東通志》卷二十八之四有其傳，云：「朱虛，字若虛，菏澤人。順治丙戌進士，初知衡水縣，稱循良第一，擢監察御史……旋督學秦中……改授浙東參議，報最，擢肅州副使，未任，以疾致仕歸。」

三才藻異三十三卷（1178 中）

　　國朝屠粹忠撰。粹忠號芝岩，定海人。順治戊戌進士，官至兵部尚書。是編取故實可備題詠者分類標題。其目盈萬，各括以四言二韻。蓋類書之支流而《蒙求》之變體也。

　　按：考《四庫全書存目叢書》影印清華大學圖書館藏清康熙二十八年栩園刻本此集，是書每目之內容，皆爲十六字，然句式各異，多數條目內容對仗（或部分對仗），如卷一「人日」條云：「顏易改，杯且嘗。妝點思梅額，推敲憶草堂。」爲「三、三、五、五」句式。「造榜天」條云：「君造命，國進賢。天實爲之，何貽譏乎木天？」爲「三、三、四、六」句式。「酒色天」條云：「筆花吐半幅，松風落幾弦。愈杯傾，勝纏綿。」爲「五、五、三、三」句式。「雨鹿」條云：「天女乘鳳至，角仙冒雨來，知赤帝之必災」，爲「五、五、六」句式。「周生梯月」條云：「梯可架，宜上不宜下。光可借，宜眞不宜假。」爲「三、五、三、五」句式。卷四「石鼓湖」條云：「遠可格蜀桐，鳴吳石。近可識漁撾，應犢笛」，爲「五、三、五、三」句式。卷六「鹿哭泉」條云：「鹿哭子，水一方。子哭鹿，淚三行。痛殺鹿娘！」爲「三、三、三、三、四」句式等等。又有不對仗者，如卷一「孤延鬭電」條云：「帝曰：電爾掣，試較裴之手、晟之弓，孰優劣」；「夏侯柱雷」條云：「謝遷曰：此凝神定氣人也，必砥柱中流者」。要之，非皆如《總目》所謂「四言二韻」。

韻粹一百七卷（1178下）

舊本題國朝朱彝尊撰。

　　按：《四庫全書存目叢書》影印上海圖書館藏清鈔本此集，卷首題：「秀水朱昆田西畯抄撮」。前有序，云：「竹垞翁有才子昆田，少承家學，又兑自奮發，力追古作，尤精韻學……時人重之，呼爲小朱十，惜年四十二，先乃翁卒，著有《笛漁小槁》，老人爲之校訂，附刻集後，俾傳不朽，猶賴筆墨流傳人間，今晨坊友以此《韻粹》二卷見示，余審是書確係手稿，而爲前人所未見者，余何幸而得觀全書？……丁未大暑少樵坐玉壺仙館揮汗書」。可知此書爲朱彝尊子朱昆田撰。昆田與沈名蓀同著有《南史識小錄》八卷、《北史識小錄》八卷，著錄於《總目》卷六十五史部史鈔類。又《總目》本卷又著錄朱昆田《三體摭韻》十二卷，詳言其生平，實不必也。

宮閨小名錄四卷後錄一卷（1178下）

　　上起於漢，下迄於明，凡女子以名傳者，皆分類編載。……五曰外傳，附以寇盜。

　　按：考《四庫全書存目叢書》影印清華大學圖書館藏清康熙二十九年刻本此集，卷五爲外國，所列爲「拓跋」、「細君」、「解憂」、「相夫」、「沙壹」等，皆爲外國或外族女子名，或漢女子嫁與外國外族者。《總目》不確。

《四庫全書總目》卷一四三・子部五三・小說家類存目一

月河所聞集一卷（1217 中）

　　宋莫君陳撰。君陳，湖州人，其始末未詳。書中稱授知婺州，朝辭，有箚子「權刑部郎中」，則嘗以朝官典郡矣。書中載郭璞《錢塘識》，則似在南渡之初。而書中多載元祐事，又有「今左丞晦叔」之語，考呂公著爲尚書左丞，在哲宗即位之年，則又及見北宋。

　　按：余嘉錫《辨證》已據《通鑑長編》卷二百四十三，云「其人不但及哲宗之初，且其入仕在神宗初年」。然亦未詳其始末。考《吳興備志》卷十一有其傳，云：「莫君陳，字和中，從安定先生學，熙寧中新置六法科，首中其選，甚爲王安石器重。御家嚴整，如官府然。東坡有《西湖跳珠軒詩贈莫同年》，即君陳也。」雍正《浙江通志》卷一百七十五：「莫君陳，嘉靖雍正《浙江通志》：字和中，歸安人。從胡瑗遊，舉嘉祐二年進士，御家嚴於公府，教子弟以義……」雍正《浙江通志》卷一百二十三《選舉一・宋進士》，嘉祐二年丁酉章衡榜有莫君陳，云歸安人。《明一統志》卷四十、《萬姓統譜》卷一百二十等亦有其傳。宋章如愚編《群書考索後集》卷九，「大理寺丞」條，引《續會要》云：「……元豐五年命莫君陳等九人爲大理寺丞，始自朝廷差官也」。李燾《續資治通鑑長編》卷四百十：「（哲宗元祐三年五月）丁未，朝奉大夫、大理少卿莫君陳知舒州，君陳以疾自請也。」卷四百三十一「（哲宗元祐四年八月）辛亥，詔劉淑特罷祠部郎中，莫君陳罷兩浙提刑與知州差遣」。卷四百四十八：「（哲宗元祐五年九月丁丑）知蘄州莫君陳爲刑部員外郎」。卷五百五：「（哲宗元符二年春正月庚午）朝請大夫、荊湖北路轉運副使莫君陳提舉洞霄宮，從其請也。」從中可略知其仕跡。又雍正《浙江通志》卷二百三十七《陵墓三》，安吉州有「宋衛尉卿莫君陳墓」，則莫君陳當官至衛尉卿。

冀越集記二卷（1218 上）

　　元熊太古撰。太古，豐城人，熊朋來之孫也。登進士，官至江西行省郎中。

　　按：殿本《總目》作「熊朋來之子也」，是。考《千頃堂書目》卷十七著

錄有熊太古《冀餘集》，云：「字鄰初，豫章人，熊朋來子，中元至順三年鄉舉，南臺御史平章趙子敬辟爲廣東廉訪司書吏，轉湖廣省掾，授翰林編修、國子助教、江南行省員外郎。元末隱稻山著書，洪武三年徵校雅樂，告老歸卒。」雍正《江西通志》卷五十一《選舉三》，至順三年壬申鄉試，有熊太古，云富州人。未云其曾中進士。同書卷六十七《熊朋來傳》云：「子太古，鄉貢士，爲翰林編修，國子助教，後隱樗山。明初征校雅樂，告老歸。」皆可證其乃熊朋來之子，而未中進士。《總目》蓋以其曾任翰林編修，即以爲曾中進士耳，實誤。

見聞雜記四卷（1222 下）

明李樂撰。樂字彥和，號臨川，歸字人。隆慶戊辰進士，官至福建按察司僉事。是書前二卷全錄董氏《古今粹言》及鄭曉《今言》，後二卷乃自記所見聞，凡一百八十六條。

按：考《四庫全書存目叢書》影印北京大學圖書館藏明萬曆刻本此集爲《見聞雜記》九卷、續二卷，其中卷一錄董漸川《古今粹言》，及鄭端簡《今言》，卷二始，即自記其見聞。其中卷二、卷三合一百八十六條，卷四爲二十二條，卷五、卷六全一百五十九條，卷七爲十二條，卷八、卷九合爲一百二十九條，卷十爲一百三十八條，卷十一爲五十四條。館臣所見非全本也。前有夏爥撰《臨川李先生傳》云：「戊辰成進士，起家新淦縣令……拜禮科給事中……歸而奉太孺人優游潘輿者三年，……出爲福建僉事……備兵延平者年餘，改分巡福寧……升江西東河河道參議……尋以太孺人思故里，乞致東還。……起廣西參議，久而不赴，控辭復予告，尋起尚寶卿，不赴，已推太僕、太常少卿，皆未下，而先生老矣。」則其官至江西東河河道參議。

汝南遺事二卷（1223 中）

明李本固撰。案神宗時有兩李本固：其一臨清人，萬曆壬辰進士。此李本固字叔茂，汝寧人，萬曆甲戌進士，官至大理寺卿，以言事罷歸。

按：考《碑錄》，李本固一爲山東臨清人，萬曆二十年（壬辰）進士，一爲河南固始人，萬曆八年庚辰進士。《總目》謂其爲「萬曆甲戌進士」，誤。雍正《河南通志》卷四十五《選舉二·進士》萬曆庚辰科張懋修榜有李本固，亦云：「固始人，大理卿。」固始爲汝寧府屬縣，此當云固始人。《大清一統志》卷一六九、雍正《河南通志》卷六十皆有其傳，云：「李本固，字叔茂，

汝陽人。」不確。汝陽亦汝寧府屬縣也。

蘭畹居清言十卷（1224 中）

明鄭仲夔撰。仲夔字龍如，江西人。

按：《總目》未言仲夔爲江西何地人。考黃虞稷《千頃堂書目》卷十二著錄有鄭仲夔《雋區》八卷，云：「玉山人。天啓丁卯舉人」。然考雍正《江西通志》卷四十九《選舉·明舉人》天啓七年丁卯鄉試榜無鄭仲夔，《書目》蓋誤。王世禎《居易錄》卷十三云：「廣信鄭仲夔作《清言》，粗得一鱗半甲耳。」考同治《廣信府志》卷七之二上《選舉·賓貢》，明崇禎間上饒縣有鄭仲夔。卷九之五上《人物·孝友》有其傳，云：「上饒鄭仲夔，字胄師，崇禎貢生。……與鉛山費雲仍、玉山董思王號南屏三子。……晚歲不售，以著述自娛，有《清言》若干卷、《質草》若干卷，《耳新》八卷、《冷賞》八卷行世。」可知其爲江西上饒人，《總目》失考，《千頃堂書目》作玉山人，稱其爲天啓丁卯舉人，誤。

庭聞州世說（1225 上）

題曰桃都漫士宮紫陽述，不著其名，亦不著作書年月。覈其書中所言及卷首自序，蓋前明崇禎癸未進士，而是書則成於國朝康熙甲辰。檢乾隆《江南通志》，崇禎癸未進士有泰州宮偉鏐，官翰林，當即其人矣。

按：《御選宋金元明四朝詩·御選明詩·姓名爵里七》：「宮偉鏐字紫陽，兗州知府繼蘭子。崇禎癸未進士。有《春雨草堂》、《採山外紀》、《入燕》諸集。」同書前有：「宮繼蘭字驚鄰，直隸靜海籍泰州人，崇禎丁丑進士，官兗州知府，有《南枝草》。」又考《千頃堂書目》卷二十七著錄有宮偉鏐《採山外紀》，云：「字紫玄，泰州籍靜海人。」魏裔介《兼濟堂文集》卷十九有《送宮紫玄歸廣陵》詩，陳維崧《陳檢討四六》卷八有《宮紫玄先生春雨草堂詩序》，則宮偉鏐又字紫玄。

玉劍尊聞十卷（1225 中）

國朝梁維樞撰。維樞字慎可，眞定人。在前明由舉人官工部主事。

按：考雍正《畿輔通志》卷七十五有其傳，云：「梁維樞……尋授中書舍人，入本朝爲工部郎，擢武德兵備。」乾隆《山東通志》卷二十七亦有其傳，云：「梁維樞，字慎可直隸眞定人，順治初任武德道。」可知《總目》所謂「工部主事」爲「工部郎」之誤，而任此官時，乃在清朝，非明朝，其官則終於

山東武德道。

是書作於國朝順治甲午。

按：考《四庫全書存目叢書》影印中國人民大學圖書館藏清順治賜麟堂刻本此集，前有順治甲午長夏梁維樞自撰《玉劍尊聞引》，云：「竊見自元以來數百年間雅言韻事，幾同星鳳，凡有聞見，略類世說者，分部書之簡素，未敢參一意，隨所聞見即書，亦未得序時代之先後、名位之崇卑。壬午起復原官，漸經患難，此書遂置高閣。今年兩兒慮其日久散失，少爲刪益，刻之都門」。壬午爲崇禎十五年，則其書之成，乃在崇禎十五年之前，順治甲午年不過「少爲刪益」爾，非順治甲午年始作也。《總目》謂「是書作於國朝順治甲午」，不確。

明語林十四卷（1225 中）

國朝吳肅公撰。肅公有《讀禮問》，已著錄。是書凡三十七類，皆用《世說新語》舊目，其德行、言語、方正、雅量、識鑒、容止、俳調七類，又各有補遺數條，體格亦摹《世說》。

按：「俳調」顯爲「排調」之誤，《世說新語》即作「排調」，考《四庫全書存目叢書》影印北京大學圖書館藏清光緒巴陵方氏廣東刻宣統元年印《碧琳琅館叢書》本此集，亦作「排調」。又「言語」，殿本《總目》作「言志」，考《存目》本此集，補遺中，「德行」後有「言志」，錄章楓山、麻孟璿事各一則，非「言語」，浙本《總目》誤。

《四庫全書總目》卷一四四·子部五四·小說家類存目二

續玄怪錄四卷（1227 上）

唐李復言撰。

按：《總目》末言復言始末。考《太平廣記》卷一百二十八《尼妙寂》條云：「太和庚戌歲，隴西李復言遊巴南，與進士沈田會於蓬州，田因話奇事，持以相示，一覽而復之，錄怪之日，遂纂於此焉。」則復言爲隴西人。《南部新書》卷一云：「李景讓典貢年，有李復言者，納省卷，有《纂異》一部十卷，榜出曰：『事非經濟，動涉虛妄。』其所納，仰貢院驅使官卻還，復言因此罷舉」。可略見其生平。

聞窗括異志一卷（1228 中）

實魯應龍撰。自署東湖，蓋嘉興人。書中稱：「淳祐甲申，館於沉氏」，則理宗時也。

按：《續文獻通考》卷一百八十著錄有魯應龍《閒窗括異志》一卷，云：「應龍字子謙，海鹽人，宋末布衣。」《宋詩紀事》卷六十九錄其《題飛星石》詩一首，云：「應龍字子謙，嘉禾人，有《閒窗括異志》」，則應龍字子謙。

西樵野記四卷（1229 上）

明侯甸撰。甸，蘇州人。

按：《千頃堂書目》卷十二著錄有此書，云「吳郡人」。考《弇山堂別集》卷二十七云：「《西樵野記》言『吾郡中蔣閣老冕歷仕三朝，而始告歸田里，朝廷慕其賢，使使三聘之不至』」云云，且考辨曰：「按蔣閣老冕，全州人，嘉靖三年以議禮不合而乞致仕，豈有三聘之說？」則侯甸亦當爲全州人。

見聞紀訓一卷（1229 中）

明陳良謨撰。良謨字中夫，安吉人。正德丁丑進士，官至貴州布政司參政。

按：考乾隆《貴州通志》卷十七《秩官》貴州布政使司左、右參政，皆無陳良謨。雍正《浙江通志》卷一百九十有其傳，云：「陳良謨，《分省人物考》：字中夫，湖州人。嘉靖壬辰進士，工部主事，改刑部郎，再改儀部，逡巡郎署者十年，始得湖廣參議，遷副臬，考滿，參政貴州，致仕歸。御史先後薦數四，竟弗起。」疑其未任而致仕也。

燕山叢錄二十二卷（1231 上）

明徐昌祚撰。昌祚字伯昌，常熟人。是編蓋其官刑部時所作，多載京畿之事，故以「燕山」爲名。

按：考《江蘇藝文志·蘇州卷》云：「徐昌祚，字伯昌，號昆竹。明常熟人。以祖杙蔭刑部主事，歷官至刑部郎中。」（P2800）可補。

耳談十五卷（1231 中）

明王同軌撰。同軌字行父，黃岡人。由貢生官江寧縣知縣。

按：《千頃堂書目》卷十二著錄有王同軌《耳談》十五卷，云：「一名《賞心粹語》。字行父，黃岡人，貢士，江寧縣丞。」孫承澤《庚子銷夏記》卷七「蘇子瞻海棠詩斷石」條云：「此石後在黃岡王同軌家，每拓以贈人。同軌字

行甫，爲蕃育署丞。著《耳譚》及《合江亭稿》行世。」考嘉慶《重修江寧府志》卷二十二《秩官表》明江寧縣知縣無王同軌，天啓間有王同鼎，湖廣黃岡人。考雍正《湖廣通志》卷五十二有王同鼎傳，云：「字調甫，少保廷瞻第三子，以歲薦廷試第一人授順天司訓，勤懇造士，遷沐陽令，調江寧。有廉明聲，入爲刑部主事。」光緒《黃州府志》卷十六《選舉志・科貢表・貢生上》明黃岡縣貢生無王同軌，有王同鼎，云：「江寧知縣，擢刑部主事」。同書卷十八《仕進》有王同軌，云：「太僕寺主簿」。卷十九《文苑》有其傳，云：「王同軌，高才博學，以貢爲南太僕寺主簿。……著《耳談》二十四卷，備載明代嘉言懿行及幽隱神怪之事。」可知《總目》誤混王同軌與王同鼎矣，《千頃堂書目》以其官江寧縣丞亦誤，嘉慶《重修江寧府志》卷二十二《秩官表》明江寧縣丞亦無王同軌。

史異纂十六卷（1231 下）

國朝傅燮詞撰。燮詞字去異，靈壽人。工部尚書維麟子。官至汀州府知府。

按：此「維麟」乃「維鱗」之誤。傅維鱗著有《明書》一百七十一卷，《總目》著錄於卷 50，史部別史類。提要云：「國朝傅維鱗撰。維鱗初名維楨，靈壽人。順治丙戌進士，官至工部尚書。是書爲其子汀州府知府燮詞所鑴。」又有《四思堂文集》八卷，《總目》著錄於卷 181，集部別集類存目八。傅維鱗名一作維霖，雍正《畿輔通志》卷七十二有傅維霖傳，云：「傅維霖，字掌雷，靈壽人。順治丙戌進士……晉工部尚書，加太子少保，以病歸卒，欽賜祭葬，所著有《明書》三百卷及《歉齋說書》、《四思堂文集》等書行世。」其字掌雷，名維霖，亦有以也。靈壽傅姓維字輩者，其名末字多從木，如傅維楳（乾隆《江南通志》卷一百九《職官志・文職十一》休寧縣知縣）、傅維枸（雍正《畿輔通志》卷六十六，順治丁酉科舉人）、傅維杞（雍正《河南通志》卷三十七職官八洛陽縣知縣）、傅維栝（《總目》卷 181《燕川漁唱詩》二卷《植齋文集》一卷提要），又有木字從魚者，如傅維鰭（雍正《畿輔通志》卷八十九），維鱗之鱗亦從魚也。

觚賸八卷續編四卷（1232 上）

國朝鈕琇撰。琇字玉樵，吳江人。康熙壬子拔貢生，歷官至陝西知府。是編成於康熙庚辰，皆記明末、國初雜事。隨所至之地，錄其見聞。凡《吳觚》三卷，《燕觚》、《豫觚》、《秦觚》各一卷，《粵觚》二卷。《續編》成於康

熙甲午，分類排纂爲《言觚》、《事觚》、《人觚》、《物觚》四卷，體例與《初編》略殊。各有琇自序。

按：鈕琇康熙十九年任河南項城知縣（雍正《河南通志》卷三十七《職官八》），二十七年任陝西白水知縣（雍正《陝西通志》卷五十三《名宦四》），三十七年任廣東高明知縣（雍正《廣東通志》卷二十九《職官志四》）。考《江蘇藝文志·蘇州卷》云：「歷知河南項城縣、陝西白水縣，兼攝沈丘、蒲城事，頗多治績。後爲廣東高明縣令，卒於官。」（P2399）《清史列傳》卷 70 有傳。又考《四庫全書存目叢書》影印私藏康熙三十九年臨野堂刻本此集，《觚剩續編》前有其自序，末署：「壬午閏六月立秋日鈕琇書」。壬午爲康熙四十一年，甲午爲康熙五十三年。《總目》言「《續編》成於康熙甲午」，乃「壬午」之誤也。

鄢署雜鈔十四卷（1232 中）

國朝汪爲熹撰。爲熹字若木，桐鄉人。康熙末，官鄢陵知縣。

按：考雍正《河南通志》卷三十七《職官八》，鄢陵知縣有汪爲熹，云：「浙江錢塘人，歲貢，康熙五十二年任。」

信徵錄一卷（1232 下）

國朝徐慶撰。慶字賓溪，自署曰烏山人，不知何地之烏山也。

按：《四庫全書存目叢書》影印清華大學圖書館藏清康熙刻說鈴本此集，前有自序，末署：「烏石山人徐慶濱溪」，卷首亦題「烏山徐慶濱溪」，《總目》作「賓溪」，誤。

談諧一卷（1233 中）

宋陳日華撰。日華不知何許人。《文獻通考》載所著《金淵利術》八卷，亦不著時代。別有《詩話》一卷，中引朱子之語。考姜夔《白石詩集》有陳日華侍兒讀書詩。又張端義《貴耳集》稱：「淳熙間有二婦人，足繼李易安之後。曰清庵鮑氏，秀齋方氏。」秀齋即陳日華之室，則孝宗時人也。所記皆俳優嘲弄之語，視日華所作《詩話》，尤爲猥雜。然古有《笑林》諸書，今雖不盡傳，而《太平廣記》所引數條，體亦如此。蓋小說家有此一格也。

按：考《文獻通考》，未載《金淵利術》八卷，《宋史》卷二百七《藝文六》有陳日華《金淵利術》八卷。《文獻通考》卷二百十七著錄有《瑣碎錄》二十卷《後錄》二十卷，云：「陳氏曰：溫革撰。陳曄增廣之。《後錄》者，

書坊增益也。」後即《夷堅志類編》三卷，云：「陳氏曰：四川總領陳曄日華取《夷堅志》中書文藥方類爲一編。」又同書卷二百五著錄有《鄞江志》八卷，云：「陳氏曰：郡守古靈陳曄日華俾昭武士人李皋爲之，時慶元戊午，郡有鄞江溪故名。」意者《談諧》作者爲陳曄，字日華，古靈人，官四川總領。古靈，侯官也。《萬姓統譜》卷十八又有「陳瑋，字日華，慶元初知汀州事，爲治精明，以郡帑錢二百貫助學，又以隸官田百畝充諸生廩餼，減戶口食鹽價以紓細民，作義冢以掩民胳。汀俗尚鬼信巫，瑋嚴禁之，俗遂丕變。」「陳瑋」當爲「陳曄」之誤。雍正《浙江通志》卷一百五十六：「陳曄：萬曆《嚴州府志》：字日華，福唐人。淳熙五年知淳安……」。乾隆《福建通志》卷四十三：「陳曄字日華，長樂人，慶元初知汀州。……其先同郡陳粹知州事，勸農養士，多所興革，奏最爲天下第三，賜書褒寵，民稱晉安二賢云」。長樂、福唐（福清）、侯官皆福州屬縣，當從乾隆《福建通志》作長樂人。宋曾豐撰《緣督集》卷三有《題趙州通判陳日華二友齋》。袁說友《東塘集》卷二有《題陳日華二友堂》詩，云：「前歲讀書山水縣，今年二友來通川。」即其人也。

埤雅廣要二十卷（1234 上）

明牛衷撰。衷里貫未詳，官蜀府護衛千戶。蜀王以陸佃《埤雅》未爲盡善，令衷補正爲此書。

按：考《四庫全書存目叢書》影印中央黨校圖書館藏明天順元年吳從政刻本《增修埤雅廣要》四十二卷，首卷題：「蜀府護衛百戶昭信校尉後學牛衷奉　教增修廣要」。書後吳從政《增修埤雅廣要跋》亦云：「遂命侍衛百戶臣牛衷纂而輯之」，可證《總目》「千戶」乃「百戶」之誤。

十處士傳一卷（1234 上）

明支立撰。立字中夫，嘉興人。天順中官翰林院孔目。

按：《總目》未言其科第。考雍正《浙江通志》卷一百三十五《選舉十三‧明舉人》，正統九年甲子科有支立，云：「嘉興人，翰林孔目」。可補。同書卷一百七十五有其傳，云：「支立，萬曆《嘉善縣志》：字可與。」明張寧撰《方洲集》卷二十五有《翰林院孔目支中夫墓誌銘》，云：「中夫諱立，初字可與，後更中夫，號蓬庵。」可參。

博物志補二卷（1234 中）

明游潛撰。潛字用之，豐城人。宏治辛酉舉人，官雲南賓州知州。

按：考雍正《廣西通志》卷五十六《秩官》，賓州知州有游潛，江西豐城人，舉人，即此人也。《總目》以賓州屬雲南，誤。

古今文房登庸錄一卷（1234 中）

明黃謙撰。謙，江寧人。

按：考乾隆《江南通志》卷一百二十二《選舉志·進士四》，成化壬辰科吳寬榜有黃謙，江寧人，疑即此人。嘉慶《重修江寧府志》卷三十《科貢表》此年有黃謙，云：「江寧人，官主事，以醫爲太醫院史」。《御定佩文齋書畫譜》卷四十一引《存徵錄》云：「黃謙字撝之，號紫芝，江寧人。成化壬辰進士，授工部主事。工詩，善書法，碧峰寺額其筆也。」可參。

香奩四友傳二卷（1234 下）

明陸奎章撰。奎章字子翰，武進人。

按：考乾隆《江南通志》卷一百二十八《選舉志·舉人四》，嘉靖七年戊子科有陸奎章，武進人，即此人也。雍正《浙江通志》卷一百五十二有其傳，云：「陸奎章，嘉靖《寧波府志》：字子翰，武進人。領嘉靖戊子鄉薦，除寧波教授。」《江蘇藝文志·常州卷》云：「嘉靖七年舉人，授武康知縣，不樂政事，求改教職，授寧波教授。與諸生朝夕論難，居常手不釋卷。官至泰寧知縣。」（P123）可補。

諧史集四卷（1235 上）

明朱維藩編。維藩，淮安人。……據其自序稱「題於豫章官署」，則非遊食山人流也。

按：《總目》未詳其始末。考乾隆《江南通志》卷一百二十三《選舉志·進士五》萬曆丁丑科沈懋學榜有朱維藩，淮安人，當即此人也。同書卷一百四十三有其傳，云：「朱維藩，字介卿，淮安衛世襲千戶，讓職於弟，萬曆丁丑成進士，令鄞及上虞，以清操舉卓異，擢南給事中。」可補。

古今寓言十二卷（1235 上）

明陳世寶撰。世寶字介錫，鉅鹿人。萬曆中官監察御史，巡按江西。

按：考雍正《畿輔通志》卷六十五《舉人》，陳世寶爲嘉靖乙卯科舉人，可補。

筆史二卷（1235下）

國朝楊忍本撰。忍本字因之，南城人。

按：《總目》卷一八○·集部別集類存目七著錄有《榴館初函集選》十二卷，云：「明楊思本撰。思本有《筆史》，已著錄。」此「楊忍本」乃「楊思本」形近之訛。考王士禛《古夫于亭雜錄》卷四，云：「順治初有太原進士趙瑾，字懿侯，官長洲知縣；江西新城進士楊思本，字因之，其詩皆似《才調集》，非一時啖名者所及，而世罕知之。」然考《明清進士題名碑錄索引》，無楊思本，王士禛恐誤。

其書《內編》一卷，分原始、定名、屬籍、結撰、效用、膺秩、寵遇、引退、考成九門。

按：考《四庫全書存目叢書》影印北京圖書館藏清鈔本此集，內編第九爲「告成」，非如《總目》所謂「考成」。

《四庫全書總目》卷一四五·子部五五·釋家類存目

大藏一覽十卷（1240上）

明陳實原編。實原，寧德人。始末未詳。

按：崔富章《四庫提要補正》已云《明史·藝文志》著錄有陳實《大藏一覽》十卷，云館臣所見恐爲《嘉興續藏》所書，卷首題「寧德陳實原編秀水姚舜溫重輯」，「重輯」、「原編」對文，著者姓名爲陳實，館臣誤將「實原」連讀，誤以爲作者名「實原」（P433）。是。黃虞稷《千頃堂書目》卷十六著錄此書，亦作陳實撰。考《四庫全書存目叢書》影印北京大學圖書館藏明洪武二十二年陳道堅等刻永樂正統間遞修本《大藏一覽集》十卷，卷首題「寧德優婆塞陳實謹編」。考嘉靖《寧德縣志》卷四《人物·孝友》宋時有陳實，云：「陳實，字充美，號大隱居士。事父母以孝聞，且好學不倦，不求聞達，鄉里稱之。」疑即此陳實。

長松茹退二卷（1240中）

明釋可真撰。可真字達觀。吳江人。世號紫柏大師。始居蘇州楞嚴寺，既而遊大房石經，進隋僧淨琬所藏佛舍利。慈聖太后迎入宮中，特賜紫伽黎。俄以獄詞牽連論死。著有《茹退集》。

按：崔富章《補正》已據萬曆中繡水沈氏刊《寶顏堂秘笈續集》本此

書，卷首題「此柏憨頭陀眞可著」，云其名爲眞可（P434），是。《總目》作「可眞」，乃誤倒。《明詩綜》卷九十一錄有其《吳氏廢園》詩，云：「眞可，字達觀，吳江人一云句容。世號紫柏大師。有《茹退集》」。雍正《山西通志》卷一百六十其傳：「眞可，字達觀，世居吳江太湖之濱，俗姓沈氏。五歲不語，有異僧摩頂曰：『此兒出家，當爲人天師。』遂能言。年十七，仗劍遊塞上。行至蘇州，遇雨，宿虎丘僧舍，聞僧夜誦八十八佛，名心大說。侵晨，即解腰纏十餘金授僧，設齋剃髮。二十，從講師受具戒，參張拙秀才偈，頭面俱腫，一日忽悟，腫處頓消。自是凌轢諸方，嘗曰：『使我在臨濟德山座下，一掌便醒，安用如何、若何？』過匡山，窮相宗奧義。遊五臺時，書詩偈，禪林競傳之。至京參徧融、笑岩，歸吳，復楞嚴廢寺於嘉禾，創刻藏緣於徑山。再入燕，訪憨山於東海，復戒壇於檀柘，西遊峨眉，下瞿塘，過荊襄，登太和，憩匡廬，復歸宗古寺。謂人曰：『海印不歸，我爲法一大負；礦稅不止，我救世一大負；傳燈錄不續，我慧命一大負。捨此一具貧骨，釋此三負，不復走王舍城矣！』先是，遊石徑山，得琬公所藏貯佛舍利，慈聖后迎入內供三日，特賜紫伽黎。神宗手書《金剛經》汗下漬紙，遣近侍質問。偈答曰：『御汗一滴，萬世津梁。無窮法藏，從此放光。』上覽之大喜。及妖書獄起，逮入詔獄，下所司訊。而執政者意在鉤黨，欲牽連殺之。索浴說偈，堅坐而逝，癸卯之十二月也。又十二年，葬於徑山。茶毗之日，肉身儼然，舍利無算云。」述其始末甚詳。可知眞可始居蘇州虎丘僧舍，非楞嚴寺。楞嚴寺在嘉禾，即嘉興府。雍正《浙江通志》卷二百二十八《寺觀三·嘉興府》有楞嚴寺，云：「《名勝志》：在治西北二里三十步。」其卒爲「癸卯之十二月」，癸卯爲 1603 年（萬曆三十一年）。考《檇李詩繫》卷三十二其傳，云：「萬曆壬辰，至京，於石經山得佛舍利玉函，聞於慈聖太后，賜紫伽黎，迎供，因奏請興復楞嚴。」萬曆壬辰爲萬曆二十年（1592），與其因妖書獄遇害，相隔十一年之多。《總目》云：「俄以獄詞牽連論死」，誤矣。

《四庫全書總目》卷一四七·子部五七·道家類存目

莊子通義十卷（1256 上）

明朱得之撰。得之有《宵練匣》，已著錄。

按：《宵練匣》著錄於《總目》卷 95，雜家類存目二，提要云：「明朱得之撰。得之自號參元子，烏程人，一云靖江人。」考《經義考》卷一百十四著錄有朱氏得之《印古詩說》一卷，云：「錢金甫曰：朱得之，字本思，靖江人。」不言其爲烏程人。黃宗羲《明儒學案》卷二十五有《明經朱近齋得之》條，云：「朱得之字本思，號近齋，直隸靖江人。貢爲江西新城丞，邑人稱之，從學於陽明，所著有《參元三語》。其學頗近於老氏，蓋學焉而得其性之所近者也。」《儒林宗派》卷十五亦云：「朱得之，本思，近齋，靖江。」考同治《新城縣志》卷七《秩官表》，明嘉靖間縣丞有朱得之，云：「清江貢，二十九年任，逾月以憂去。」按此「清江」當爲「靖江」之誤。光緒《靖江縣志》卷九《藝文志・書籍》著錄有朱得之《四書詩經忠告》、《蘇批孟子補》、《老子通義》、《莊子通義》、《列子通義》、《正蒙通義》、《杜詩闡義》、《心經注》、《煉宵匣參元三語》（按當爲《宵練匣參元三語》）。卷十四《人物・儒學》有其傳，云：「朱得之，字本思，居城西七里長安團，以歲貢官桐廬縣丞，尋掛冠歸。」按此「桐廬」當爲「新城」之誤。要之，朱得之字本思，號近齋，又號參元子，靖江人，嘉靖中官新城縣丞。可補。

南華經副墨八卷（1256 中）

明陸西星撰。西星字長庚，號方壺外史，不知何許人。焦竑作《莊子翼》，引西星之說頗多，則其人在竑以前。書首有其從子律序，作於萬曆戊寅，則與竑相距亦不遠也。

按：崔富章《補正》據王重民《中國善本書提要》及《興化縣志》，云陸西星乃興化人（P437），是。今考焦竑《莊子翼・採掇書目》中有《南華副墨》，即云：「廣陵陸西星長庚著。」未知館臣何失之眉睫也。乾隆《江南通志》卷一百九十二《藝文志・子部》道家類著錄有《老子元覽》一卷、《南華副墨》八卷、《周易參同契測疏》一卷、《陰符經測疏》一卷、《金丹就正編》一卷、《方壺外史》，云：「俱興化陸西星。」釋家類著錄有《楞嚴述旨》十卷，云：「興化陸西星」，皆可證。

莊子解三卷（1257 上）

國朝吳世尚撰。世尚，貴池人。是編成於康熙癸巳，所説止《莊子》內七篇。

按：考《四庫全書存目叢書》影印北京大學圖書館藏清康熙五十四年光裕堂刻本此集，前有自序，末署：「康熙甲午夏六月癸巳，貴池吳世尚序」。

此書之成在康熙甲午。《總目》蓋誤合「康熙」與「六月癸巳」之「癸巳」。又考乾隆《貴池縣志續編》卷六《人物‧文苑》有其傳，云：「吳世尙，字六書，甲山人。」可補。

南華本義二卷（1257 上）

國朝林仲懿撰。仲懿，不知何許人。

按：楊武泉《辨誤》已言林仲懿爲山東棲霞人，官至銅陵知縣（P193）。考《四庫全書存目叢書》影印浙江圖書館藏清乾隆十六年存悔堂刻本此集，卷首即題：「棲霞同懷兄仲愚又魯點次，謙齋林仲懿山甫注評，內弟牟永澄匯川同訂」。書前有《凡例》，末署：「棲霞林仲懿山甫氏識」，則其字山甫，號謙齋。考乾隆《棲霞縣志》卷六，牟永澄爲雍正戊午舉人，林仲愚爲康熙戊寅拔貢，乃「瑠之子，任寧陽縣教諭，學品兼優，訓士有方，致仕後舉鄉飮大賓」。可補。

南華簡鈔四卷（1257 上）

國朝徐廷槐撰。廷槐字立三，號笠山，會稽人，雍正庚戌進士。

按：徐廷槐中進士，然《總目》未著其仕履，何也？考乾隆《紹興府志》卷五十四《文苑》有其傳，云：「徐廷槐，字笠山，山陰人。……年四十舉鄉試（按：爲康熙五十九年庚子科）……雍正庚戌成進士。會開制科，大吏以名上，固辭不獲。及試，以排律雷同，削籍歸，杜門授徒，足不入城市。長洲周公範蓮守紹興，延主蕺山書院，凡三載，得其指授者咸自名家。……卒年七十六，所論著及手所刪定，凡七十餘種。」可得其始末，又可知其爲山陰人，非會稽人。

南華模象記八卷（1257 上）

國朝張世犖撰。世犖字無夜，錢塘人，乾隆甲子舉人。

按：考清修民國鉛印本《杭州府志》卷一百十二《選舉六‧舉人》乾隆九年甲子科有張世犖，云：「解元，仁和人」。同書卷八十九《藝文四》著錄有《莊子續編》，亦題：「仁和張世犖撰」。則張世犖乃仁和人，非如《總目》所云錢塘人。

觀老莊影響論一卷（1257 中）

明釋德清撰。德清字登印，全椒人，即當時所稱憨山大師者也。

按：乾隆《江南通志》卷一百七十五《人物志‧方外二》、雍正《山西通

志》卷一百六十《仙釋二》、《明詩綜》卷九十一皆有其傳，皆云：「德清字澄印，全椒人。」清、澄義近，作「澄印」是。《總目》云「字登印」，誤。

參同契注二卷（1257上）

國朝陳兆成撰。兆成字宜赤，上虞人。案《浙江遺書目錄》載有兩陳兆成。其作《太極圖說注解》者，稱為常熟陳兆成，康熙初人；作此書者，稱為上虞陳兆成。然《太極圖說注解》末有乾隆戊辰兆成子魯附記，凡例稱是書與《參同契》互有異同，是刻可分為二，可合為一云云。則似乎二書又出一人，疑不能明也。

按：陳兆成尚有《太極圖說注解》一書，《總目》著錄於卷九十五子部儒家類存目一，云：「國朝陳兆成撰。兆成字慎亭，常熟人。」據兆成子魯附記，明「兩書可分為二，可合為一」。考吳慰祖校訂《四庫採進書目》附錄二《浙江採集遺書總錄簡目》（按此《簡目》即輯錄自清沈初等編《浙江採集遺書總錄》，即《總目》所謂「浙江遺書目錄」），中有《太極圖說解》一冊（刊本），即作「國朝上虞陳兆成撰」。知館臣謂「上虞」為「常熟」，因以為二人也。考光緒《重修常昭合志》卷四十四，未著錄兩書。而光緒《上虞縣志校讀》卷三十九《經籍》均予著錄。其中《太極圖說解》一冊，下云：「《四庫書目》題為常熟人，《備稿》謂其誤。」《參同契注》二卷下云：「《備稿》曰：『兆成字宜赤，歲貢生，官奉化訓導。』《皇朝文獻通考》題上虞人，《邑志・選舉表》雖佚其名，當以通考為正。」考光緒《奉化縣志》卷十七《職官表下》，雍正朝奉化訓導確有陳兆成，云：「上虞人，十三年任」。要之，二書實一人所撰，陳兆成為浙江上虞人，雍正間官奉化訓導。

古參同契集注六卷（1257上）

國朝劉吳龍撰。吳龍字紹聞，南昌人。雍正癸卯進士，官至都察院左都御史。

按：考《皇朝文獻通考》卷二百三十《經籍考二十》著錄有此書，云：「官至刑部尚書，諡清慤。」《清史稿》卷三〇四其本傳云：「三遷左都御史……遷刑部尚書。（乾隆）七年，卒，賜白金五百治喪，諡清慤。」《大清一統志》卷二百三十九有其傳，亦云：「及入為刑部尚書，留心讞決，無枉無縱，卒於官。諡清慤。」民國《南昌縣志》卷三十四《人物志五》有其傳，云：「卒官工部尚書」，誤。要之，劉吳龍官至刑部尚書，《總目》云「官至都察院左都御史」，不確。

引年錄二卷（1264 下）

舊本題靖江朱應鼎撰。前有自敘，不著時代年月。書中引李時珍《本草綱目》，則萬曆後人也。

按：《總目》雖謂其爲萬曆後人，然列此書於明朱清仁《含素子塵譚》十卷之後，明彭在份《讀丹錄》之前，蓋亦以朱應鼎爲明人。考乾隆《江南通志》卷一百六十八《人物志·隱逸一·常州府·國朝》有其傳，云：「朱應鼎，字凝和，靖江人。爲人端重方嚴，教授鄉里，從遊者多以文行著聞。」光緒《靖江縣志》卷十三《孝友》亦有其傳，亦作清朝人。《總目》失考。

攝生要語一卷（1265 上）

舊本題明息齋居士撰。不著名氏。所載調攝之方，皆雜引舊文，無所論斷。

按：考乾隆《江南通志》卷一九二《藝文志·子部》雜說類及醫家類皆著錄有《攝生要語》，皆云明嘉定宣光祖撰。考康熙《嘉定縣志》卷二十四《書目》亦著錄有此書，云宣光祖撰。疑即此書也。

列仙通紀六十卷（1265 上）

國朝薛大訓撰。大訓字六詁，吳縣人。

按：《總目》未詳其始末。考《江蘇藝文志·蘇州卷》云：「薛大訓，字六詁，清宜興人，遷居吳江。任世德子。幼爲道士，年十四棄去，習舉子業，從外家薛姓，補青浦縣諸生。明崇禎九年副榜賢良方正，授成都通判，擢衡州府同知，擢知湖州府。因父死於獄中，遂絕意進取，剪髮作頭陀，自號紫光居士。後疾革，發其著述焚之，長慟而絕，年四十六。」可參。

果山修道居志二卷（1265 中）

國朝葉鉁撰。……果山在嘉興，鉁卜居其地，創修道居。此其所自爲志也。

按：考光緒《嘉善縣志》卷二十四《文苑》葉鉁傳云：「拂衣返里，築茅屋數椽，壘土成阜，曰果山，黃冠布衲以終。」則果山乃葉鉁自壘而成之假山，非本有其山，鉁因卜居其地也。又考雍正《浙江通志》卷十二《山川四·湖州府·德清縣》有果山，云：「《名勝志》：在新市鎮之南。宋淳祐間，宰相游似嘗愛其山水，及謝事遂占籍居焉。似，蜀人也。以蜀有果山，因壘石作山以擬之，山前有桃源洞。」彼果山亦壘石而成。

參考文獻

1. （清）永瑢等：《四庫全書總目》，中華書局，1965 年。

2. 金毓黻輯：《文溯閣本四庫全書提要》，遼海書社民國鉛印本。

3. 《四庫全書》，影印文淵閣本，上海古籍出版社，1987 年。

4. 《四庫全書存目叢書》編纂委員會編：《四庫全書存目叢書》，齊魯書社，
   1997 年。

5. 余嘉錫：《四庫提要辨證》，中華書局，1980 年。

6. 胡玉縉：《四庫全書總目提要補正》，中華書局，1964 年。

7. 崔富章：《四庫提要補正》，杭州大學出版社，1990 年。

8. 李裕民：《四庫提要訂誤》，書目文獻出版社，1990 年。

9. 楊武泉：《四庫全書辨誤》，上海古籍出版社，2001 年。

10. 司馬朝軍：《〈四庫全書總目〉研究》，社會科學文獻出版社，2004 年。

11. 黃愛平：《四庫全書纂修研究》，中國人民大學出版社，1989 年。

12. 中國第一歷史檔案館編：《纂修四庫全書檔案》，上海古籍出版社，1997
    年。

13. 吳慰祖校訂：《四庫採進書目》，商務印書館，1960 年。

14. 故宮博物院圖書館、遼寧省圖書館編：《清代內府刻書目錄解題》，紫禁
    城出版社，1995 年。

15. 孫殿起輯：《清代禁書知見錄》，商務印書館，1957 年。

16. 姚覲元編：《清代禁燬書目（補遺）》，商務印書館，1957 年。

17. 莫友芝著，傅增湘訂補，傅熹年整理：《藏園訂補邵亭知見傳本書目》，
    中華書局，1993 年。

18. 嚴靈峰編：書目類編》，灣成文出版社，1978 年。

19. 范希曾編：《書目答問補正》，中華書局，1963 年。

20. 馮惠民、李萬健等選編：《明代書目題跋叢刊》，書目文獻出版社，1994年。

21. 《清人書目題跋叢刊》，中華書局，1991～1993年。

22. 賈貴榮輯：《日本藏漢籍善本書志書目集成》，北京圖書館出版社，2003年。

23. 徐蜀主編：《國家圖書館藏古籍題跋叢刊》，北京圖書館出版社，2002年。

24. 李盛鐸：《木犀軒藏書題記及書錄》，北京大學出版社，1985年。

25. 瞿良士輯：《鐵琴銅劍樓藏書題跋集錄》，上海古籍出版社，1985年。

26. （清）張廷玉等撰：《明史藝文志・補・附編》，商務印書館，1959年。

27. （清）章鈺等編：《清史稿藝文志及補編》，中華書局，1982年。

28. 王紹曾主編：《清史稿藝文志拾遺》，中華書局，2000年。

29. 傅增湘：《藏園群書題記》，上海古籍出版社，1989年。

30. 傅增湘：《藏園群書經眼錄》，中華書局，1983年。

31. 駱兆平編：《新編天一閣書目》，中華書局，1996年。

32. 繆荃孫、吳昌綬、董康撰，吳格整理：《嘉業堂藏書志》，復旦大學出版社，1997年。

33. 羅偉國、胡平編：《古籍版本題記索引》，上海書店，1991年。

34. 王重民：《中國善本書提要》，上海古籍出版社，1983年。

35. 王重民：《中國善本書提要補編》，北京圖書館出版社，1991年。

36. 顧廷龍主編：《中國古籍善本書目》，上海古籍出版社，1989～1998年。

37. 孫殿起錄：《販書偶記》、《續編》，上海古籍出版社，1981、1982年。

38. 王重民輯錄：《美國國會圖書館藏中國善本書目》，文海出版有限公司，1972年。

39. 長澤規矩也編著，梅憲華等譯：《中國版本目錄學書籍解題》，書目文獻出版社，1990年。

40. 黃丕烈、王國維等：《宋版書考錄》，北京圖書館出版社，2003年。

41. 李致忠：《宋版書敘錄》，北京圖書館出版社，1994年。

42. 南京師範大學古文獻整理研究所編：《江蘇藝文志》，江蘇人民出版社，1994～1996年。

43. 安徽省圖書館編：《安徽文獻書目》，安徽人民出版社，1961年。

44. 上海圖書館編：《中國叢書綜錄》，上海古籍出版社，1982～1984年。

45. 朱保炯、謝沛霖輯：《明清進士題名碑錄索引》，上海古籍出版社，1980年。

46. 朱士嘉編：《中國地方志綜錄》，商務印書館，1958 年。

47. 《二十四史》，《清史稿》，皆據中華書局校點本。

48. 各省《通志》皆據文淵閣《四庫全書》本，其他府、縣志、別集版本，皆於文中注明，未注版本者，皆為文淵閣《四庫全書》本。

文淵閣、文津閣《四庫全書》提要考校 —— 以集部別集類（漢魏至宋代中期）爲例

趙喜娟

作者簡介：

趙喜娟，1984 年生，陝西西安人。2013 年畢業於南京師範大學中國古典文獻學專業，並獲得文學碩士學位。曾參與《江蘇人物傳記叢刊》《江蘇地方文獻書目》的編纂工作，所參與編輯的《江蘇地方文獻書目》獲 2013 年度全國優秀古籍圖書獎一等獎。

內容提要：

本文以文淵閣《四庫全書》提要與文津閣《四庫全書》提要爲研究對象，將兩閣本提要集部別集類進行對校，再以《四庫提要分纂稿》《四庫全書初次進呈存目》《四庫全書薈要總目提要》《金毓黻手定本文溯閣四庫全書提要》《四庫全書總目》《四庫全書簡明目錄》《文淵閣四庫全書補遺——據文津閣四庫全書補》爲參校本，研究二者的差異。經研究發現，二者的差異主要表現在以下幾方面：書名、篇（卷）名稱數量、作者著錄、詳略、語言表述、評述論斷等。在校讀中可以看出，文淵閣本與文津閣本提要的撰寫是一個不斷修訂、不斷改動的過程。此研究也可修正以往關於文淵閣本與文津閣本孰優孰劣的爭論，二者各有特點，不能一概而論，要視具體文本而言。與此同時，本文亦舉正了文淵閣本、文津閣本提要中存在的訛誤。

目　次

前　言

一、各閣本《四庫全書》提要概述

　　《四庫全書》提要有分纂稿提要、閣本提要和《四庫全書總目》（以下簡稱《總目》）提要等之分。閣本提要又叫書前提要，是由《四庫全書》纂修官先寫成提要，經總纂官修改後，再冠於各書卷首的提要。《總目》提要是將閣本提要彙編爲一書，再經總纂官修改完善而編成。因閣本提要抄成在前，《總目》提要定稿刊刻在後，中間相距十多年，其間，總纂官紀昀等人又多次修改，造成閣本提要與《總目》提要的差異性。1920 年，陳垣先生在查勘文津閣《四庫全書》時，首先發現閣本提要與《總目》提要存在差異。按理諸閣本前提要應當一致，而實際並非如此。楊訥、李曉明《文津閣〈四庫全書〉金元別集類錄異》認爲，文淵閣與文津閣提要「常有不同，它們與《總目》也多有差異」〔註1〕，至於其結果未見公佈。可見，閣本提要之間、閣本提要與《總目》提要呈現出複雜的關係。它們之間的關係具體怎樣，只有將其進行比對，考察他們的差異，才能得其匡略。

　　文源、文宗、文匯三閣《四庫全書》毀於戰火，文瀾閣係補抄而成，故《四庫全書》七閣提要只有文淵、文津、文溯三閣比對價值高。1935 年，金毓黻先生主持編成的《文溯閣四庫全書提要》由遼海書社排印發行，中華全國圖書館文獻縮微複製中心於 1999 年將該書影印出版，更名爲《金毓黻手定本文溯閣四庫全書提要》；1986 年臺灣商務印書館出版了《影印文淵閣四庫全

〔註 1〕 楊訥、李曉明：《文津閣〈四庫全書〉金元別集類錄異》，《北京圖書館館刊》，1992 年第 2 期，頁 84。

書》；2005 年，由四庫全書出版工作委員會編，商務印書館影印出版《文津閣四庫全書》，2006 年商務印書館又出版了《文津閣四庫全書提要彙編》。

二、《四庫全書》提要研究現狀及研究方法

對於四庫提要的研究，多數學者著眼於《總目》提要，且重點在《總目》提要的考證辨誤上，代表的著述成果有胡玉縉撰、王欣夫輯《〈四庫全書總目〉提要補正》，余嘉錫《四庫提要辨證》，崔富章《四庫提要補正》，李裕民《四庫提要訂誤》，楊武泉《〈四庫全書總目〉辨誤》，司馬朝軍《〈四庫全書總目〉研究》《〈四庫全書總目〉編纂考》。有關這方面的論文更是不勝枚舉。

然而，研究閣本提要與《總目》提要的比對寥寥可數。據筆者所知，有研究閣本提要與《總目》提要差異的原因的，如張傳峰《〈四庫全書〉閣本提要論略》；有司馬朝軍《〈四庫全書總目〉殿本與浙本之比較》，通過比較閣本提要與《總目》提要的差異，認為殿本優於浙本；陳曉華《〈四庫全書〉三種提要之比較》將分纂提要、閣本提要與《總目》提要相比較，認為各類提要存在因果關係與區別，且有各自的特點與價值。儘管他們對《四庫全書》的各類提要作了一些研究，但沒有給出詳細系統的差異比較。此外還有黃愛平《四庫全書總目與閣書提要異同初探》，司馬朝軍《殿本〈四庫全書總目〉與庫本提要之比較》，黃煜《四庫全書總目與閣書提要差異情形及其原因之考察》，熊偉華《四庫全書總目之提要與書前提要的差異》，這些差異比較僅局限於書名、卷數、作者、版本等體例方面的，內容涉及很少。

三、文淵閣與文津閣《四庫全書》提要的差異表現及原因

本人論文校讀了文淵閣本與文津閣本別集類漢魏至宋代中期提要凡 154 種，僅有 31 種完全相同，其餘多多少少存在差異。就每條提要來講，二者的差異主要表現在以下幾方面：

（一）書名不同。由於書名省稱或所取書名的位置不同而造成的差異。

（二）篇卷名稱數量。因著錄錯誤、標準不統一或所用底本等原因造成的差異。

（三）作者著錄。對於作者的介紹一者詳，一者簡，甚至沒有。

（四）作品介紹。一者沒有關於作品內容、版本、整理者情況等重要信息的介紹，一者有。

（五）語言表述。二閣的語言表述不同，然含義相同；也有一者表述詳盡，一者簡約。原因主要是文淵閣提要在寫成後經過幾次撤換和修改潤色，自然更完善。

（六）評述論斷有差異。表現在是否有評斷，評述態度，評述側重點等方面。

整體上說，文津閣本相對沒有文淵閣本細緻、詳盡。然就具體提要來講，文津閣本有些要勝於文淵閣本。差異的原因主要爲編纂過程複雜，提要來源不一致，分頭抄寫，反覆修訂等。

通過校讀發現，不僅提要不同，庫書也存在差異，除了《文淵閣四庫全書補遺——據文津閣四庫全書補》（以下簡稱《四庫全書補遺》）所整理的文津閣所有的內容文淵閣沒有外，還有其他方面的差異。表現在：

（一）收書內容相同，然歸類不同。如《柳河東集》，文淵閣本的《外集》即文津閣《外集》卷上、下，《新編外集》即《外集》卷中內容。二閣收錄內容完全一樣，然歸類不同，蓋因二者所據底本不同。

（二）收錄內容不統一。如《元氏長慶集》，附錄《鶯鶯傳》，文淵閣庫書有，文津閣無。《李義山詩集注》，文淵閣庫書有《附錄》一卷，文津閣未收錄。《附錄》內容爲《舊唐書文苑傳》《諸家詩評》《李義山詩譜》，其中《詩譜》以圖表的格式，繪出李商隱詩歌創作年份、時事、本傳，一目了然，難能可貴，具有重要的文獻價值，文津閣庫書卻沒有收錄。就此本來講，以文淵閣補文津閣更有價值。

（三）卷數計算方法不同，這既有二閣的不同，又有庫書內部的不同。如《麟角集》，文津閣庫書將正文與附錄算爲二卷，文淵閣僅算正文卷數。庫書內部計卷方法不同主要表現在文津閣的庫書中。文津閣本將《附錄》《遺集》《補遺》《別集》之類是否算在總卷數中，自身標準並不統一，有的算在其中，有的不算，如《樊川集》，合《外集》《別集》凡二十二卷。而文淵閣本在這一點上比較一致，均不算在總卷數中。

四、論文的一些說明

（一）論文校讀的時間跨度爲漢魏至宋代中期。

（二）論文校讀的書前提要數量爲 154 種，《四庫提要分纂稿》（以下簡稱《分纂稿》）收有 15 篇，《四庫全書初次進呈存目》（以下簡稱《初次進呈存目》）收有 31 篇，《影印摛藻堂四庫全書薈要》收有 32 篇。

（三）六號字爲原文雙行夾注。

（四）相同的字不出校。所謂相同，是指通假字、異體字、因避諱而寫法不同、同義詞替換等。

（五）論文在引原文時，並非文淵閣本與文津閣本全部列出，而是根據需要，有時二者皆列，有時僅列一種，所以格式並不整齊劃一。

（六）書名與排列次序皆以文津閣本爲準。

（七）在第一章中已隨文勘誤的，第二章不再列出。

第一章 《四庫》提要差異比較

第一節 書名差異

　　文淵閣本與文津閣本提要書名不一致有兩種情況，一種是省稱造成的不一致。如文淵閣本《孔北海集》，文津閣本作「北海集」。唐亦有《北海集》，爲李邕作，《四庫全書》對其亦有著錄，兩者書名相同容易混淆，文津閣本省稱不當。這種情況主要存在於文津閣本提要中。另一種是提要基本相同，但書名不一致。文淵閣本《徐孝穆集箋注》《九家集注杜詩》《顏魯公集》，文津閣本分別作「徐孝穆全集」「九家集注」「顏魯公文集」，而兩者的提要內容大體一致。

　　書名差異的原因可能有：其一，底本題寫不統一，抄錄提要時書名所取位置不同。古籍題寫書名的地方有封面、扉頁、卷端、書口等處，這幾處著錄的書名有些完全相同，也有些存在差異。而《四庫全書》書前提要的抄寫和正文的抄寫往往不是同一人，書名所取位置會有不同，因此導致書名著錄有差異。如副都御史黃登賢家藏四十卷韓愈的集注，文淵閣本提要書名作《東雅堂韓昌黎集註》，然文淵閣庫書作《東雅堂昌黎集註》，文津閣本提要與庫書皆作《東雅堂昌黎集註》。其二，抄寫者依據的底本不同。一部書往往會有多個地方進呈到四庫館，若由不同館的人抄錄，會有不同。以下爲各本提要書名差異表。

《四庫全書》集部別集類（漢魏至宋代中期）各本提要書名差異表

分纂稿	進呈存目	薈要	文淵閣本	文溯閣本	文津閣本	總目	簡明目錄
——	——	——	孔北海集	孔北海集	北海集	孔北海集	孔北海集
——	——	——	鮑明遠集	鮑明遠集	鮑明遠集	鮑參軍集	鮑參軍集
——	——	——	何水部集	水部集	水部集	何水部集	何水部集
——	——	庾子山集	庾子山集	庾子山集	庾子山集	庾子山集注	庾子山集注
——	——	徐孝穆集	徐孝穆集箋注	徐孝穆集	徐孝穆全集	徐孝穆集箋注	徐孝穆集箋注
陳子昂文集	陳拾遺集	陳拾遺集	陳拾遺集	陳拾遺集	陳拾遺集	陳拾遺集	陳拾遺集
張說之集		——	張燕公集	張燕公集	張燕公集	張燕公集	張燕公集
——	——	——	李北海集	李北海集	北海集	李北海集	李北海集
李太白集		——	李太白文集	李太白集	李太白文集	李太白集	李太白集
			李太白集注	李太白集注	李太白集注	李太白詩集注	李太白詩集注
——	分類補注李太白集	李太白集分類補注	李太白集分類補注	李太白集分類補注	李太白集分類補注	分類補注李太白集	分類補注李太白集
——	——	——	九家集注杜詩	九家集注杜詩	九家集注	九家集注杜詩	九家集注杜詩
——	——	——	補注杜詩	補注杜詩	補注杜詩	黃氏補注杜詩	黃氏補注杜詩
——	——	集千家注杜工部集	集千家注杜工部詩集	集千家注杜工部詩集	集千家注杜工部詩集	黃氏補注杜詩	黃氏補注杜詩
儲光羲詩集	——	儲光羲詩集	儲光羲詩集	儲光羲集	儲光羲詩集	儲光羲詩	儲光羲詩
元次山文集	次山集	次山集	次山集	次山集	次山集	次山集	次山集
宗玄文集		——	宗玄集	宗玄文集	宗玄集	宗元集	宗元集
顏魯公集	——	——	顏魯公集	顏魯公集	顏魯公文集	顏魯公集	顏魯公集
——	權文公文集	權文公集	權文公集	權文公集	權文公集	權文公集	權文公集
			原本韓集考異	原本韓集考異	原本韓集考異	原本韓文考異	原本韓文考異
——	——	五百家注昌黎文集	五百家注昌黎文集	五百家注昌黎集	五百家注昌黎文集	五百家注音辨昌黎先生文集	五百家注音辨昌黎先生文集
			東雅堂韓昌黎集注	東雅堂昌黎集注	東雅堂韓昌黎集注	東雅堂韓昌黎集注	東雅堂韓昌黎集注
——	——	柳河東集	詁訓柳先生文集	柳河東集	柳河東集	詁訓柳先生文集	詁訓柳先生文集

——	——	——	柳河東集注	柳河東集注	柳河東集注	增廣注釋音辨柳集	增廣注釋音辨柳集
——	——	——	五百家注柳先生集	五百家注柳先生集	五百家注柳先生集	五百家注音辨柳先生文集	五百家注音辨柳先生文集
——	呂溫集	——	呂衡州集	衡州集	衡州集	呂衡州集	呂衡州集
——	——	——	歐陽行周文集	歐陽行周文集	歐陽行周文集	歐陽行周集	歐陽行周集
——	孟東野集	——	孟東野詩集	孟東野詩集	孟東野詩集	孟東野集	孟東野集
——	——	——	王司馬集	王司馬集	司馬集	王司馬集	王司馬集
樊川文集	樊川文集	樊川集	樊川文集	樊川集	樊川集	樊川文集	樊川文集
——	——	——	姚少監詩集	姚少監集	姚少監集	姚少監詩集	姚少監詩集
——	——	李義山詩集注	李義山詩集注	李義山詩集注	李義山詩集注	李義山詩注	李義山詩注
——	——	——	溫飛卿詩集箋注	溫飛卿集箋注	溫飛卿集箋注	溫飛卿集箋注	溫飛卿集箋注
——	——	——	丁卯詩集	丁卯集	丁卯詩集	丁卯集	丁卯集
——	——	——	李群玉詩集	李群玉集	李群玉詩集	李群玉集	李群玉集
——	皮子文藪	——	皮子文藪	文藪	文藪	皮子文藪	皮子文藪
——	——	——	玄英集	元英集	玄英集	玄英集	玄英集
——	——	——	羅昭諫集	羅昭諫集	昭諫集	羅昭諫集	羅昭諫集
——	小畜集	——	小畜集	小畜集	小畜集	小畜集、小畜外集	小畜集、外集
——	——	——	忠愍集	忠愍集	忠愍集	寇忠愍公詩集	寇忠愍詩集
——	和靖詩集	——	和靖集	和靖集	和靖集	和靖詩集	和靖詩集
——	——	——	元獻遺文	元獻遺文	元獻遺文	晏元獻遺文	晏元獻遺文
——	——	——	宋元憲集	元憲集	元憲集	宋元憲集	宋元憲集
——	文正集	——	范文正集	范文正集	范文止集	文正集	范文正集
——	——	——	景文集	景文集	宋景文集	宋景文集	宋景文集

注：此書名指提要前書名。若作「樊川文集二十卷外集一卷別集一卷」等，筆者皆認作書名爲「樊川文集」。「——」表示未收錄。

　　154 種提要，有 45 種書名不完全一致，約占三分之一，由此可推知在《四庫全書》各本提要中，書名差異的情況是普遍存在的。

第二節　篇卷名稱、數量差異

此類差異主要表現爲篇卷有無、篇卷名稱不一致及篇卷數不一致,而且以附錄差異尤爲明顯。產生的原因可能有:

一、因著錄錯誤導致不一致。如《嵇中散集》文淵閣本與文津閣本提要對於嵇康詩歌數量的著錄一作四十七篇,一作五十三篇,從而導致詩文總數也不一致,一作「六十二篇」,一作「六十八篇」。實則庫書收嵇康詩歌凡六十六首,故總數應爲八十一篇,二者皆誤。又如《孟浩然集》,文淵閣本作二百一十八首,文津閣本二百八十一首。此數目引自《孟浩然集原序》,《序》稱二百一十八首,文津閣本誤。此類錯誤不包括明顯的筆誤,筆誤錯誤見第二章內容。

二、因著錄標準不統一造成的。一是對外集、補遺、附編之類的不予著錄。如《東雅堂昌黎集注》,文淵閣本無《外集》的著錄。《黃御史集》,文津閣本無《附錄》的著錄。二是計算方法不一致。如《璇璣圖詩讀法》,文淵閣本作一卷,文津閣本作兩卷,庫書分爲卷上和卷下,卷上卷下作一卷還是二卷,意見不一,此爲分歧之由。又如《柳河東集》,文淵閣本有《外集》二卷,《新編外集》一卷,而文津閣本爲《外集》卷上、中、下,無《新編外集》。檢核庫書,文淵閣本《外集》卷上、卷下即文津閣本《外集》卷上、下,分別是《賦文志》八首、《表啓》十八首,《新編外集》即文津閣本《外集》卷中《墓誌》。三是存而不錄造成不一致。《文恭集》,文淵閣本作五十卷,《補遺》一卷,文津閣本作四十卷,無《補遺》。然文淵閣庫書只收錄四十卷,無《補遺》一卷,存而不錄。又如《元憲集》,文淵閣本作四十卷,文津閣本作三十五卷,實則二者皆收三十六卷。因其中有「不合文章正體」之語,故被刪不錄,文淵閣本作四十卷者,蓋指其全本,非實際收錄卷數。

也有可能是館臣所用底本著錄的篇卷名稱、數量不一致。如《顏魯公集》,文淵閣庫書收錄有年譜一卷,行狀一卷,神道碑一卷;文津閣本庫書爲年譜一卷,附錄一卷,其附錄內容爲《行狀》與《碑銘》,即文淵閣本行狀與神道碑,僅名稱與分卷不同而已。筆者猜想二閣抄書時所採用的底本不同,導致二閣有所不同。以下爲此類差異的詳細情況。

嵇中散集

文淵閣本:此本凡詩四十七篇、賦一篇、書二篇、雜著二篇、論九篇、

箴一篇、家誡一篇，而雜著中《稽荀錄》一篇有錄無書，實共詩文六十二篇，又非宋本之舊。

文津閣本：此本凡詩五十三篇，賦一篇，書二篇，雜著二篇，論九篇，箴一篇，家誡一篇。而雜著中《稽荀錄》一篇有錄無書，實共詩文六十八篇，又非宋本之舊。

按：文淵閣本與文津閣本關於收錄的嵇康詩歌數量有出入，一作「四十七篇」，一作「五十三篇」，從而導致詩文總數也不一致，一作「六十二篇」，一作「六十八篇」。文溯閣本、《總目》與文淵閣本同。《四庫全書簡明目錄》（以下簡稱《簡明目錄》）云：「此本僅詩四十二首，合雜文僅六十二首。」核文淵閣與文津閣庫書《嵇中散集》卷一，皆收嵇康詩歌凡六十六首，故總數應爲八十一篇，各本皆誤。

璇璣圖詩讀法

文淵閣本：璇璣圖詩讀法一卷。

文津閣本：璇璣圖秦蘇蕙撰讀法二卷。

按：《璇璣圖詩讀法》，文淵閣本、浙本《總目》、《簡明目錄》作一卷，文津閣本、文溯閣本、殿本《總目》、《四庫全書補遺》作二卷。殿本《總目》該提要注釋云：「按：浙、粵本作『一卷』，而文淵閣庫書作『二卷』，與底本合，據此，則浙、粵本誤。」〔註1〕考文淵閣庫書分爲卷上和卷下，卷上卷下作一卷還是二卷，各家意見不一，此爲分歧之由。

昭諫集

文津閣本：第七卷爲雜著十二篇，末一篇爲《廣陵妖亂志》，前十篇疑即《淮海寓言》之文也。

按：文淵閣本云：「第七卷末一篇爲《廣陵妖亂志》，前十一篇疑即《淮海寓言》之文也。」文津閣本云「爲雜著十二篇，末一篇……前十篇……」，與總數不合；且文淵閣本言「末一篇……前十　篇……」，與文津閣本「十二篇」之說相應，故文津閣本於「十」後脫「一」字。檢文淵閣與文津閣庫書《羅昭諫集》卷七收羅隱雜文十二篇，分別爲《說天雞》《風雨對》《荊巫》《英雄之言》《辯害》《漢武山呼》《子高之讓》《蒙叟遺意》《廣陵妖亂志》，其中，

〔註 1〕 四庫全書研究所：《欽定四庫全書總目》（整理本），北京：中華書局1997年，頁1985。

《廣陵妖亂志》有合傳一篇，呂用之、張守一、諸葛殷傳各一篇，凡十二篇。文溯閣本同文津閣本誤。

文淵閣本：至陳振孫《書錄解題》則《甲乙集》僅十卷，而《後集》反有五卷，又多《湘南集》三卷，且注「《甲乙集》皆詩，《後集》有律賦數首，《湘南集》乃長沙幕中應用之文。隱又有《淮海寓言》及《讒書》等，求之未獲」云云。

文津閣本：至陳振孫《書錄解題》、晁公武《讀書志》則僅載有《甲乙集》及《讒書》五卷，而其他不得見矣。

按：《直齋書錄解題》卷十六云：「羅江東《甲乙集》十卷，《後集》五卷，《湘南集》三卷。」《郡齋讀書志》卷四中「羅隱《甲乙集》十卷，《讒書》五卷」。據此，文津閣本云載有《甲乙集》五卷非是，文津閣本亦未言《後集》《湘南集》及《淮海寓言》。

乖崖集

文淵閣本：《乖崖集》十二卷，宋張詠撰。

按：文津閣本提及另有附錄一卷，文淵閣本未著錄，然文淵閣與文津閣庫書皆有附錄。檢文淵閣與文津閣庫書，附錄內容爲張詠傳記，錢易、韓琦、王禹偁等人爲其寫的墓誌、碑銘、序等。文淵閣提要有疏漏。

小畜集

文淵閣本：《小畜集》三十卷，《小畜外集》七卷。

按：文津閣本無「《小畜外集》七卷」，《薈要》同文津閣本，《總目》《簡明目錄》同文淵閣本。然文淵閣庫書未收錄《小畜外集》，文津閣庫書亦無《小畜外集》，不知提要「《外集》七卷」之說從何而來。

水部集

文淵閣本：附載范雲、劉孝綽同作《擬古》二首，《聯句》十三首，末載黃伯思跋，後附《七召》一篇。

按：文津閣本、文溯閣、《總目》皆作「《聯句》十三首」，「後附《七召》一篇」，《簡明目錄》：「凡詩九十五首，附同作二首，《聯句》三首，又附以《七召》一篇。」然經考證「實載《聯句》十二首」，「《七召》八首，即《七召》《宮室》《肴饌》《聲色》《佃遊》《神仙》《儒學》《治化》」〔註2〕，四庫館臣

〔註2〕袁芸：《〈文溯閣四庫全書提要〉別集類辨證》，南京師範大學碩士研究生論

誤將五言詩《慈母磯》作爲聯句，故知諸本同誤，《簡明目錄》脫「十三」爲「三」。

杜詩詳注

文淵閣本：凡詩註二十三卷，雜文註二卷，補注二卷，其總目自二十八卷以下，尚有仿杜、集杜諸卷，皆有錄無書，疑欲續爲而未成也。

文津閣本：凡詩註二十三卷，雜文註二卷，後以逸杜、詠杜、補注、論杜爲附編上下二卷，其總目自二十八卷以下，尚有仿社、集杜諸卷，皆有錄無書，疑欲續爲而未成也。

按：文淵閣本「補注二卷」，文津閣本「後以逸杜、詠杜、補注、論杜爲附編上下二卷」。文淵閣庫書後附編有補注、論杜等內容，是其確證，故文津閣本較確切，文淵閣本太籠統。文溯閣本、《簡明目錄》、《總目》亦作附編二卷。《四庫全書補遺》作「二十五卷，年譜一卷，凡例一卷，附編二卷」〔註3〕，在文淵閣本、文津閣本二十三卷基礎上，將年譜與凡例各算一卷，故爲二十五卷。

曲江集

文淵閣本：唐、宋二史《藝文志》《文獻通考》俱載有九齡文集二十卷。

文津閣本：唐、宋二史《藝文志》俱載有九齡文集二十卷。

按：文淵閣本、文溯閣本有《文獻通考》一書的著錄，《薈要》亦有；文津閣本無，《總目》亦無。考《文獻通考》原文有「張九齡《曲江集》二十卷」，故文津閣本遺漏。

丁卯詩集

文淵閣本：《丁卯詩集》二卷，《補遺》一卷……今之《補遺》，當即陳氏所謂《拾遺》，爲後人改題。其《集外詩》，又後人掇拾增入耳。

文津閣本：《丁卯詩集》二卷，《續集》二卷，《續補》一卷，《集外遺詩》一卷……今之《續集》，當即陳氏所謂《拾遺》，爲後人改題，其《續補》及《集外遺詩》，又後人掇拾增入耳。

按：文淵閣本、文津閣本一作「《補遺》一卷」，一作「《續集》二卷」，

文，2007年，頁8。

〔註3〕楊訥、李曉明：《文淵閣四庫全書補遺——據文津閣四庫全書補》，北京：北京圖書館出版社，1997年，目錄頁2。

且文津閣本有「《續補》一卷，《集外遺詩》一卷」，文淵閣本無。文淵閣本作「今之《補遺》，當即陳氏所謂《拾遺》」，「其《集外詩》，又後人掇拾增入耳」，文津閣本作「今之《續集》，當即陳氏所謂《拾遺》」，「其《續補》及《集外遺詩》，又後人掇拾增入耳」，知文淵閣本所謂《補遺》即文津閣本《續集》，但兩閣對其著錄卷數不同，文淵閣本作「《補遺》一卷」，文津閣本作「《續集》二卷」；文淵閣本只作《集外詩》爲後人增入，而文津閣本作《續補》及《集外遺詩》爲後人增入。文淵閣本《丁卯詩集》，收錄有卷上、卷下、《補遺》一卷，再無其他，蓋文淵閣本未將後人增入的收錄在集中，提要亦不著錄。《四庫全書補遺》著錄爲：「《丁卯詩集》，許渾撰，二卷，《續集》二卷，《續補》一卷，《集外遺詩》一卷。」〔註4〕其著錄情況與文津閣本完全相同，文溯閣本、《總目》、《簡明目錄》亦同，但題名爲《丁卯集》。《四庫全書補遺》作《續集》二卷，《續補》一卷，《集外遺詩》一卷，知文淵閣本確無。

李太白集分類補注

文淵閣本：康熙中，吳縣繆曰芑翻刻宋本《李翰林集》，前二十三卷爲歌詩，後六卷爲雜著。

文津閣本：康熙中，吳縣繆曰芑翻刻宋本《李翰林集》，前十九卷爲歌詩，後十卷爲雜著。

按：一作「前二十三卷爲歌詩，後六卷爲雜著」，一作「前十九卷爲歌詩，後十卷爲雜著」，總卷數同，然於歌詩幾雜著幾，二者異。《提要》云：「原書無序跋，已不可考。」故數目不明。文溯閣本、《總目》與文淵閣本同。而《薈要》作「前二十卷爲歌詩，後十卷爲雜著。」歌詩、雜著數目與文淵閣、文津閣皆不同，總數也不同。

孟浩然集

文淵閣本：今集其詩二百一十八首，分爲四卷。

按：此爲提要徵引王士源序。文溯閣作二百一十八首，文津閣本二百八十一首，《總目》二百一十七首。《孟浩然集原序》稱二百一十八首，文津閣本與《總目》皆誤。

〔註4〕楊訥、李曉明：《文淵閣四庫全書補遺——據文津閣四庫全書補》，北京：北京圖書館出版社，1997年，目錄頁12。

杼山集

文淵閣本：別本附刊《杼山詩式》一卷。按《唐志》，《晝公詩式》《詩評》皆載文史類中，不附本集，今亦析出別著錄焉。

按：文津閣本無《杼山集》的附刊情況。檢文淵閣與文津閣庫書皆無，然有《杼山集補遺》，收有詩歌五首，文津閣庫書還有《杼山集跋》。《補遺》亦非《詩式》，文淵閣本所說「不附本集，今亦析出別著錄焉。」是也。文津閣本無此說明。

李群玉詩集

文淵閣本：後集亦僅一百一十三首

按：文津閣本、文溯閣本、《總目》作「外集亦僅一百一十三首」，檢文淵閣庫書《李群玉詩集》確附有《外集》五卷一百一十三首，後集即其所謂外集。

樊川集

文淵閣本：《樊川文集》二十卷，《外集》一卷，《別集》一卷。

按：文津閣本作「《樊川集》二十二卷」，未著錄《外集》《別集》情況，《薈要》《總目》《簡明目錄》《四庫全書補遺》同文淵閣本，文溯閣本同文津閣本。《進呈存目》亦言二十卷，然在提要中有：「其《外集》一卷、《別集》一卷附於後。」知確有《外集》《別集》各一卷。檢文淵閣本《樊川文集》，僅有十七卷，更無《外集》《別集》，與提要不符。文津閣《外集》一卷爲五言古詩，《別集》一卷爲五言律詩。文津閣本作「二十二卷」者，蓋合《外集》《別集》凡二十二卷，不誤。《四庫全書補遺》亦只補了卷一至六、外集與別集，未有卷十七至二十，是其疏忽。

元氏長慶集

文淵閣本：《元氏長慶集》六十卷，《補遺》六卷。

按：文津閣本作「《補遺》五卷」，文溯閣本、《總目》、《薈要》、《簡明目錄》同文淵閣本。檢文淵閣庫書有《補遺》六卷，《附錄》一卷。文津閣庫書確收錄《補遺》五卷，亦無附錄。核對二閣《補遺》內容，文津閣無卷六《鶯鶯傳》的內容。文淵閣附錄爲《新唐書本傳》。筆者推測文津閣未收原因或有三種，一者，書手漏抄；二者，二閣所據底本不同；三者，《鶯鶯傳》與《新唐書本傳》比較易見，在取捨時二閣標準不一致，文淵閣保留，而文津

閣剔除。

東雅堂昌黎集注

文淵閣本：《東雅堂韓昌黎集註》四十卷

按：文溯閣本、文津閣本、《總目》作「《東雅堂昌黎集註》四十卷，《外集》十卷」。《簡明目錄》書名與文淵閣本同，然亦有「《外集》十卷」之語。文淵閣本提要雖未提《外集》，而庫書中收錄有《外集注》十卷。文津閣庫書亦有《外集注》十卷，且注明爲明徐時泰編，文淵閣庫書未著錄編者。

別本韓文考異

文淵閣本：《別本韓文考異》四十卷，《外集》十卷，《附錄》一卷。

按：文淵閣本作「《附錄》一卷」，文溯閣本、文津閣本、《總目》作「《遺文》一卷」。核文淵閣庫書及《簡明目錄》，《別本韓文考異》有《文集》四十卷，《補遺》一卷，《外集》十卷，《附錄》一卷，凡五十二卷。文津閣庫書有《外集》十卷，《遺文》一卷，《遺文》即文淵閣本《補遺》，無《附錄》。故二者皆有遺漏。

五百家注柳先生集

文淵閣本：書後《新編外集》三卷，乃原集未錄之文，共二十五首。

文津閣本：書後《外集》二卷，《新編外集》一卷，乃原集未錄之文，共二十五卷。

按：文淵閣本「共二十五首」，應當作「二十五卷」。文淵閣本、文津閣本於《新編外集》卷數著錄不一，文淵閣本無《外集》的著錄。文淵閣庫書《五百家注柳先生集》收錄《新編外集》三卷，《龍城錄》上、下二卷，《附錄》四卷。文津閣庫書收錄《外集》二卷，《新編外集》一卷，《附錄》四卷，《龍城錄》上、下二卷。《附錄》與《龍城錄》無異議，而二閣提要皆未著錄，均有疏漏。文淵閣庫書《新編外集》卷一爲墓誌，卷二爲表啓，卷三爲賦、墓誌。文津閣《外集》內容與文淵閣《新編外集》卷一、二相同，然將卷一、卷二內容倒置，即卷一爲表啓，卷二爲墓誌，《新編外集》內容爲文淵閣《新編外集》卷三內容。也就是說，文津閣收錄時將文淵閣《新編外集》分爲《外集》與《新編外集》兩部分，可能也是二閣所據底本不同導致的。文溯閣本、《總目》同文津閣本。《簡明目錄》作「《外集》二卷，《新編外集》一卷，《龍城錄》二卷，《附錄》八卷」亦有誤。

柳河東集

文淵閣本：《詁訓柳先生文集》四十五卷，《外集》二卷，《新編外集》一卷。

按：文津閣本作「《外集》三卷」，無《新編外集》著錄，提要後文有「別作《外集》二卷附之於後」之語，與其「《外集》三卷」相牴牾，然庫書確收《外集》上、中、下三卷。上爲賦文誌八首，中爲墓誌，下爲表啓十八首。文淵閣庫書有《外集》上、下兩卷，上爲賦文誌八首、下爲表啓十八首，《新編外集》一卷爲墓誌。據此可知，文淵閣《外集》即文津閣《外集》卷上、下，《新編外集》即《外集》卷中內容。二閣收錄內容完全一致，然歸類不同，或因二者所據底本不同。文溯閣本、《總目》、《簡明目錄》皆有「《新編外集》一卷」。《薈要》作「《外集》二卷，《外集補遺》一卷」。

河東集

文淵閣本：《河東集》十五卷。

按：文溯閣、文津閣本作「十六卷」，《總目》《簡明目錄》作「十五卷，附錄一卷」。文津閣庫書作十六卷，無附錄。文淵閣本提要下文云：「集十五卷，其門人張景所編，附以景所撰行狀一卷。」且文淵閣庫書有第十六卷，內容確爲張景所寫《行狀》，但非以附錄形式出現，故文淵閣本提要著錄不當。

曹祠部集

文淵閣本：曹祠部集二卷

按：文溯閣本、文津閣本後有「附《曹唐詩》一卷」語，《總目》亦有。文淵閣提要中有「末附《曹唐詩》一卷」，檢文淵閣庫書亦有《曹唐詩》一卷，蓋提要漏抄。

黃御史集

文淵閣本：《黃御史集》十卷，附錄一卷。

按：文津閣本作八卷，未著錄附錄。文津閣庫書收錄《黃御史集》八卷，附錄一卷，《黃吾軒遺集》一卷。文淵閣庫書實收八卷，無《遺集》，著錄有誤，且附錄未單獨成卷，而是附在第八卷末。此書兩閣提要著錄與庫書收錄皆不一樣。

文淵閣本：《唐書·藝文志》載滔集十五卷，又《泉山秀句》三卷，並已

散佚。

文津閣本：原集散逸，《文苑英華》錄其詩文僅十一篇。《新唐書·藝文志》有黃滔《泉山秀句集》三十卷，亦失傳。

按：文淵閣本云：「《唐書·藝文志》載黃滔文集十五卷，又《泉山秀句》三卷。」文津閣本未交代《唐書·藝文志》的著錄情況，然有《泉山秀句》三十卷。檢《新唐書》卷六十，著錄黃滔集十五卷，《泉山秀句集》三十卷。據此，文淵閣本非是，文津閣本少黃滔集的著錄情況。

又按：文淵閣本未有《文苑英華》收錄情況，然《文苑英華》確收黃滔詩文十一篇：詩《寄鄭縣李侍郎》《贈李補闕》《寄敷水盧校書》《贈明州霍員外》《寄獻梓桐山侯侍郎》《寄刑部盧員外》《送陳明府歸衡》《送翁拾遺》《遊邊送友人》《送友人遊邊》，凡十首，文《陳先生集序》一篇，文津閣本不誤。

元憲集

文淵閣本：《宋元憲集》四十卷

按：文津閣本作「《宋元憲集》三十五卷」，《四庫全書補遺》作「三十六卷」，知文津閣本實收三十六卷，非三十五卷。《總目》《簡明目錄》與文淵閣本同。然文淵閣庫書實收三十六卷，與《四庫全書補遺》相合。文津閣本提要下文云：「今以類排比，仍可得四十卷，因內有青詞樂語，不合文章正體，謹遵旨於刊本中刪削不錄，共存三十五卷。」據此，四庫館臣在編全書時，奉旨刪去有礙文章正體的內容。故文淵閣本作「四十卷」者，蓋指其全本，非實際收錄卷數。

錢仲文集

文淵閣本：又集末《江行絕句》一百首

按：文津閣本作「《江行絕句》七十五首」，核《錢仲文集》，末附有《江行無題》七十五首，故文淵閣本誤。

文泉子集

文淵閣本：物不可以終雜，故離為十卷。

按：文津閣本作「六卷」，文淵閣本、《總目》作十卷。提要原文作：「是集前有自序曰：『自褐衣以後，辛卯以前，收其微詞屬意古今上下之間者為內、外篇。復收其怨抑頌記嬰於仁義者雜為諸篇焉。物不可以終雜，故離為十

卷……』」此爲徵引集前自序，檢文淵閣與文津閣庫書《文泉子集》卷一《文泉子集序》確爲「故離爲十卷」，即《文泉子集》原有十卷，後來遺失，僅存六卷，提要後文有「原集十卷，今已不傳」亦是明證，故文淵閣與文津閣提要著錄爲六卷，庫書收錄六卷，皆是。文津閣提要不明其意，將提要著錄卷數與庫書收錄卷數誤作原集卷數，非是。

麟角集

文淵閣本：《麟角集》一卷

按：文津閣本作《麟角集》二卷，文溯閣本、《總目》、《簡明目錄》皆作《麟角集》一卷。檢文淵閣庫書，收錄《麟角集》一卷，《附錄》一卷，文津閣本作二卷者，是將正文與《附錄》算爲二卷。

文恭集

文淵閣本：《文恭集》五十卷，《補遺》一卷。

按：文津閣本作「四十卷」，無《補遺》。然文淵閣庫書只收錄四十卷，無《補遺》一卷，蓋存而不錄。此書也是二閣提要與庫書皆不一致。《總目》《簡明目錄》同文淵閣書前提要。文溯閣本未有卷數項。

鐔津集

文淵閣本：又作《非韓三十篇》，以力詆韓愈。

按：文津閣本作「二十九篇」，文淵閣本、《總目》、文溯閣本皆作「三十篇」。文淵閣庫書卷十七有《非韓子三十篇》，卷十七爲《非韓》上第一，卷十八爲中第二至十三，卷十九爲第十四至三十。而文津閣庫書題名爲《非韓子二十九篇》，卷十七爲《非韓》上第一，卷十八爲中第二至十二，卷十九爲第十三至二十九。經比對發現，文津閣庫書無文淵閣庫書之《第三》，文津閣本《第三》乃文淵閣本《第四》，依次類推，文津閣比文淵閣少一篇。且文津閣《第三》於「則爲狂悖爲邪佞矣」後無他字，而文淵閣本多「乃爲狂、爲悖、爲邪、爲佞、爲貪、爲惑，鮮有成其德性者也。豈堪立言垂法耆，乃復以情以性本或無性字，不辨其眞僞而傳之其人，吾恐夫益惑也。聖人之道斯將廢矣！」故，不僅兩閣提要不一致，且兩閣庫書亦有差異。

傳家集

文淵閣本：礻集文五十七卷

文津閣本：礻集文五十六卷

按：檢二閣庫書《傳家集》，雜文皆自卷十六至卷七十二，凡五十七卷，文淵閣本是。

宋景文集

文淵閣本：《景文集》六十二卷

按：文津閣本未言卷數。《總目》《簡明目錄》《四庫全書補遺》作「六十二卷，補遺二卷，附錄二卷」。文津閣庫書實收六十二卷，又有《補遺》卷上、卷下，《附錄》一卷。文淵閣、文津閣提要皆未提《補遺》與《附錄》情況，《總目》《簡明目錄》《四庫全書補遺》著錄比較全面。

昭諫集

文淵閣本：又有雜文一卷。詩與毛晉所刻《甲乙集》合，雜文則不知原在何集。

文津閣本：又有雜文一卷，啓一卷。與世所傳《甲乙集》合，雜文及啓則不知原在何集。

按：檢文淵閣庫書《羅昭諫集》，卷一至四爲詩、賦等，卷五書、論、碑、帖等，卷六啓，卷七雜文，卷八《兩同書》。文淵閣本未提及啓，是爲疏漏，《總目》亦漏。文溯閣本同文津閣本。

華陽集

文淵閣本：《華陽集》六十卷，附錄十卷。

按：文津閣本未注明卷數，其庫書收四十卷，無附錄。篇目與文淵閣庫書差異較大。

翰苑集

文淵閣本：且稱舊有《榜子集》五卷，《議論集》三卷，《翰苑集》十卷，元祐中蘇軾乞校正進呈，改從今名。

文津閣本：且稱舊有《榜子》《議論》《翰苑》諸集，元祐中，改從今名。

按：文溯閣本、文津閣本無《榜子》《議論》《翰苑》之卷數，且無「蘇軾乞校正進呈」。文溯閣本同文津閣本，《總目》同文淵閣本。

顏魯公文集

文淵閣本：後附《年譜》一卷，舊亦題元剛作，而譜中所列詩文諸目，多集中所無，疑亦元剛因舊本增輯也。

　　按：文淵閣本對附卷的作者、內容、價值予以介紹，文津閣本無。《總目》同文淵閣本。

白香山詩集

　　文淵閣本：……陳振孫舊本《年譜》一卷並元稹《長慶集序》一篇，及《舊唐書》本傳冠於首。

　　按：文津閣本無「並元稹《長慶集序》一篇，及《舊唐書》本傳」，檢文淵閣庫書《白香山詩集》，前確有元稹《長慶集序》一篇，《舊唐書》本傳，且有《白香山詩集序》《白氏文集自記》《白氏長慶集》《凡例》，文津閣庫書只有年譜，缺略甚多。兩閣庫書收錄有差異。

第三節　作者著錄的差異

　　《總目》在《卷首·凡例》已明確說明提要撰寫的內容：「每書先列作者之爵里，以論世知人……」〔註5〕據此，可知提要必有的著錄項有作者生平，凡是有著者事蹟而不書者，皆不符合《總目》的編寫宗旨。大部分提要對於作者的生平事蹟皆有敘述，然而差異也有許多。文淵閣本與文津閣本提要的差異表現在：一、一者詳細，一者儉省，有時甚至著者的籍貫、字號等基本信息都沒有。二閣本都存在這種問題，尤以文津閣本爲甚；二、一者提要有作者小傳，一者隻字未提。這是因爲作者有其他作品已收錄，在前面已做介紹，此處避重不提。也有因疏漏而忘記著錄的。三、一者有「某某事蹟見某某本傳」「有某某書，已著錄」等體例用語，一者無。總體來說，作者的著錄，文淵閣本提要體例前後統一，文津閣本沒有統觀全局，稍顯臃贅。

揚子雲集

　　文淵閣本：是書之首，又冠以雄始末辨一篇，乃焦竑《筆乘》之文。謂《漢書》載：「雄仕莽，作符命投閣，年七十一，天鳳五年卒。考雄至京見成帝，年四十餘，自成帝建始改元至天鳳五年，計五十有二歲，以五十二合四十餘已近百年，則與年七十一者又相牴牾。又考雄至京，大司馬王音奇其文，而音薨於永始初年，則雄來必在永始之前，謂雄爲延於莽年者妄也」云云。

〔註5〕四庫全書研究所：《欽定四庫全書總目》（整理本），北京：中華書局，1997年，卷首頁32。

近人多祖其說，爲雄訟枉。案《文選》任昉所作《王文憲公集序》「家牒」字下，李善注引劉歆《七略》曰，考子雲家牒，以甘露元年生。《漢書·成帝紀》載行幸甘泉、行幸長楊宮，並在元延元年己酉，上距宣帝甘露元年戊辰，正四十二年，與四十餘歲之數合。其後元延凡五年，綏和凡二年，哀帝建平凡四年，元壽凡二年，平帝元始凡五年，孺子嬰凡三年，王莽始建國凡五年，積至天鳳五年，正得七十一年，與七十一卒之數亦合，其爲仕莽十年，毫無疑義。竑不考祠甘泉獵長楊之歲，而以成帝即位之建始元年起算，悖謬殊甚。惟王音卒歲，實與雄傳不合。然「音」字爲「根」字之誤，宋祁固已言之，其文載今本《漢書》注中，竑豈未之見歟！

按：此段爲揚雄卒年考辨，文溯閣本、文津閣本無。前引《揚子雲集始末辨》原文，表明焦竑對揚雄卒年的看法，後引李善語，並據《漢書》所記史實推算出揚雄卒年當爲天鳳五年，七十一卒，焦竑之說有誤。文淵閣本考辨詳備，論述充分，比較可信。《總目》與文淵閣本大致相同，文字略有差異。文津閣本、文溯閣本不知何故沒有。

江文通集

文淵閣本：淹字文通，濟陽考城人，仕齊至冠軍將軍、吏部尚書，入梁爲金紫光祿大夫，封醴陵侯，諡曰憲。

按：文津閣本、文溯閣本無江淹字號、籍貫、仕官、封號、諡號等介紹。浙本《總目》云：「淹有《銅劍贊》，已著錄。」查《總目》，於子部譜錄類存目著錄。文淵閣庫書《銅劍贊》收錄於《江文通集》卷三。

寒山子詩集

文淵閣本：又案：《太平廣記》引《仙傳拾遺》曰：「寒山子者，不知其名氏，中隱居天台屏屏山。其山深邃，當暑有雪，亦名寒巖，因自號寒山子。好爲詩，每得一篇一句，輒題於樹間石上，有好事者從而錄之，凡三百餘篇。多述山林幽隱之興，或譏諷時態，能警勵流俗，桐栢徵君徐靈府府而集之，分爲三卷，行於人間」云云，則寒山子又爲中唐仙人，與閭邱允事又異，無從深考，姑就文論文可矣。

按：「屏屏山」，《總目》作「翠屏山」，「徐靈府府而集之」，《總目》作「徐靈府序而集之」，文淵閣本訛字。此段是引文對寒山子其人其事的補充，包括自號來歷、詩歌內容及錄者的整理情況，文津閣本、文溯閣本無。

毗陵集

文淵閣本：唐獨孤及撰。及字至之，洛陽人，官至司封郎中，常州刺史，卒諡曰憲。事蹟具《唐書》本傳。權德輿作及諡議，稱其「立言遣詞，有古風格。濬波瀾而去流宕，得菁華而無枝葉」。皇甫湜《諭業》亦稱及「文如危峰絕壁，穿倚霄漢；長松怪石，顛倒巖壑」。王士禎《香祖筆記》則謂其序記尚沿唐習，碑版敘事，稍見情實，《仙掌》《函谷》二銘，《琅邪溪述》《馬退山茅亭記》《風后八陣圖記》是其傑作，《文粹》略已載之，頗不以湜言爲然。

按：此爲介紹獨孤及字號、籍貫、仕官、諡號、事蹟及徵引權德輿、皇甫湜、王士禎之人對其詩文的高度評價。文津閣本不載此內容。

衡州集

文淵閣本：徙衡州，卒，事蹟具《唐書》本傳。

文津閣本：徙衡州。溫從陸贄治《春秋》、梁肅爲文章，議論俱有根柢。

按：文津閣本無呂溫卒年，然交代了其治學淵源，爲文淵閣本所無。文溯閣本亦無。

杼山集

文淵閣本：唐僧皎然撰。案：《唐書·藝文志》：「皎然字清晝，湖州人，謝靈運十世孫，居杼山。顏眞卿爲刺史，集文士撰《韻海鏡源》，預其論著。貞元中，取其集藏集賢御書院，刺史于頔爲序。」

文津閣本：唐湖州杼山寺僧皎然撰。皎然字清晝，或謂名清晝而字皎然，謝靈運裔孫也。代宗間嘗與刺史顏眞卿唱和，德宗時取其集入內府。

按：文淵閣本引《唐書·藝文志》對皎然的字號、爵里、譜系及作品做了詳細介紹，文津閣本稍顯簡略。

李元賓文編

文淵閣本：事蹟具《新唐書·文藝傳·李華傳》內。

按：文津閣本、文溯閣本無此體例用語。

樊川集

文淵閣本：大和二年登進士第，官至中書舍人，事蹟附載《新唐書·杜佑傳》內。

文津閣本：官至中書舍人，事蹟具《唐書》本傳。

按：文淵閣本言其事蹟附載於《杜佑傳》內，而文津閣本言有其本傳。檢《新唐書》卷一百六十六《杜佑傳》確附載有杜牧事蹟，但未有本傳。《薈要》云：「官至中書舍人。事蹟具《唐書》本傳。」未交代其登科時間，文津閣本亦未交代，不若文淵閣本詳盡。《總目》同文淵閣本，文溯閣本、文津閣本同《薈要》。

黃御史集

文淵閣本：乾寧二年進士第，光化中除四門博士，尋遷監察御史裏行，充威武軍節度推官。

文津閣本：乾寧乙卯進士，除四門博士，歷官威武軍節度推官。

按：《黃御史集》卷八《莆陽志》云：「黃滔字文江，乾寧二年乙卯趙觀文牓進士，光化中除四門博士，尋遷監察御史裏行，充威武軍節度推官。」故知文淵閣本、文津閣本皆是，然文津閣本對黃滔歷官情況記載不全。《總目》同文淵閣本，文溯閣本同文津閣本。

昭諫集

文淵閣本：隱有《兩同書》，已著錄。

按：文津閣本無此體例用語。

文津閣本：隱字昭諫，自號江東生，杭之新城人，本名橫。咸通、乾符中，十舉進士不第，遂更名隱。從事諸鎮，歷湖南淮潤，皆不合。晚乃從錢鏐之辟為掌書記，歷節度判官、鹽鐵副使，尋奏授給事中。

按：此為羅隱字號、籍貫、事蹟、歷官情況，屬提要體例必有內容。羅隱有《兩同書》已於子部雜家類著錄，故文淵閣本於此處不再對其作簡介，文津閣本贅言。

河東集

文淵閣本：蔡絛《鐵圍山叢談》記其在陝右為刺史，喜生膾人肝，為鄭文寶所按，賴徐鉉救之得免，則其人實酷暴之流。石介集有《過魏東郊詩》，為開而作，乃推重不遺餘力。絛說固多虛飾，介亦名心過重，好為詭激，不合中庸。其說未知孰確。

按：此為引蔡絛、石介之文介紹柳開事蹟，一說其酷暴，一推重不已。提要撰寫者認為二者皆不中庸，評價不夠公允，甚是懷疑。文溯閣本、文津閣本無。

忠愍集

文淵閣本：仁宗時，贈中書令，追諡忠愍，事蹟具《宋史》本傳。初準知巴東縣時，自擇其詩百餘篇爲《巴東集》。後河陽守范雍裒合所作二百餘篇，編爲此集。考《石林詩話》有《過襄州留題驛亭》詩一首。《侍兒小名錄·拾遺》有《和蒨桃》詩一首，《合璧事類》前集有《春憾》一首、《春晝》一首，皆集中所無，蓋《題驛亭》《和蒨桃》二篇語皆淺率，《春晝》《春憾》二首格意頗卑，雍殆有所持擇，特爲刪汰，非遺漏也。

按：此爲寇準的官職、諡號及編詩集、詩集收錄、詩集評價情況，文津閣本無。

宋景文集

文淵閣本：祁字子京，開封雍丘人。天聖甲子與其兄庠同舉進士，累官翰林學士，承旨，諡景文。事蹟具《宋史》。晁公武《讀書志》謂祁詩文多奇字，證以蘇軾詩「淵源皆有考，奇險或難句」之語。以今觀之，殆以祁撰《唐書》彫琢劖削，務爲艱澀，故有是言。實則所著詩文博奧典雅，具有唐以前格，殘膏賸馥，沾丐靡窮，未可盡以詰屈斥也。陳振孫《書錄解題》又稱祁自言年至六十，見少時所作，皆欲燒棄。然考祁筆記有云……

文津閣本：祁字子京，開封皆欲燒棄。然考祁筆記有云……

按：《總目》作「具有唐以前格律」，文淵閣本脫一「律」字。文津閣本無「雍丘人……見少時所作」，從「開封」接「皆欲燒棄」，顯然將文淵閣本刪節，然刪節後文意銜接不上，語句不通，蓋抄寫漏矣。遺漏部分爲八行一百三十六字，內容爲宋祁字號、籍貫、仕官、諡號、事蹟等個人履歷介紹，及引文對其詩文風格特點的評價。

金氏文集

文淵閣本：入爲度支郎中。洪邁《夷堅志》載君卿「讀書浮梁山」一條，稱其「策高科、歷郡守、部使者，積代至度支郎中」，與《通志》相合，然亦不詳其事蹟。

文津閣本：入爲度支郎中，而不詳其事蹟。

按：文津閣本缺「洪邁《夷堅志》載……與《通志》相合」。文淵閣本徵引洪邁《夷堅志》及《通志》文獻介紹金君卿事蹟，與《通志》所載一致，說明金氏事蹟史皆語焉不詳。然文津閣本刪去不用，不若文淵閣本言之鑿鑿。

徐孝穆全集

文津閣本：兆宜字顯令，吳江人，所注有《玉臺新詠》《庾信集》《才調集》《韓偓集》諸書，而是編亦其一種。

按：文津閣本對《徐孝穆全集》的編者吳兆宜字號、爵里、作品均作介紹，文淵閣本已於《庾開府集箋注》書前提要對吳兆宜做了簡介，故此處不提。文津閣本於彼處亦有「國朝吳兆宜」等字，然缺其介紹，才於此處作解。依體例，作者生平事蹟介紹應在本書第一次出現時，文津閣本不符體例，不當，故文淵閣本爲宜。

盈川集

文淵閣本：《盈川集》十卷，唐楊炯傳。

文津閣本：炯，華陰人，舉神童，授校書郎，遷盈川令。博學善屬文，爲唐初四傑之一。張說評其文，謂「如懸河，酌之不竭」。其才實出王勃、盧照鄰之上。所著如《渾天賦》《冕服議》，該洽精詳，具有原本。

按：文淵閣本「唐楊炯傳」，「傳」當爲「撰」之音誤。文淵閣本「唐楊炯傳」其下再無關於其人的介紹。文津閣本不僅有其籍貫、早慧、官職、稱號等介紹，亦有引張說對其文學成就的評價，更有館臣的態度——「其才實出王勃、盧照鄰之上」「該洽精詳，具有原本」，此爲文淵閣本之疏忽。《總目》亦無，《進呈存目》《薈要》與文津閣本同。

咸平集

文津閣本：錫字表聖，四川洪雅人。其先京兆人，唐末徙蜀。錫宋初與胡旦、何士宗齊名，登興國三年進士第。歷相州、桐廬、淮陽、海陵四郡守，知制誥，終於諫議大夫，贈工部侍郎。

按：此爲田錫的字號、籍貫、仕官等情況簡介，文淵閣本無。文淵閣本提要下文云：「錫有《奏議》，已著錄。考《奏議》乃明安磐所輯，其文已全載此集中。」因《總目》於史部詔令奏議類存目已著錄田錫《田表聖奏議》一卷，《總目》云：「宋田錫撰。錫字表聖，其先京兆人，唐末徙蜀之洪雅。登太平興國三年進士，官至諫議大夫。事蹟具《宋史》本傳。」此處不再重複。

王子安集

文淵閣本：勃字子安，絳州龍門人，高宗時官虢州參軍，事蹟具《唐書·

文苑傳》。

文津閣本：勃字子安，絳州龍門人，通之孫，仕爲虢州參軍，坐事除名，以渡海溺死，事蹟具《唐書·文苑傳》，勃才思敏瞻，爲四傑之冠。

按：文淵閣本無「通之孫」「坐事除名，以渡海溺死」「勃才思敏瞻，爲四傑之冠」。文津閣本對王勃的生平介紹較文淵閣本有其家世淵源、免官、死因及評價。《總目》無介紹。《薈要》云：「勃字子安，絳州龍門人。通之孫。仕虢州參軍，坐事除名，以渡海溺死。事蹟具《唐書·文苑傳》。」可見文津閣本提要與之完全相同。

武夷新集

文津閣本：億字大年，建州浦城人，七歲善屬文。雍熙初，年十一，召試詩賦，授秘書省正字。淳化中，命試翰林，賜進士第。歷官翰林學士，兼史館修撰。卒贈禮部尚書，諡曰文。

按：此爲楊億字號、籍貫、歷官、諡號等情況，文淵閣本無，然楊億有《冊府元龜》已著錄，此不提其生平亦是。

騎省集

文淵閣本：鉉有《稽神錄》，已著錄。

文津閣本：鉉字鼎臣，洪州新建人。仕南唐至右僕射，與弟鍇並負重名。宋師南伐，鍇卒於圍城中。鉉入宋爲散騎常侍，終靖難軍節度行軍司馬。

按：文淵閣本僅云：「鉉有《稽神錄》，已著錄。」無徐鉉的生平介紹，因在《稽神錄》提要中已對其介紹，「鉉字鼎臣，廣陵人。仕南唐爲翰林學士，隨李煜歸宋，官至直學士院，給事中，散騎常侍。淳化初，坐累謫靖難軍司馬，卒於官。事蹟具《宋史》本傳。」文津閣本與文淵閣本之介紹稍有出入，一者，籍貫不一致，文津閣本作「洪州新建人」，文淵閣本作「揚州廣陵人」。檢《宋史》卷四百四十一：「徐鉉字鼎臣，揚州廣陵人。」知文津閣本誤。二者，官職不一致。據《宋史》本傳，李璟時，徐鉉先後官職有：試知制誥、泰州司戶掾、太子右諭德復知制誥、中書舍人；李煜時其爲官有：禮部侍郎、通署中書省，尚書右丞、兵部侍郎、翰林學士、御史大夫、吏部尚書。知其仕南唐並未做過「右僕射」之職，文津閣本誤。入宋後，其官職先後爲學士院給事中、右散騎常侍，左常侍、靖難行軍司馬。文淵閣本與之一致。

公是集

文淵閣本：《公是集》五十四卷，宋劉敞撰。敞有《春秋傳》，已著錄。

文津閣本：敞字原甫，臨江新喻人。慶歷中，舉進士，官至集賢院學士，事蹟具《宋史》本傳。

按：文津閣本無《公是集》的卷數、作者其他著述的介紹，於體例不符，是其失誤，然對劉敞做了簡介，文淵閣本提要無。檢文淵閣《春秋權衡》提要，已有其介紹，此處避免重複，故不書。

第四節　作品介紹的差異

對於作品相關內容的介紹，尤爲突出的一點是文津閣本相對介紹較少，有的幾乎不提，而文淵閣本比較全面。主要表現在：集子內容的介紹、版本情況、整理者情況等方面。如《璇璣圖詩讀法》，文淵閣本提要徵引其序，介紹璇璣圖的廣博，詩的數量、字數，流傳、各家對其釋義的情況，文溯閣本、文津閣本未有一字。又如，王禹偁《小畜集》，文淵閣本介紹其流傳不廣，到清時才得刊行；紀昀所藏卻已嚴重殘缺，其版本是從宋本影抄而來，僅存三分之一；對於版本、流傳、殘缺程度等如此重要的信息，文津閣本卻隻字未提，實屬不該。再如《庾開府集箋注》，文淵閣本提要引用《隋書》《唐志》等史料，記載魏澹、張廷芳對庾信集做注，又提到清胡渭的注，皆未流傳或完成；只有清吳兆宜的箋注存世，尤顯可貴，故文淵閣本對吳兆宜的介紹很是詳細，且對其箋注給予中肯的評價。文津閣本、文溯閣本並未有此二百五十字。

文淵閣本也有介紹不全的提要，如《穆參軍集》，文津閣本交代了穆修集的別名及四庫本所取名稱來源，文淵閣本未提。又如蔡襄《端明集》，文津閣本有當時版本與王十朋本的比較，突顯當時版本與舊本差別不大，價值較高，文淵閣本未言。

此外，還有按語、引語等缺略，二者都存在這種情況，亦爲文津閣本表現得更明顯。下爲詳細差異比較。

嵇中散集

文淵閣本：王楙《野客叢書》云：「《嵇康傳》曰，康喜談名理，能屬文，撰《高士傳贊》，作《太師箴》《聲無哀論》。余得毗陵賀方回家所藏繕寫《嵇

康集》十卷，有詩六十八首，今《文選》所載才三數首。逸惟載康《與山巨原絕交書》一首，不知又有《與呂長悌絕交》一書。《選》惟載《養生論》一篇，不知又有《與向子期論養生難答》一篇四十餘言，辯論甚悉。《集》又有《宅無吉凶攝生論難》上、中、下三名，《難張遼自然好學論》一首，《管蔡論》《釋私論》《明膽論》等文。《崇文總目》謂《嵇康集》十卷，正此本爾。《唐·藝文志》謂《嵇康集》十五卷，不知五卷謂何。」觀楙所言，則樵之妄載確矣。

按：「逸惟載康《與山巨原絕交書》一首」，「逸」當爲「選」之訛誤，「原」爲「源」之訛，此指《文選》。「不知又有《與向子期論養生難答》一篇四十餘言」，《總目》與《野客叢書》卷八《嵇康集》皆作「四千餘言」。據下文「辯論甚悉」，應不止四十餘言。檢《嵇中散集》卷四有《答難養生論一首》，凡四千字。據此，文淵閣本因形近而誤。

又按：此爲徵引王楙《野客叢書》卷八《嵇康集》的原文，交代嵇康治學、文章、著作及數量，並有《文選》《崇文總目》《唐·藝文志》對其的著錄情況。王楙認爲自己所得之《嵇康集》爲《崇文總目》本，較《文選》詩文皆多數首，爲最全的版本。提要上文云：「新、舊《唐書》並同。鄭樵《通志略》所載卷數尚合。」知鄭樵所載亦十五卷，通過王楙的考辨，館臣確定鄭樵所載非是。文津閣本、文淵閣本無。

東皋子集

文淵閣本：卷首尚有陸淳序一首，晁、陳二家目中皆未言及，其眞僞亦在兩可間矣。

文津閣本：卷首尚有陸淳序一首。才（指呂才鳩）序中又言，「其著《會心高士傳》五卷，《酒譜》二卷及《註老子》，今皆不見」云。

按：二者皆提到卷首有陸淳序一首，而文淵閣本又對此序眞僞產生懷疑，因《郡齋讀書志》與《直齋書錄解題》皆未提及。文津閣本引用序中之言，說明其亡佚不全。文淵閣本同文津閣本，《總目》與文淵閣本同。

庾開府集箋注

文淵閣本：《隋書·魏澹傳》稱，廢太子勇命澹註《庾信集》，其書不傳。《唐志》載張廷芳等三家嘗註《哀江南賦》，《宋志》已不著錄。近代胡渭始爲作註，而未成帙。兆宜采輯其說，復與崑山徐樹穀等補綴成編，粗得梗

概。然六朝人所見之書，今已十不存一。兆宜捃摭殘文，補苴求合，勢不能盡詳所出。如注《哀江南賦》「經邦佐漢」一事，引《史記索隱》誤本，以園公爲姓庚，以四皓爲漢相，殊不免附會牽合。後錢塘倪璠別爲箋註，而此本遂不甚行。然其經營創始之功，終不可沒。與倪註並錄存之，亦言杜詩者不盡廢千家注意也。兆宜字顯令，吳江人，康熙中諸生，嘗注徐、庾二集，又註《玉臺新詠》《才調集》《韓偓詩集》，今惟徐、庾二集刊板行世，餘惟鈔本僅存云。

按：此記《隋書》《唐志》等對庾信集的著錄情況，然魏澹、張廷芳的注本並未流傳下來，到《宋志》已不著錄。清胡渭也對其做注，卻未完成。尤其提到《庾開府集箋注》的注者清代吳兆宜，因前代之注皆不傳，其注本尤顯可貴。儘管此箋注牽強附會、缺漏百出，仍對其創世之功給予頌揚，並對其生平做以簡介。文津閣本、文淵閣本只在《徐孝穆全集》提要裏對吳兆宜做了介紹。

寒山子詩集

文淵閣本：王士禎《居易錄》云……案此明江盈科雪濤評語，士禎引之。寒山子即唐人，盈科以爲有唐調……

文津閣本：王士禎《居易錄》云……案寒山子即唐人，盈科以爲有唐調……

按：「案」後雙行小字夾註，爲提要注釋部分。文津閣本無「此明江盈科雪濤評語，士禎引之」。提要撰寫者對引文加以說明，認爲引文爲明人江盈科對寒山詩的評語，非王士禎語，士禎僅徵引而已。文津閣本、文淵閣本未做此說明，易引起誤解，二者欠審愼。《總目》與文淵閣本同。

盈川集

文淵閣本：《文苑英華》載其《彭城公夫人尒朱氏墓銘誌銘》一首、《伯母東平郡夫人李氏墓誌銘》一首，列庾信文後，明人因誤編入信集中。此本收尒朱氏誌一篇，而李氏志仍不傳，則蒐羅尚有所遺也。

按：文淵閣本第一個「銘」爲衍字。此爲明人《文苑英華》誤將楊炯兩首墓誌編爲庾信所做，而《盈川集》亦僅收其中一首，搜羅有遺，提要撰寫者指出此本編纂的不足之處。文津閣本無。

盧昇之集

文淵閣本：其集晁氏、陳氏書目俱作十卷，此本僅七卷，則其散佚者已

多。又《窮魚賦序》稱嘗思報德，故冠之篇首，則照鄰自編之集，當以是賦爲第一。而此本列《秋霖》《馴鳶》二賦後，其《與在朝諸賢書》亦非完本，知由後人掇拾而成，非其舊帙矣。

按：文淵閣本認爲盧照鄰集散佚已多，非其舊本，其論有三：其一，晁公武、陳振孫皆著錄爲十卷，至此本僅有七卷；其二，編次也與舊本不同，盧照鄰自編將《窮魚賦》排第一，此本卻列爲第三；其三，《與在朝諸賢書》非完本。論證條理清楚，詳實具體。此爲提要必有之內容，文津閣本無，似不符合編纂四庫之宗旨——「篇秩分合，皆詳爲訂辨，鉅細不遺」。

張燕公集

文津閣本：是集屢經兵燹之後，伍德乃爲搜羅舊篇，散佚僅存，錄而藏之。

按：文淵閣本無。《總目》作「集首永樂七年伍德記一篇，稱兵燹之後，散佚僅存，錄而藏之」。此交代此集歷經戰亂，散佚不全。

李太白文集

文淵閣本：曾鞏又考其先後而次第之，爲三十卷。首卷惟載諸序碑記，二卷以下乃爲歌詩二十三卷，雜著六卷。

按：文淵閣本指明此本爲宋敏求所得本，曾鞏對其重新考訂編次，且對其篇卷分帙做以簡單介紹，文津閣本只云此爲宋本，其他未提，敘述不詳。《總目》作《李太白集》，亦有此段。

補注杜詩

文淵閣本：書中凡原註，各稱某曰，其補注，則稱「希曰」「鶴曰」以別之。大旨在於按年編詩，故冠以年譜辨疑，用爲綱領。而詩中各以所作歲月註於逐篇之下。

按：此爲對《補注杜詩》的體例如原注稱「某曰」，補注稱「希曰」「鶴曰」，按年編次的順序等做了詳細介紹。文津閣本無這些必要內容，《總目》與文淵閣本同。

劉隨州集

文淵閣本：今刊除《入百丈澗見桃花晚開》一首，其外集亦一併刊除，以省重複。

按：文淵閣本將刊除的詩歌及外集做以說明，以免引起後學誤解，治學

態度謹慎。文津閣本無。

韓集舉正

文淵閣本：自朱子因崧卿是書作《韓文考異》，盛名所掩，原本遂微。越及元、明，幾希泯滅。此本紙墨精好，內「完」字缺筆，避欽宗諱，「敦」字全書，不避光宗諱，蓋即淳熙舊刻，越五百載而幸存者。閻若璩號最博洽，而其《潛丘札記》中不知李浙東爲誰，稱得李翱全集，或可考。今觀此本第六卷《代張籍書》下明注爲李遜，且引《舊書》本傳「遜以元和五年刺浙東，九年召還，此書作於六七年間」云云，則若璩亦未見此本，可稱罕覯之笈。

按：此爲交代《韓集舉正》的版本。其因《韓文考異》長久被忽視，幾近泯滅。然其有明顯的特徵，亦由避諱可知其刊刻年代。再由閻若璩的記載、《舊書》本傳，說明此本罕見，異常珍貴。文津閣本無。

又按：「越五百載而幸存者。閻若璩號最博洽……」《總目》於兩句之間有「殆亦其精神刻苦，足以自傳，故若有呵護其間，非人力所能抑遏歟」之文，此於提要關係不大，刪去更顯簡潔。「其於改正之字用朱書」，《總目》於其後有小字按語「案刻本實作陰文，蓋古無套版之法，不能作二色也。觀《政和本草》稱神農本經用朱書，而皆作陰文，是其明證，謹附識於此。」此爲對《韓集舉正》刻本特徵之介紹，屬於版本之內容，文淵閣本省去似不恰當。

文淵閣本：其名曰「舉正」，蓋因郭京「易舉正」之舊，見於首篇之自注。《考異》刪去此條，遂莫知其命名之義。其於改正之字用朱書。衍去之字以圓圈圍之，增入之字以方圈圍之，顛倒之字以墨綫曲折乙之，體例亦似較《考異》爲明晰。

所據碑本凡十有七，所據諸家之書，凡唐令狐澄本、南唐保大本、秘閣、祥符杭本、嘉祐蜀本、謝克家本、李炳本，參以唐趙德《文錄》、宋白《文苑英華》、姚鉉《唐文粹》，參互鉤貫，用力傑勤。雖偏信閣本，是其一失，宜爲朱子所糾，然司馬遷因《國策》作《史記》，不以《史記》廢《國策》，班固因《史記》作《漢書》，不以《漢書》廢《史記》，倪思嘗作《國策》《史記》《漢書》之同異纂爲二書，今其《班馬異同》猶有傳本，然則雖有《考異》，正不妨並存此書，以備參訂矣。

按：此段爲《韓集舉正》的書名緣由及體例等詳細情況。文淵閣本工作

細緻，由篇首自注看出「舉正」源自「易舉正」之名，實屬不易。又交代了改字、衍字、增字、倒字各自的體例，比《考異》明晰。再者，說明此本所據的碑本、諸書頗多，有其失誤之處，但可參考，與《韓集考異》並存。文津閣本無，文淵閣本同文津閣本。

柳河東集

文淵閣本：權知珍州事王咨爲之序。醇先作《韓集全解》，及是又注柳文……魏仲舉《五百家注》亦多引其說。明唐觀《延州筆記》嘗摘其《南霽雲碑》，不知汧城鑿穴之奇句，本潘岳《馬汧督誄》，是誠一失，然不以害其全書也。

按：文津閣本無。文淵閣本將序，韓醇所作全解、注文及魏仲舉的引用、《延州筆記》的誤用一一提及，較文津閣本詳贍。《總目》與文淵閣本同。

會昌一品集

文淵閣本：德裕有《次柳氏舊聞》，已著錄。是編凡分三集：《會昌一品集》，皆武宗時制誥……

文津閣本：德裕事蹟據《唐書》本傳。晁公武《讀書志》稱所作名《會昌一品集》者，皆武宗時制誥……

按：文淵閣本云李德裕有他著已收錄，而文津閣本提及李的生平見《唐書》本傳。文淵閣本言此編分三集，分別是哪三集，文津閣本言晁公武《讀書志》對《會昌一品集》的著錄情況，可推知其名來自《讀書志》。《總目》同文淵閣本。

昭諫集

文淵閣本：第八卷有《兩同書》十篇，《唐志》著錄。其說以儒、道爲一致，故曰「兩同」。似乎《讒書》之外又有此書者，其異同則不可考矣。

按：此爲《昭諫集》卷八的內容、名稱由來等，文津閣本無。檢《昭諫集》原文，爲卷一賦、古詩、歌行，卷二至四詩，卷五疏，卷六啓，卷七雜著，卷八《兩同書》。而提要前文亦云：「所載詩四卷，又有雜文一卷……惟諸啓多作於湖南……第七卷末一篇爲《廣陵妖亂志》……」對其卷一至七皆有介紹，唯獨第八卷未提，前後失應，文津閣本疏漏。

文津閣本：而舉牒祠祭之文亦與馬上。今雜文既無長沙應用之作，亦無舉牒祠祭之文，惟諸啓多作於湖南……

　　按：文淵閣本無「今雜文既無……又無……」文津閣本交代了今本《昭諫集》未有長沙應用之文及舉牒祠祭之文。檢《昭諫集》卷七，確未有。文津閣本作此說明實屬必要。

浣花集

　　文淵閣本：此本十卷，乃毛晉汲古閣所刻，爲莊弟藹所編，前有藹序。

　　按：此爲對《浣花集》版本介紹，文津閣本未言編者及序，缺少必要的著錄項。文淵閣本有。

小畜集

　　文淵閣本：故王士禎《池北偶談》稱僅見書賈以一本持售，後不可復得爲憾。近時平陽趙氏始得宋本刊行。而陳振孫《書錄解題》所載《外集》三百四十首，其曾孫汾所裒輯者，則久佚不傳。此殘本爲河間紀氏閱微草堂所藏，僅存第七卷至第十三卷，而又七卷前缺數頁，十三卷末《集賢錢侍郎知大名府序》惟有篇首二行，計亦當缺一兩頁。原帙籤題即曰《小畜外集殘本》上、下二冊，知所傳止此矣。其中《次韻和朗公見贈》詩及題下自註「朗」字皆缺筆，知猶從宋本影抄也。凡詩四十四篇、雜文八篇、論議五篇、傳三篇、箴讚頌九篇、代擬二篇篇、序十二篇，共一百一篇，較原帙僅三之一。然北宋遺集，流傳漸少，我皇上稽古右文，凡零篇斷簡散見《永樂大典》中者，苟可編排，咸命儒臣輯錄成帙，以示表章。此集原書七卷歸然得存，是亦可寶之秘笈，不容以殘缺廢矣。

　　按：文淵閣本「代擬二篇篇」，《總目》作「代擬二十篇」，且後文言「共一百一篇」，核總數亦應爲二十篇，文淵閣本訛誤。

　　又按：此爲《小畜集》的流傳、版本及收錄情況。其流傳不廣，陳振孫曾孫裒輯之本亦不傳。王士禎僅見一本，然未購得。到清時《小畜集》才得刊行。此本爲紀昀所藏，卻已嚴重殘缺，僅存七至十三卷，前後亦缺頁。由其舊名《小畜外集殘本》知其所傳只此殘本，再由避諱所知其版本是從宋本影抄而來。由其體裁、篇卷數又知缺略殊甚，僅存三分之一。對於版本、流傳、殘缺程度等如此重要的信息，文津閣本卻隻字未提，實屬不該。然文淵閣本云「我皇上稽古右文……以示表章」爲顯皇恩浩蕩，不免繁冗。

元憲集

　　文淵閣本：國朝厲鶚編《宋詩紀事》，僅採掇《西清詩話》《侯鯖錄》《合

璧事類》《揚州府志》所載，得詩八首，則海內絕無其本已三四百年矣。

按：宋庠所著有《國語補音》《紀年通鑒》《別集》《掖垣叢志》《尊號錄》，僅《國朝補音》有傳本，他本皆佚。文淵閣本提及清《宋詩紀事》據他書搜得宋庠八首詩，文集亡佚過三四百年。此《元憲集》是據永樂大典採錄，與宋庠時代相去不遠，比較可信。文淵閣本、文津閣本未有此重要交代，疏略甚矣。

黃御史集

文淵閣本：此本卷首有楊萬里及謝諤序，萬里序謂滔裔孫永豐君自言此集久逸，其父考功公始得之，僅四卷而已。其後永豐君又得詩文五卷於呂夏卿家，又得逸詩於翁承贊家，又得銘碣於浮屠老子之宮，編爲十卷，是淳熙初刻。

文津閣本：至宋紹興間，滔八世孫公度搜得遺稿，釐爲十卷。又得詩文五卷於呂長卿家，得逸詩於翁承贊家，總彙成帙，名曰《東家編略》，楊萬里、洪邁、謝諤各爲之序。

按：文淵閣本云，卷首有楊萬里、洪邁序，未言謝諤之序。文津閣本云有三人之序。檢《黃御史集》，卷首有楊、洪、謝三人之序，故文淵閣本有遺漏。

又按：文淵閣本作「呂夏卿」，文津閣本作「呂長卿」。《黃御史集》前洪邁序作「呂夏卿」，故文津閣本誤。文淵閣本云考功公、永豐君等搜得《黃御史集》，又得銘碣，與文津閣本滔八世孫公度得遺稿，編爲《東家編略》之說大相徑庭，因文淵閣本之說源自楊萬里之序，而文津閣本蓋白《黃御史集》中《裔孫諸志》之說：「今以舊藏藁本釐爲十卷，名曰《東家編略》。宋紹興丙子中夏初吉左朝散郎試尚書考功員外郎八世孫公度謹誌。」二者皆有所依據。

端明集

文淵閣本：閩謝肇淛嘗從葉向高入秘閣檢尋，亦僅有目而無書。萬曆中，莆田盧廷選始得鈔本於豫章俞氏，於是御史陳一元刻於南昌，析爲四十卷，興化府知府蔡善繼復刻於郡署，仍爲三十六卷，而附以徐㸌所輯《別記》十卷。然盧本錯雜少緒，陳、蔡二本均未及銓次。

按：文淵閣本交代了明代對《端明集》的整理情況，有四十卷本與三十

六卷本，然各有缺陷。文溯閣本、文津閣本承前文「元代板復散佚，明人皆未睹全帙」，後接「後其里人宋珏重爲編定」，未對明代人的貢獻做詳細介紹，亦使版本源流情況含混不明，讓人如墜霧裏。

穆參軍集

文津閣本：舊本前有劉清之序，其祖無擇序，佚而不載，今從《龍學集》補錄。《遺事》一卷，不知何人所編，亦附載備考。

按：文津閣本云舊本《穆參軍集》有劉清序，後失之不載，四庫本從《龍學文集》將其補錄，然檢文淵閣與文津閣庫書皆未有劉清的序，文津閣提要不知何來此言。

又按：關於《遺事》，文淵閣庫書無，然有《附錄》一卷，內容爲《哀穆先生文》與《二蘇先生悲穆孟二子聯句》；文津閣庫書亦有《附錄》一卷，爲《遺事》與《哀穆先生文》，文津閣提要所云是。文淵閣庫書未收，提要此處未提於理亦合。

文淵閣本：據蘇舜欽哀文稱，訪其遺文，惟得《任中正尚書家廟碑》《靜勝亭記》《徐生墓誌》《蔡州塔記》四篇，不能成卷。祖無擇集有修集序，稱其遺文於嗣子照，得詩五十六，書、序、記、誌、祭文總二十，次爲三卷。其序作於慶曆三年，所列詩文之數與今本合，蓋此集猶無擇所編之舊。

按：「稱其遺文於嗣子照」，祖無擇《龍學文集》卷八《河南穆公集序》作「嗣子熙」。此段內容，文津閣本無。蘇舜欽《哀穆先生文》：「去年赴京師，歷問人，終不復得一篇，惟有《任中正尚書家廟碑》《靜勝亭記》《徐生墓誌》《蔡州塔記》，皆平昔所爲，又不足成卷。」祖無擇《龍學文集》卷八《河南穆公集序》：「及公之歿，無擇求遺文於嗣子熙，得詩五十六，書、序、記、誌、祭文總二十，與無擇所藏增多詩一十二，書、序各一。又從其舊友而求之，往往知愛而不知傳，故無獲焉，姑類次是以爲三卷，題曰《河南穆公集》云。時慶曆三年春南康清修閣中序。」知文淵閣本所說不誤。

丹淵集

文淵閣本：所增《拾遺》二卷爲集外詩十六首，文五首，皆誠之所蒐輯，而在湖州所作，《黃樓賦》則已佚之矣。

文津閣本：所增《拾遺》二卷及卷首《年譜》、卷末附錄司馬光、蘇軾等往來詩文一卷，則誠之所輯也。

　　按：此本較舊本所增之內容，二閣本介紹不同。文淵閣本云《拾遺》兩卷爲集外詩十六首，文五首，還說明《黃樓賦》亡佚。文津閣本除介紹《拾遺》外，還提到卷首、卷末附錄及其他詩文，與《薈要》提要完全相同。然《薈要》本只收有《拾遺》上、下卷，未有卷首《年譜》及卷末附錄，即《薈要》本與《薈要》提要不符。檢文淵閣庫書《丹淵集》，卷首並無《年譜》，卷末只有《拾遺》卷上、下，未有附錄及與文人往來詩文。而文津閣庫書卷首爲《丹淵集年譜》，末有《拾遺》二卷，《附錄》一卷，《附錄》即爲與司馬光、趙抃、范鎮、王安石等人往來的詩文。由此可知文淵閣與文津閣庫書所收文集內容有差異，從而導致提要不同。《總目》、文淵閣本同文津閣本，文溯閣庫書與《薈要》本相同。

第五節　語言表述的差異

　　在語言表述方面，二者的差異主要表現在：一、意同詞殊，即兩閣本提要儘管表達差異大，然其大意相同。二、詳略不同，指同樣的含義，在文淵閣本與文津閣本提要中，一者將版本源流、作品評價、作者成就等詳細道來，可謂考察作品的詳盡資料；一者刪繁就簡，一筆帶過，表述簡約，例證相比較少，徵引不注明來源。一般來講，文淵閣本較文津閣本語言更豐滿，表述更詳細。

一、意同詞殊

陸士龍集

　　文淵閣本：蓋宋以前相傳舊集久已亡佚，此特裒合散亡，重加編緝，故序次頗叢雜。

　　文津閣本：疑隋唐所傳舊集久已亡佚，此特後人從他書摘抄以行者，故序次頗叢雜。

　　按：文淵閣本、文津閣本一作「宋以前」「裒合散亡，重加編緝」，一作「隋唐」「從他書摘抄」，文字有較大出入，但文意相同，皆言陸士龍舊集已於宋前亡佚，此集爲重編，故次序混亂。《總目》與文淵閣本表述相同，文溯閣本同文津閣本。

徐孝穆全集

　　文淵閣本：蓋假散騎常侍以行，特《通鑑》但書其本官，並非舛誤，胡

三省未考陵書，不免曲爲之說。參諸此集，可正其訛。

文津閣本：蓋假散騎常侍以行，特《通鑑》但書其本官，故胡三省不免曲爲之說，可據此書以釋其疑，是亦讀史者之所宜參考矣。

按：二者皆云胡三省未加考證，誤以散騎常侍爲其當時官職，參考《徐孝穆全集》可辨其誤。文津閣本亦云，「是亦讀史者之所宜參考矣」。《總目》與文淵閣本同。

曲江集

文淵閣本：《新唐·文藝傳》載徐堅之言謂其文如輕縑素練，實濟時用而窘邊幅……文筆宏博典實，有垂紳正笏氣象，亦具見大雅之遺。堅局於當時風氣，以富艷求之，不足以爲定論。

文津閣本：徐堅嘗論其文如輕縑素練，實濟時用而窘邊幅……文筆博大典實，有垂紳正笏氣象，亦具見大雅之遺。堅與宗元所言乃文人抑揚之詞，不足以爲定論。

按：文淵閣本注明引《新唐·文藝傳》徐堅之言，文津閣本統而言之。文淵閣本「宏博典實」，文津閣本作「博大典實」，詞殊義同，二者皆可。文淵閣本云徐堅追求富艷之風，故對張九齡文章評價「輕縑素練，實濟時用而窘邊幅」；文津閣本云其與柳宗元所言皆爲抑揚之詞，認爲他們對張九齡的評價不足爲據，二者態度很不一致，文淵閣本用時代風尚來解釋徐堅的批評，而文津閣本則從徐堅個人的態度來評判，帶有文人相輕的意味。文溯閣本、《總目》與文淵閣本同，《薈要》與文津閣本同。

杼山集

文淵閣本：此集卷數與《唐志》合，頓序亦存，蓋猶本。前有贊寧所爲傳，蓋自《高僧傳》錄入。末有《集外詩》，則毛晉所補緝也。皎然及貫休、齊己皆以詩名，今觀所作，弱於齊己而雅於貫休，在中唐作者之間，可厠末席。

文津閣本：此集有刺史于頓序及贊寧所爲傳，末有毛晉所補《集外詩》及跋語。贊寧以皎然及貫休、齊己爲三高僧，傳三人皆以詩名。皎然所作，弱於齊己而雅於貫休。

按：這段文字介紹《杼山集》的序、傳及其詩名、影響，二者詞異而義同。稍有差別的是，文淵閣本指明卷數同《唐志》，有對其評價「在中唐作者之間，可厠末席」。文溯閣本全同文津閣本，文淵閣本與《總目》完全一致。

毗陵集

文淵閣本：考唐自貞觀以後，文士皆沿六朝之體。經開元、天寶，詩格大變，而文格猶襲舊規。元結與及始奮起滷除，蕭穎士、李華左右之。其後韓、柳繼起，唐之古文，遂蔚然極盛。斲雕爲樸，數子實居首功。

文津閣本：唐自貞觀以後，文士皆沿六朝之體。經開元、天寶，詩道大興，而文則未能復古。及起於永泰間所爲文，乃力趨樸直，盡掃藻飾靡麗之習。其後韓、柳繼起，而唐之古文遂大盛。然推其始，斲雕爲樸則及最有功。

按：此云貞觀後，文風浮艷，開元、天寶詩格大變，而文格之變由獨孤及與元結首發，此後韓、柳遂起，古文運動蔚然成盛。獨孤及功居首位，館臣對其的首倡之功推崇備至。二閣文字有較大出入，文意亦不盡完全相同。文淵閣本肯定了元結等人的功績，文津閣本則主要突出了獨孤及的功績。文溯閣本同文津閣本。

文淵閣本：及沒於大歷十二年，已不及見。《招北客文》，《文苑英華》又以爲岑參之作，彼此錯互，疑莫能詳，今依舊本闕載焉。

文津閣本：及沒於大歷十二年，去興元之事甚遠，殆《英華》誤題《招北客文》。《英華》又題爲岑參作，與《文粹》彼此錯互，亦疑莫能詳，今姑依舊本闕載焉。

按：二閣皆言獨孤及卒於大歷十二年，未見興元之事，《文苑英華》將其《招北客文》誤作岑參之作，舛誤難辨，閣本按舊本不載。文溯閣本同文津閣本。

五百家注柳先生集

文淵閣本：而旁搜遠引，寧冗無漏，亦有足資考訂者。且其本槧鋟精工，在宋版中稱善本。今流傳五六百年而紙墨如新，神明煥發，復得與《昌黎集註》聯珠合璧，同爲秘府之儲，是固可爲寶貴也。

文津閣本：而旁搜遠引，斤斤以博學詳說爲務，殊有足資考訂者。且其槧鋟最精，在宋代舊刻中尤稱善本。今流傳五六百年而紙墨如新，神明煥發，復得與《昌黎集註》先後同歸秘府，有類乎珠還合浦，劍會延津，是尤可爲寶貴也。

按：文淵閣本、文津閣本一作「寧冗無漏，亦有足資考訂者」，一作「斤斤以博學詳說爲務，殊有足資考訂者」；一作「復得與《昌黎集註》聯珠合

璧，同爲秘府之儲，是固可爲寶貴也」，一作「復得與《昌黎集註》先後同歸秘府，有類乎珠還合浦，劍會延津，是尤可爲寶貴也」，二者表述有異，然大意相同。

甫里集

文淵閣本：龜蒙詩文嘗自編爲《笠澤叢書》，其與皮日休唱和之作，則多見於《松陵集》，皆別著錄。其全集則當時初無專本。

文津閣本：龜蒙著作頗富，其載於《笠澤叢書》者卷帙無多，即《松陵集》，亦僅唱和之作，不爲賅備。

按：二者皆云陸龜蒙著作頗多，《笠澤叢書》是其集，唱和之作多見於《松陵集》。差異之處在於，文淵閣本指明《笠澤叢書》爲自編之集，且當時無全集，文津閣本未有此說明。文溯閣本、《總目》同文津閣本，《薈要》同文淵閣本。

河東集

文淵閣本：終於如京使，事蹟具《宋史·文苑傳》。開少喜讀書卷，慕韓愈、柳宗元爲文……既又改名改字，自以爲能開聖道之塗也。

文津閣本：終於京使。開少時慕韓愈、柳宗元爲文……既而更易令名字仲塗，自以爲能開聖道之塗也。

按：文溯閣本、文津閣本較文淵閣本無「事蹟具《宋史·文苑傳》」「喜讀書卷」等信息，不似文淵閣本詳細。《總目》作「終於如京使，事蹟具《宋史·文苑傳》。開少慕韓愈、柳宗元爲文……」蓋《總目》吸收了二者提要。

又按：文淵閣本作「既又改名改字」，文津閣本作「既而更易令名字仲塗」。《總目》同文淵閣本。

乖崖集

文淵閣本：其文乃疏通平易，不爲嶄絕之語。其詩亦列名西崑體中案西崑酬唱十七人，詠名在第十一，其《聲賦》一首窮極幽渺，梁周翰至歎爲一百年不見此作，則亦非無意於爲文者，特其光明俊偉，發於自然，故眞氣流露，無雕章琢句之態耳。

文津閣本：而所作詩文乃疏通平易，不爲嶄絕之語，而體格自高。其《聲賦》一首窮極幽渺，梁周翰至歎爲二百年不見此作，蓋其光明俊偉，發於自然，洵有非彫章琢句之士所能及也。

按：文淵閣本作「其文乃疏通平易……」，文津閣本作「詩文乃疏通平易……」；文淵閣本指明張詠在西崑詩人中的地位，文津閣本無；且文津閣本無「則亦非無意於爲文者」「故眞氣流露」，差異細微，語序亦有所不同，然不影響二者大意的一致。

武溪集

文淵閣本：歷元及明，幾希湮沒。成化中，邱濬抄自內閣，始傳於世。今所行本，爲嘉靖甲午都御史唐冑所重刊云。

文津閣本：明成化中，邱濬抄自內閣，始刊行之。今所傳則嘉靖甲午都御史唐冑所重刊也。

按：皆言《武溪集》年代久遠，幾乎湮滅，到明成化才從內閣傳於世，今本爲明嘉靖重刊本。

祖英集

文淵閣本：重顯戒行清潔，彼教稱爲古德，故其詩多語涉禪宗，與道潛、惠洪諸人專事吟詠者蹊逕稍別，然胸懷脫灑，韻度自高，隨意所如，皆天然拔俗。

文津閣本：重顯戒行清潔，所作《爲道日損偈》，釋門至今奉爲箴規，故其詩多語涉禪宗，與惠洪等之專事嘲風弄月者蹊逕稍別，然筆意超脫，其酬贈諸作，亦往往能拔出塵壒。

按：文淵閣本作「彼教稱爲古德」，文津閣本作「所作《爲道日損偈》，釋門至今奉爲箴規」；文淵閣本言其「胸懷脫灑，韻度自高，隨意所如」「天然拔俗」，文津閣本云其「筆意超脫，其酬贈諸作，亦往往能拔出塵壒」，二者文字有別，然於意相同。

又按：文淵閣本以道潛、惠洪的專事吟詠來反襯釋重顯的自然脫俗。而文津閣本則以惠洪等人的嘲諷弄月來反襯，可見提要撰寫者對惠洪等人的評價不同。

華陽集

文淵閣本：晚居相位，惟務持祿固寵，與蔡確朋比，沮司馬光，復依阿時局，倡興西夏之役，大爲物論所不予，人品事業皆無可取……計其登翰林掌文誥者幾二十年，朝廷大典策皆出其手，故其多而且工者，以倂儷之作爲最，揖讓於二宋之間，可無愧色。王銍、謝伋、陸游、楊萬里等往往稱之，

殆非虛美。

文津閣本：其功業無可稱，晚居相位。與蔡確比而沮司馬光，猶爲物論所不予……掌制誥者幾二十年，朝廷大典策皆出其手，氣象閎達，詞筆典贍，足繼二宋後塵，故王銍、謝伋、陸游、楊萬里等無不稱之至。

按：王珪位居高位，人品事業爲人所不恥，然其文章典策駢儷宏達，備受時人推崇。文淵閣本表述比較直白，文津閣本表述更顯典雅，然總體意思二者一致，略有差異。文淵閣本無「其功業無可稱」，文津閣本無「惟務持祿固寵」「復依阿時局，倡興西夏之役」「人品事業皆無可取」「故其多而且工者，以併儷之作爲最，揖讓於二宋之間，可無愧色」。

春卿遺稿

文淵閣本：有文集二十卷。本傳亦稱其好學，工文詞，尤嗜作詩，與碑文合。所載文集卷數亦同。然原集今不傳，此本乃明天啓中堂二十世孫鑛掇拾佚稿而成，凡賦一篇、詩三十七篇、記一篇，不及原集十分之一。其間惟詩獨多，則碑所云「尤邃於詩」者，信也。

文津閣本：堂學問淹貫，文辭工敏，尤嗜作詩，有《吳門集》二十卷，今久佚不傳。此本乃明天啓間堂二十世孫鑛所裒集，凡賦一首、詩三十七首、記一首，皆從志乘及他書採入，所得僅寥寥數篇。案堂行狀爲胡宿所撰，見於《永樂大典》所載宿《文恭集》中。

按：文淵閣本其賦、詩、記皆以「篇」計，而文津閣本以「首」計。文淵閣本作「掇拾」，文津閣本作「裒集」，意同詞殊。文淵閣本「二十卷」者，當爲文津閣本所言《吳門集》。

又按：文淵閣本云，《宋史》本傳提到蔣堂好學、工文詞、嗜作詩、文集卷數與胡宿爲其所作神道碑碑文相合。文津閣本未指明對其人、其詩文等評價的文獻來源，然有按語說明胡宿爲其做行狀，收在《文恭集》中。確切來講，胡宿所寫爲《侍郎蔣公神道碑》，與行狀有所區別。

二、詳略

（一）文津閣本簡

陸士龍集

文淵閣本：然今亦未見宋刻，世所行者惟此本。

按：文津閣本簡言之「蓋即此本」。

徐孝穆全集

文淵閣本：其集舊無注釋，兆宜既箋庾信集，因並陵集箋之，未及卒。其同里徐文炳續爲補緝，以成是編。其中可與史事相證者……

文津閣本：兆宜字顯令，吳江人，所注有《玉臺新詠》《庾信集》《才調集》《韓偓集》諸書，而是編亦其一種。中間有未及注者，則其同里徐文炳所增補也……今其著作十一尚存，往往可與史相證。

按：二者皆云吳兆宜對徐陵集做注，但未完成，由同里人徐文炳續補，才成此集。二者的細微差異在於：文淵閣本言及吳兆宜將庾信集與徐陵集合箋，文津閣本未有此意；文津閣本云「今其著作十一尚存，往往可與史相證」，暗含徐陵著作存世不多，此集可與史相證，具有寶貴價值，文淵閣本無此意。二者側重點也有不同，文淵閣本將吳兆宜的《徐孝穆集箋注》的著述情況介紹得比較詳細，文津閣本則顯簡略；文津閣本側重介紹吳兆宜的情況。

又按：文淵閣本作「未及卒」，文氣不完。《總目》作「未及卒業」，是也，此指吳兆宜沒有來得及完成對徐陵集的注釋。

王子安集

文淵閣本：洪邁《容齋隨筆》亦稱今存者二十卷，蓋宋代所行猶其舊本。明以來其集已佚，原目遂不可考。世所傳《初唐十二家集》僅載勃詩賦二卷，闕略殊甚。故皇甫汸作《楊烱集序》，稱王詩賦之餘，未睹他製。

文津閣本：馬端臨《通考》亦作二十卷。其集後亡佚，舊目不可考，世所傳者，僅詩賦二卷而已。

按：對於王子安文集宋以後的亡佚情況，文津閣本僅說，「舊目不可考」「所傳僅詩賦二卷」，而文淵閣本詳細地說明明代以來原目無法考，指明《初唐十二家集》記載其詩賦二卷，且引皇甫湜言稱只見王子安詩賦，不見其他。

翰苑集

文淵閣本：有足爲萬世龜鑑者，故歷代寶重焉。

按：文津閣本無「故歷代寶重焉」，文氣不完。文溯閣本亦無。

柳河東集

文淵閣本：「……又不附誌文，非當時本也。」考今本所載禹錫序，實作四十五通，不作三十二通，與振孫所說不符。或後人追改禹錫之序，以合見行之卷數，亦未可知。

文津閣本：「……又不附誌文」，與振孫所説不符，是又非禹錫當時原本也。

按：文津閣本僅指明所載與陳振孫《書錄解題》不符之處，未有對其不符原因的表述，而文淵閣本推測不符的原因或爲後人追改，表明提要撰寫者的看法。

五百家注柳先生集

文淵閣本：唐柳宗元撰。《宗元集》劉禹錫稱編次爲三十二通，至宋初穆修好其文，復爲刊行之。其後方崧卿、鄭定、張敦頤等各爲訓釋，卷目遞有增損。此本乃南宋慶元中建安魏仲舉所輯，《五百家註》與《昌黎集》並刊於家塾者。

文津閣本：宋魏仲舉編，其版式廣狹，字畫肥瘠，與所刊《五百家注昌黎集》纖毫不爽，蓋而集一時並出也。

按：文淵閣本詳細講述柳宗元集的刊行、訓釋、輯佚、并刊等情況，脈絡清晰，是爲柳集版本流傳的詳實資料。文津閣本僅提到此本爲南宋時所編，對其板式、字畫介紹較多。文淵閣本與文津閣本各有側重，二者兼收並蓄更爲妥當。文溯閣本同文淵閣本，《總目》同文津閣本。

沈下賢集

文淵閣本：本長安人，而原序稱曰吳興人，以從其郡望。然李賀集有送亞之詩，亦曰「吳興才人怨春風」，又曰「家在錢塘東復東」，則似眞吳興人矣。唐人里貫，多錯互不得其眞，未之詳也。

文津閣本：本長安人，而原序稱曰吳興人，李賀集有送亞之詩，亦曰「吳興才人怨春風」，蓋從郡望耳。

按：文淵閣本引李賀詩兩處來說明沈下賢里貫似在吳興，但也表明不確定。文津閣本僅云從其郡望，未有質疑之言，可見文淵閣本態度較審慎。《總目》同文淵閣本，文溯閣本同文津閣本。

文淵閣本：《池北偶談》又記末有萬歷丙午徐𤇍跋，此本無之。而別有跋曰：「《吳興文集》十二卷……」

按：文津閣本曰：「卷末有跋曰：『《吳興文集》十二卷……』」對於《池北偶談》所記而此本未收的徐𤇍跋未提。文溯閣本同文津閣本。

南陽集

文淵閣本：案元方回作《羅壽可詩序》，稱「宋剗五代舊習，詩有白體、

崑、晚唐體。其晚唐一體，九僧最迫真。寇萊公、林和靖、魏仲先父子、潘逍遙、趙清獻之祖凡數家，深涵茂育，氣勢極盛。」又回所選《瀛奎律髓》評湘《贈張處士》詩曰：「清獻家審言如此，宜乎乃孫之詩如其人之清，有自來哉」云云，其推挹湘者甚至。然回錄湘二詩，皆取其體近江西者，殊不盡湘所長。

文津閣本：案元方回所選《瀛奎律髓》錄湘二詩，皆取其體近江西者，殊不盡湘所長。

按：《總目》於「崑」後有「體」字，文淵閣本脫。文津閣本無「作《羅壽可詩序》……氣勢極盛」，接「所選《瀛奎律髓》」，又無「評湘《贈張處士》詩曰……」，再接「錄湘二詩……」。所無皆爲徵引他文介紹趙湘詩特點及對其詩歌的評價。文津閣本缺少例證簡而言之，不似文淵閣本詳實可信，有所依據。文溯閣本同文淵閣本。

白氏長慶集

文淵閣本：又高斯得《恥堂存稿》有《白氏長慶集序》。宋人目錄傳於今者……

按：文溯閣本、文津閣本「又」下接「宋人目錄傳於今者」，無中間十四字。檢《恥堂存稿》卷四，確有《白氏長慶集序》。文淵閣本收集資料全面詳盡。《總目》同文淵閣本。

樊川集

文淵閣本：《新唐書》亦引以論居易。然考牧集無此論，惟《平盧軍節度使官李戡墓誌》述戡之言曰：「嘗痛自元和以來，有元、白詩者，纖艷不逞，非莊士稚人，多爲其所破壞。流於民間，疏於屏壁，子父女母交口教授，淫言媟語，冬寒夏熱，入人肌骨，不可除去，吾無位，不得用法以治之。欲使後代知有發憤者，因集國朝以來類於古詩得若干首，編爲三卷，目爲唐集，爲序以導其志」云云，然則此論乃戡之說，非牧之說。或牧嘗有是語，及爲戡誌墓，乃藉以發之，故擄以爲牧之言歟。

按：文津閣本僅言：「牧嘗稱，『元白歌詩傳播使子父女母交口誨滛，恨吾無位，不得以法繩之。』其持論甚峻。」文淵閣本詳引杜牧論元、白詩之語，又言此語非杜牧之說，辨證詳實。

騎省集

文淵閣本：晁公武《讀書志》、陳振孫《書錄解題》並載鉉集三十卷，與

今本同。陳氏稱其前二十卷仕南唐時作，後十卷皆歸宋後作。今勘集中所載年月事蹟，亦皆相符，蓋有舊本也。

文津閣本：集三十卷，前二十卷仕南唐時作，後十卷皆歸宋後作。

按：文津閣本僅云《騎省集》凡三十卷，前二十卷爲仕南唐時作，後十卷爲入宋後作，並未言此說源自何處。文淵閣本對此做以說明：三十卷者，乃晁公武、陳振孫書所載，今本亦同；至於其作品分期之說源自陳氏。館臣據《騎省集》中的記載，與陳氏所言相合，推測其有舊本。文淵閣本考證詳細，論述有理，遠勝文津閣本。

文淵閣本：鉉精於小學，所校許愼《說文》，至今爲六書矩矱。而文章淹雅，亦冠一時。《讀書志》稱其文思敏速，凡有撰述，常不喜豫作。有欲從其求文者，必戒臨事即來請，往往執筆立就，未嘗沉思。常曰：「文速則意思敏壯，緩則體勢疎慢。」故其詩流易有餘而深警不足。然如《臨漢隱居詩話》所稱《喜李少保卜隣》詩「井泉分地脈，砧杵共秋聲」之句，亦未嘗不具有思致。蓋其才高而學博，故振筆而成，時出名雋也。當五季之末，古文未興，故其文沿溯燕、許，不能嗣韓、柳之音。而就一時體格言之，則亦迴然孤秀。

文津閣本：鉉博學多藝，詩以才調勝，文有六朝、初唐之體。五季之末，古文未行，以當時文格而言，亦巋然一巨手也。

按：文津閣本將徐鉉的詩才、學問、文學地位等一筆帶過，沒有過多說明，文淵閣本詳談他的治學、文章、才氣、詩歌特點等，並有舉例論證。他的學術特長以小學爲精，所校《說文解字》爲六書法度。其文章高雅，名極一時，而《讀書志》責其文即興而作，沒有深度。館臣不同意晁公武的看法，並舉《喜李少保卜隣》詩爲其辯駁，且讚其才高學博，揮筆而就，實屬俊才之所爲。其文章格調未能及韓、柳之變，然亦爲一枝獨秀。文淵閣本對徐鉉的文章給予很高的肯定，文津閣本只是簡單的陳述，沒有例證，沒有辯駁，不能讓我們形象地瞭解到徐鉉文章的概貌。文津閣本最後一句和文淵閣本最後兩句的頭尾一致。《進呈存目》和文津閣本完全一致，說明文津閣本是根據《進呈存目》抄寫的，文淵閣本也是在《進呈存目》的基礎上修改的。因此，提要寫成後，並不是一成不變的，而是在不斷地改動完善。

文淵閣本：翟耆年《籀史》曰：「太平興國中，李煜薨，詔侍臣撰神道碑。

有欲中傷鉉者，奏曰：『吳王事莫若徐鉉爲詳』，遂詔鉉撰。鉉請存故主之義，太宗許之。鉉但推言歷數有盡、天命有歸而已。其警句曰：『東隣搆禍，南箕扇疑。投杼致慈親之惑，乞火無隣婦之詞。始勞因壘之師，終後塗山之會』。太宗覽之，稱歎不已」云云。後呂祖謙編《文鑑》多不取儷偶之詞，而特錄此碑，蓋亦賞其立言有體。以視楊維楨作《明鼓吹曲》，反顏而詆故主者，其心術相去遠矣。然則鉉之見重於世，又不徒以詞章也。

　　文津閣本：李煜之歿，太宗詔鉉爲銘墓。鉉請得伸故主之誼，其文措詞有體，尤爲世所稱誦云。

　　按：文淵閣本徵引《籀史》所載徐鉉作故主李煜神道碑之事，說明其耿直忠君，爲文立言有體。《宋史》徐鉉本傳載，南唐亡國後，鉉隨李煜入覲宋太祖，太祖責之聲厲。鉉對曰：「臣爲江南大臣，國亡，罪當死不當問其他！」太祖歎曰：「忠臣也！事我當如李氏！」知其存故主之誼非爲保命，乃眞性情也！呂祖謙亦爲其忠君之情所動，《文鑑》僅錄此碑。與楊維楨詆毀故主之文相比，徐鉉心術正直，不僅文章爲人所重，人品亦顯赫於世。文淵閣本有敘有評，有正面論證有反面論證，論證方式多樣，頗具說服力。而文津閣本平白如話，沒有例證、沒有論述，且側重於其文章措辭有體，未云其人品。《進呈存目》與文津閣本一致，蓋其爲提要初稿，文淵閣本提要寫成後經過幾番修改方成定稿，而文津閣本未回改。此提要文淵閣本、文津閣本幾乎沒有相同之處，不同之處主要表現在例證、徵引文獻原文以及評述論斷，文淵閣本較文津閣本血肉豐滿，有理有據。《總目》與文淵閣本內容相同，而《進呈存目》、文溯閣本、《薈要》與文津閣本相同。

笠澤叢書

　　文淵閣本：王士禎《漁洋文略》有此書跋，謂得都穆重刊蜀本……

　　文津閣本：又王士禎跋，謂得都穆重刊蜀本……

　　按：文淵閣本明確指出王士禎的《漁洋文略》提到《笠澤叢書》的版本，文津閣本籠統而說，不似文淵閣本具體。

　　文淵閣本：龜蒙有《耒耜經》，已著錄。此集爲龜蒙自編，以其叢胅細碎，故名叢書。

　　文津閣本：龜蒙有詩集別行，此書所載雜著爲多，以其叢胅細碎，故名叢書。

　　按：文淵閣本提及《耒耜經》，文津閣本無。《耒耜經》收在《總目》卷

一百二農家類存目中，沒有抄錄在《四庫全書》中，所以文淵閣本提要可以說「龜蒙有《耒耜經》，已著錄」，而文津閣本不可以這麼說。文津閣本所說「詩集」當指《甫里集》，文淵閣本有著錄。

甫里集

文淵閣本：嚴氏所錄蓋據集本。宿集載《永樂大典》中，意成化中尚未佚也。

文津閣本：嚴氏所錄乃有全文，意成化中宿集尚未佚也。

按：二者大體相同，意為宿集於成化中尚未亡佚。然文淵閣本指明判斷的理由為「宿集載《永樂大典》中」，據有根柢。文溯閣本、《總目》同文津閣本。

玄英集

文淵閣本：此本為……祇分八卷，詩三百七篇，卷目俱非其舊。

按：提要前文有「贊序稱，干甥楊弇泊門僧居遠，收綴遺詩三百七十餘篇」，據此，文淵閣本於「七」後脫一「十」字。文津閣本於「八卷」後只作「已非其舊」，因提要前文已指明此本是對遺詩三百七十餘首的重刊，故此處不言「詩三百七十篇」，亦不為過。《總目》同文淵閣本，文溯閣本同文津閣本。

黃御史集

文淵閣本：王審知據有全閩而終守臣節，滔匡正之力為多。《五代史》稱審知好禮下士，王淡、楊沂、徐寅，唐時知多士多依之，獨不及滔。《五代史》多漏略，不足據也。又集中有《祭南海南平王文》，稱「崔員外昨持禮幣，嘗詣門牆，爰蒙執手之懽，宏敘親仁之旨」云云，乃為王審知祭劉隱而作。按隱自大彭王進封南平王，再進封南海王，據《五代會要》，南海之封在隱卒後一月，故此文尚稱南平王。說者或以高季興亦稱南平，又不知此文為代審知所作，遂謂滔嘗應高氏之聘，亦考之未審矣。

文津閣本：王審知據有全閩終守臣節，皆滔規諷之力為多。其稱御史，蓋幕僚所攝官也。

按：文淵閣本「唐時知多士多依之」，前「多」為「名」字之訛，《總目》即作「名士」。文津閣本簡言王審知守臣節黃滔功不可沒，御史之名為幕府攝官所得。而文淵閣本大費筆墨談及王審知，與黃滔關係不大。《總目》同文淵閣本，文溯閣本同文津閣本。

浣花集

文淵閣本：此本十卷，乃毛晉汲古閣所刻，爲莊弟藹所編，前有藹序。

按：此爲對《浣花集》版本介紹，文津閣本未言編者及序，缺少必要的著錄項。文淵閣本有。

廣成集

文淵閣本：又其在唐末時，所爲王建作醮詞有稱「川主相公」者，有稱「司徒」者，有稱「蜀王」者，有稱「太師」者，考之於史，建以西川節度、同平章事守司徒、封蜀王，一一皆合，而獨失載其太師之號。又有稱「漢州尚書王宗夔」、「鎮江侍中王宗黯」者，二人皆王建養子，《十國春秋》具詳其官，而獨不紀其嘗爲漢州刺史、鎮江軍節度使。又有《越國夫人爲都統宗侃還願詞》，稱「俯迫孤城，遽淹旬月。俄聞壁壘，大破兇狂，成掃蕩之功，副聖明之獎」云云，而史載王宗侃爲北路行營都統，伐岐青泥嶺之戰，侃兵大敗，爲蜀主所責，無功而還，與所言亦全不相合。

按：此爲據杜光庭詩文、醮詞等考證其官銜、從軍事蹟等，有與史相合者，亦有不合者，文津閣本無。

咸平集

文淵閣本：錫有《奏議》，已著錄。考《奏議》乃明安磐所輯，其文已全載此集中，然《宋史·藝文志》載錫奏議二卷，《文獻通考》載錫《咸平集》五十卷，此本載奏議一卷……制、考詞三卷，以奏議與詩文集合爲一編，僅三十卷，則亦後人重輯之本，非其舊也。

文津閣本：是集載奏議一卷……制誥、考詞三卷，凡三十卷。《通考》載錫集五十卷，疑此或非完書，然亦足見錫之縣矣。

按：文津閣本「制誥、考詞三卷」於「制」後有「誥」字，文淵閣本脫字。文津閣本無「錫有《奏議》，已著錄。考《奏議》乃明安磐所輯，其文已全載此集中」，亦無《宋史·藝文志》對田錫集的著錄情況。《宋史》卷二百八有「《田錫集》五十卷，又《別集》三卷，《奏議》二卷」，故知《宋史》對其有著錄。文淵閣本指明此本爲後人重輯，非其舊本。文津閣本語義側重講，按《文獻通考》所載五十卷，此集三十卷非完書，但亦可見田錫作品之梗概。

文淵閣本：其奏議亦比之賈誼。爲之操筆者，皆天下偉人，則錫之平生可知也。

文津閣本：其奏議亦比之賈誼，則其爲人可知也。

按：文津閣本無「爲之操筆者，皆天下偉人」，極言田錫爲人深受時人敬重。文淵閣本作「平生」，文津閣本作「爲人」，意同詞殊而已，然文津閣本前句講田錫奏議水準堪比賈誼，後句談其爲人，語義銜接不上，不似文淵閣本順暢完整。

元憲集

文淵閣本：《書錄解題》載是集作四十四卷，與史不合。然《文獻通考》亦作四十四卷，似非訛舛。疑別本以《掖垣叢志》三卷、《尊號錄》一卷編入集中，共成此數。唐宋諸集，往往有兼收雜著例也。《通考》於是集之下又附註曰：「一作《湜中集》二十卷。」其名又異。

文津閣本：《書錄解題》及《文獻通考》俱載是集，《通考》於是集之下又附註曰：「一作《湜中集》。」其名又異。

按：文淵閣本云《書錄解題》與《文獻通考》俱載《元憲集》四十四卷，是。且文淵閣本推測蓋將《掖垣叢志》三卷、《尊號錄》一卷編入集中，成四十四卷，文津閣本未言《書錄解題》與《文獻通考》著錄卷數，更無推測內容。《文獻通考》有云「一作《湜中集》二十卷」，文津閣本無卷數。文溯閣本同文津閣本。

武溪集

文淵閣本：亦多斐然可觀，以方駕歐、梅固爲不足，要於北宋諸人之中，固亦自成一隊也。

文津閣本：亦多卓然可傳。

按：文淵閣本作「斐然可觀」，文津閣本作「卓然可傳」，文津閣本無「以方駕歐、梅……」之評論，不及文淵閣本全面。

文淵閣本：其奏議五卷，別爲一編，今已散佚，故集中闕此體焉。

文津閣本：尚有奏議五卷，今已不傳。

按：文意大同，文淵閣本表述細緻具體，文津閣本簡省。

安陽集

文淵閣本：蓋蘊蓄既深，故直抒胸臆，自然得風雅之遺，固不徒以風雲月露爲工矣。《名臣言行錄》載司馬光辭樞副時，琦有書與文彥博。《東萊詩話》載是時亦有二書與光，吳師道《禮部詩話》載……

文津閣本：蓋蘊蓄既深，立志所在，自然流露，固不徒以風雲月露爲工矣。又案吳師道《禮部詩話》載……

按：文淵閣本云其詩歌直抒胸臆，蘊藉深遠，文津閣本與之無異，然文津閣本未言《名臣言行錄》與《東萊詩話》所載其書文。

華陽集

文淵閣本：集本一百卷，諸家著錄皆同，自明以來久已湮沒，僅《宋文鑑》《文翰類選》等書略載數篇。今從《永樂大典》各韻中裒掇排比，所存詩文尚夥，而內外制草爲尤備。其生平高文典冊，大約已罕所遺佚。謹依類編次，釐爲六十卷。其遺聞逸事與後人評論之語，見於他書者，亦詳加蒐輯，別爲《附錄》十卷，系之集末，用資考核。

文津閣本：原集本一百卷，陳振孫《書錄解題》、《宋史·藝文志》著錄皆同，然自明以來久已湮沒。《宋文鑑》《文翰類選》等書僅載其文數首。今從《永樂大典》各韻中裒綴排比，所存詩文尚多。

按：文淵閣本僅云「諸家著錄皆同」，文津閣本指明《書錄解題》《宋史·藝文志》的著錄相同。檢諸家著錄：《宋史》卷二百八：「《王珪集》一百卷。」《通志》卷七十：「王岐公《華陽集》一百卷。」《蜀中廣記》卷九十八云：「《華陽集》一百卷，《岐公宮詞》一卷。」《文獻通考》卷二百三十五有：「《華陽集》一百卷。」《郡齋讀書志》卷五下：「王岐公《華陽集》一百卷。」《直齋書錄解題》卷十七：「《華陽集》一百卷。」據此，關於《華陽集》的著錄情況，不僅只有《書錄解題》《宋史·藝文志》記載，各家皆有著錄且一致，故文津閣本有遺漏。

又按：文津閣本無「而內外制草爲尤……用資考核。」而文淵閣本交代了《華陽集》的遺佚、整理、重編、附錄情況，較文津閣本詳實，可資參考。

盱江集

文淵閣本：此本不載，則或久佚不傳，未必贊所刊除也。

文津閣本：今佚不傳。

按：文淵閣本講明未收錄的原因不是贊所刊除了，而是散佚不傳，文津閣本僅云：「今佚不傳。」未明言原因。《總目》同文淵閣本。

（二）文淵閣本簡

揚子雲集

文淵閣本：且《古文苑》載《司空》等四箴，明注崔子玉瑗之名，則《藝文類聚》諸書或屬誤引，未可遽定爲雄作也。

按：文津閣本、文溯閣本、《總目》於「明注崔駰、崔瑗之名」後有「葉大慶《考古質疑》又摘《初學記》所載《潤州箴》中，乃有『六代都興』之語」。文淵閣本明顯語義銜接不上，漏抄甚矣。

徐孝穆全集

文津閣本：《隋書‧經籍志》載陵集本三十卷，自唐以後，久佚不傳。

按：文淵閣本、《總目》無「自唐以後」四字，文溯閣本、《薈要》與文津閣本同。文津閣本指出徐陵集亡佚的大致時間，較文淵閣本與《總目》更爲妥當。

文淵閣本：此本乃後人從《藝文類聚》《文苑英華》諸書內採掇而成。

文津閣本：此乃後人從《藝文類聚》《文苑英華》諸書內採掇而成，非其原本。

按：文津閣本、文溯閣本、《薈要》多「非其原本」，更顯準確通暢。《總目》與文淵閣本一致。

翰苑集

文淵閣本：《全唐詩》所錄，僅存試帖詩三首及《語林》所載逸句。

按：文津閣本於其後有「說者或以亡失不完爲恨」，表達對陸贄詩文亡失的遺憾之情。文溯閣本同文津閣本。

長江集

文淵閣本：當是楚鎮河中之時，絢未嘗爲是官……

按：文津閣本「絢」前有「若」字，此句後亦有「島安得有是語乎」句，與文淵閣本語氣完全不同。文津閣本以假設的句式與反問的語氣，質疑賈島《送令狐絢》詩，文淵閣本僅表達陳述，未明確態度。《總目》同文津閣本。文溯閣本同文淵閣本。

文淵閣本：惟舊本《才調集》「誰有」作「誰爲」

按：文津閣本「爲」下有夾註「案：『爲』字去聲」，區別含義。《總目》同文津閣本。文溯閣本同文淵閣本。

會昌一品集

文淵閣本：……與晁公武《讀書志》所載相合，意即蜀本之舊歟。

文津閣本：……與晁公武《讀書志》所載相合，但標題小異，意即蜀本之舊。較明時袁州所刻僅《會昌一品集》十卷，外集四卷者，尚爲完備。

按：文溯閣本、文津閣本提到《會昌一品集》與晁公武《讀書志》所載之異同，且有明代袁州刻本的卷數、外集，內容完整，比文淵閣本詳備。《總目》同文淵閣本。

禪月集

文淵閣本：其集初曰《西岳集》，皆居荊州時作，吳融序之。貫休沒後，其門人曇域編次歌詩、文贊爲三十卷，自爲後序，題曰《禪月集》。

文津閣本：陶岳《五代史補》稱貫休《西岳集》四十卷，吳融序之，然集末載其門人曇域後序：「編次歌詩、文贊爲三十卷。」則岳亦誤記矣。

按：文津閣本指明陶岳《五代史補》稱《西岳集》四十卷，文淵閣本未言四十卷者最初出自何處。《五代史補》卷一云：「貫休有文集四十卷，吳融爲之序，號《巨岳集》行於世。」「巨」當爲「西」字之訛。文淵閣本僅陳述門人曇域對貫休詩文編次、作後序，題曰《禪月集》，而文津閣本引曇域之後序指出《五代史補》記載之誤。文淵閣本只錄正確之言，文津閣本對錯誤之處亦有所辨證，是爲賅備。文溯閣本同文津閣本。

小畜集

文淵閣本：不愧一時作手。

文津閣本：洵一時作手，正不獨史所稱直躬行道爲足重也。

按：「不愧一時作手」與「洵一時作手正」無異。文津閣本有「正不獨史所稱直躬行道爲足重也」，稱頌王禹偁不僅爲人正直，詩文亦是行家裏手，對其推崇至矣。文溯閣本同文津閣本。

元憲集

文淵閣本：仍可得四十卷，疑當時全部收入也。

文津閣本：仍可得四十卷，因內有青詞樂語，不合文章正體，謹遵旨於刊本中刪削不錄，共存三十五卷。

按：據文津閣本，四十卷者，當爲未刪削之本，而《四庫全書》所錄爲刪掉青詞樂語後的本子，檢文淵閣庫書收三十六卷，文津閣庫書收三十五卷。文淵閣本未作此說明，且提要前文著錄爲四十卷，非是。

宋景文集

文淵閣本：釐卷六十有二，雖未必盡還舊觀⋯⋯

文津閣本：釐卷六十有二，又旁採諸書，纂成《補遺》二卷，並以軼聞餘事各爲考證，附錄於末。雖未必盡還舊觀⋯⋯

按：文津閣本於「釐卷六十有二」後有文「又旁採諸書⋯⋯」，對收錄的《宋景文集》情況作以補充，講明《補遺》、附錄，較完整。檢文淵閣庫書，只有六十二卷，無《補遺》；檢文津閣庫書，確收六十二卷，又有《補遺》卷上、卷下，《附錄》一卷。《總目》《簡明目錄》《四庫全書補遺》作「六十二卷，補遺二卷，附錄二卷」，著錄最全面。此書二閣提要著錄與庫書收錄皆不一致。

孫明復小集

文淵閣本：此本出自泰安趙國麟家，僅文十九篇、詩三首。

文津閣本：此本出自泰安趙國麟家，蓋從《宋文鑑》及《宋文選》諸書鈔撮而成，非其本書。然復集久佚，得此猶見其梗概。

按：文津閣本於上文已交代有文十九篇，詩三首，故此處不再重複。文津閣本亦有「蓋從《宋文鑑》⋯⋯見其梗概」，交代了此本採自《宋文鑑》及《宋文選》諸書，可見其集梗概，較文淵閣本具體。

華陽集

文淵閣本：至其中有青詞、密詞、道場文、齋文、樂語之類，雖屬當時沿用之體，而究非文章正軌，不可爲訓。今以原集所有，姑附存之，而刊本則槪加刪削焉。

文津閣本：其中青詞、密詞、默詞、醮詞、齋文、道場文、功德疏及教坊致語之類，均非文章正軌，謹槀承聖訓槪加刪削重編爲四十卷，用聚珍版摹印以廣其傳焉。

按：文淵閣本無「默詞、醮詞」「功德疏及教坊致語」文體，文津閣本無「樂語」，檢《華陽集》庫書，此類文體皆有收錄，故二者均有疏漏。文津閣本指明槀承聖訓重編爲四十卷，且用聚珍版摹印，文淵閣本無此說明，顯然較文淵閣本詳細。

西溪集

文淵閣本：非原集之舊也。

文津閣本：非原集之舊，亦足見其校刊之不苟也。

按：文津閣本多「亦足見其校刊之不苟」，對校刊者一絲不苟的精神予以稱頌，文淵閣本無此評價。《總目》、文溯閣本同文津閣本。

祖英集

文淵閣本：落髮後至靈隱翠峰。

文津閣本：落髮受具北遊，至復州從祚禪師得法度，後至靈隱翠峰。

按：文淵閣本僅簡略說明釋重顯落髮後事蹟，文津閣本講其落髮後北遊得法度，故文津閣本稍詳。

文淵閣本：「啼狨衝寒影，歸鴻見斷行」，皆綽有九僧遺意。七言絕句如《自貽》、《送僧喜禪人回山》諸篇，亦皆風致清婉，琅然可誦，固非概作禪家酸餡語也。

文津閣本：「啼狨衝寒影，歸鴻見斷行。」七言如《自貽》云：「圖畫當年愛洞庭，波心七十二峰青。如今高臥思前事，添得盧公倚石屏。」《送僧》云：「孤雲徒自類行蹤，高指金華思不窮。日暮輕帆映秋水，沙禽啼斷一江風。」《喜禪人回山》云：「別我遊方意未論，缾盂還喜到雲根。舊巖房有安禪石，再折松枝拂蘚痕。」此類皆風致清婉，琅然可誦，固非概作禪和語者，故錄而存之，以備方外之一家焉。

按：文淵閣本僅對釋重顯的五言絕句舉例，七言僅提及詩名《自貽》與《送僧喜禪人回山》，未引原詩，與五言不對應，於體例不符。文津閣本合乎體例，對五言、七言皆有舉例，能夠看到釋重顯詩的風貌，對其清婉可誦的風格有形象的認識。

又按：對於釋重顯詩的評價，二者相同，然文津閣本對收錄此集緣由作以說明，「以備方外之一家」，文淵閣本未有。

第六節　評述論斷的差異

評述論斷的差異指對同一問題的評判，二閣本提要有不同之處，主要表現爲：一、相比他本提要缺少或沒有評斷論述類的語言，亦以文津閣本爲甚，體現在如下幾個方面：沒有徵引文獻，沒有論證過程，對於作品的優缺點、特色沒有進行說明。二、評價的高度不同，一者評價很高，一者相對一般。三、評價的角度、側重點不同。四、評價的態度不同。

一、文津閣本無

曹子建集

文淵閣本：凡賦四十四篇，詩七十四篇，雜文九十二篇，合計之得二百十篇。較《魏志》所錄百餘篇者，其數轉溢。然殘篇斷句錯出其間，如《鷂雀》《蝙蝠》二賦，均採自《藝文類聚》中。《藝文類聚》之例，皆標某人某文曰云云。編是集者遂以「曰」字為正文，連於賦之首句，殊為失考。又《七哀詩》晉人採以入樂，增減其詞，以就音律，見《宋書・樂志》中。此不載其本詞，而載其入樂之，本亦為舛謬。《棄婦》篇見《玉臺新詠》，亦見《太平御覽》，《鏡銘》八字，顛倒，皆叶韻成文，實為迴文之祖，見《藝文類聚》，皆棄不載。

按：此為對《曹子建集》詳細的介紹，含體裁、篇數、體例、評價等，而文津閣本無此段，文溯閣本亦無，《總目》與文淵閣本同。

文淵閣本：至於王宋妻詩，《藝文類聚》作魏文帝詩，邢凱《坦齋通編》據舊本《新詠》作植詩，今本《玉臺新詠》又作王宋自賦之詩，即眾說異同，亦宜附載以備參考。

按：此為文淵閣本對待存疑詩的態度。對於王宋妻的詩，《藝文類聚》《坦齋通編》《玉臺新詠》認為非其所作，且各自看法不一。館臣認為是王宋妻之詩，故應附載於此，以備參考。文津閣本、文溯閣本亦無。《總目》與文淵閣本同。

徐孝穆全集

文淵閣本：而兆宜所箋，略不言及，蓋主於捃拾字句，不甚考訂史傳也。然箋釋詞藻，亦頗足備稽考，故至今與所箋庾集並傳焉。

按：此為對吳兆宜箋注的評論，館臣認為其所箋只注重收集字句，在史實考訂方面有欠缺，然亦有一定的參考價值，故與其所箋庾信集並傳，文津閣本無。《總目》與文淵閣本同。《薈要》與文津閣本完全相同。

盧昇之集

文淵閣本：史又稱王、楊、盧、駱以文章齊名，楊炯嘗謂「愧在盧前，恥居王後」，張說則曰：「盈川文如懸河，酌之不竭，優於盧而不減王。恥居後，信然。愧在前，謙也。」今觀照鄰之文，似不及王、楊、駱三家之宏放，疑說之論為然。然所傳篇什獨少，未可以一斑概全豹。杜甫均以「江河

「萬古」許之，似難執殘編斷簡以強定低昂。況張鷟《朝野僉載》亦記是語，而作「照鄰謂喜居王後，恥在駱前」，文人品目，多一時興到之言，尤未可據爲定論也。

按：此引楊炯、張說、杜甫、張鷟之說，論盧照鄰的文學地位，認爲其文無其他三傑之宏放，但也留有餘地，因其文所傳甚少，不可妄下定論。至於杜甫的高度贊許，館臣持保留態度，未對杜說予以評論。然徵引張鷟之說，認爲張可能只是興到之言，不可俱信，暗含盧照鄰之文不及其他三傑之意。文津閣本無此評述。文溯閣本、《總目》、《薈要》皆與文淵閣本同。

李北海集

文淵閣本：且克莊與眞德秀遊，德秀《西山集》中，琳宮梵刹之文，不可枚舉，克壯曾無一詞，而獨刻責於邕。是尤門戶之見，不足服邕之心矣。

按：「克壯」爲「克莊」之誤。提要前文提到劉克莊《後村詩話》譏諷李邕爲葉法善祖做碑文。文淵閣本又以劉氏對眞德秀作琳宮梵刹之文不置一詞爲據，說明劉克莊對李邕的刻責實屬門戶之見，非公論。文津閣本前文亦說唐時名人爲緇黃秉筆，甚爲常見，然未有此論述，不若文淵閣本論證有據。《總目》與文淵閣本同。

文淵閣本：然考彭叔夏《文苑英華辨證》曰：「賀赦表六首，《類表》以爲李吉甫作，而《文苑》以爲李邕。案邕天寶初卒，而六表乃在代宗、憲宗時，況《文苑》於三百五十九卷重出一表，題曰李吉甫，又第二表末云：『謹遣衙前虞侯王國清奉表陳賀以聞』，正與吉甫《郴州謝上表》末語同，則非邕作也」云云，是宋人已經考正，編是集者用其說而諱所自來，亦可謂攘人之善矣。

按：此爲館臣徵引宋代彭叔夏《文苑英華辨證》對賀赦表六首作者的辨證，認爲其確非李邕之作。而《北海集》的編者剽竊此說，卻對彭叔夏之考證諱莫如深，是爲學術不端。文津閣本無此論述。提要前文有「謂考其事在代宗、德宗、憲宗時」，疑此段脫「德宗」二字，《總目》云：「而六表乃在代宗、德宗、憲宗時。」故文淵閣本確脫字。

補注杜詩

文淵閣本：其間牴牾不合者，如《贈李白》一首，鶴以爲開元二十四年遊齊、趙時作，不知甫與白初未相見，至天寶三四載白自供奉被放後，始相遇於東都觀，甫寄白二十韻詩所云「乞歸優詔許，遇我宿心親」者是其確證。

鶴説殊誤。又《鄭駙馬宅宴洞中》一首，鶴謂與《重題鄭氏東亭詩》皆在河南新安縣作，不知《長安志》有「蓮花洞，在神禾原鄭駙馬之居」，即詩所云洞中，並不在新安，不可與東亭混而爲一。又《高都護驄馬行》，鶴以爲天寶七載作，考高仙芝平小勃律後，以天寶八載方入朝，詩中有「飄飄遠自流沙至」語，則當在八載而非七載。又《遣興》詩「赫赫蕭京兆」句，鶴以京兆爲蕭至忠，不知至忠未嘗官京兆尹，詩中所指當是蕭炅。又《喜雨》一首，鶴謂永泰元年所作，考詩末甫自註「浙右多盜賊」語，正指寶應元年袁晁之亂，詩當作於是年。時甫方在梓閬間，故有巴人之句，鶴説非是。似此者尚數十條，皆爲疏於考核。又題與詩皆無明文，不可考其年月者，亦牽合其一字一句，強爲編排，殊傷穿鑿。然其考據精核者，後來註杜諸家亦往往援以爲證，故無不攻駁其書而終不能廢棄其書焉。

文津閣本：其間牴牾穿鑿時或有之，然其考據精核者，後來註杜諸家亦往往援以爲證，故無不攻駁其書而終不能廢棄其書焉。

按：文淵閣本論述黃希原、黃鶴父子的注本存在的問題：其一，疏於考證，如《贈李白》《高都護驄馬行》《喜雨》時間有誤，《鄭駙馬宅宴洞中》地點有誤，《遣興》人名有誤，館臣對其一一考辨，正本清源；其二，牽強穿鑿，對不明其年月地點者，亦強爲編排。文津閣本將「如《贈李白》一首……強爲編排，殊傷穿鑿」等略爲「牴牾穿鑿時或有之」語，文氣尚通，然無五例證。文淵閣本對黃氏注本的缺陷論述頗詳，實爲治學之參考，文津閣本更傾向於對其長處的贊許。《總目》與文淵閣本同。

杜詩詳注

文淵閣本：然援據繁富，而無千家諸註偽撰故實之陋習，核其大局，可資考證者爲多，如《諸將詩》第一首「早時金盌出人間」句，注家引漢武故事，茂陵玉盌則與金盌不符，或引《搜神記》盧充金盌，則與漢朝陵墓不相應，兆鼇獨引唐至德中，戴叔倫詩有「漢陵帝子黃金盌，晉代仙人白玉棺」句，謂其事必出舊史，但古籍散佚今不可見。如斯之類，亦往往爲舊注所不及也。

按：《杜詩詳注》援引繁複、尊重事實的治學精神爲他注所不及，是其特有的貢獻。文淵閣本舉《諸將詩》一首，說明《杜詩詳注》考證「金盌」「玉盌」之事，指明其考證頗多，有所根柢，對其褒揚有加。文津閣本無此例證，論述單薄，不及文淵閣本有說服力。文溯閣本、《總目》亦無。

常建詩

文淵閣本：其詩自殷璠所稱外，歐陽修《題青州山齋》又極賞其「曲徑通幽處，禪房花木深」之句，稱欲效其語，久不可得案修集本作「竹徑過幽處」，蓋一時誤記，姚寬《西溪叢語》已辨之。今據建集改正，附識於此。然全集之中，卓然與王、孟抗行者，殆十之六七，不但二人所稱也。

按：文津閣本僅錄殷璠對常建詩歌的稱讚，而無歐陽修之例證。文淵閣本云常建詩與王昌齡、孟浩然詩能分庭抗禮者十有六、七，對其肯定態度強於文津閣本。文淵閣本特意加按語說明歐陽修誤記，館臣隨文勘誤，治學精神嚴謹，此亦爲文津閣本所無。

文淵閣本：洪邁《萬首絕句》別載建《吳故宮》一首，此集不載，語亦不類。邁所編舛誤至多，不盡足據，今亦不復增入焉。

按：文淵閣本提到洪邁所記常建詩《吳故宮》一首，認爲其語不似常建詩，對此詩作者持懷疑態度，故不錄。文溯閣本、文津閣本無此評述。可見文淵閣本搜羅廣泛，撰寫之詳實，爲他本所不及。《總目》與文淵閣本同。

劉隨州集

文淵閣本：長卿詩號五言長城，大抵研鍊深穩，而自有高秀之韻。其文工於造語，亦如其詩，故於盛唐、中唐之間，號爲名手。但才地稍弱，是其一短。高仲武《中興間氣集》病其「十首以後，語意略同」，可謂識微之論。王士禎《論詩絕句》乃云：「不解雌黃高仲武，長城何意貶文房。」非篤論也。

按：此言劉長卿詩文的優缺點，其優點：詩「研鍊深穩」，文「工於造語」；其缺點，缺乏才氣，千篇一律，未有創新。後徵引高仲武詩句，肯定高氏對長卿詩文缺乏變化的評價，不贊同王士禎之論。文淵閣本的評價，優劣得當中肯，然側重對其缺陷的論述，而文津閣本無此段，沒有明確態度。文溯閣本、《總目》與文淵閣本同。

毗陵集

文淵閣本：《唐實錄》稱韓愈學獨孤及之文，當必有據案：此據晁氏《讀書志》所引。特風氣初開，明而未融耳。士禎於篳路藍縷之初，責以制禮作樂之事，是未尚論其世也。

按：文津閣本無此段。此引《唐實錄》所載韓愈學獨孤及文章之事，以譽獨孤及文之高妙。館臣認爲，獨孤及之時，古文初起，尚未昌盛，爲文必

然有不足。王士禎未考慮當時風氣，責獨孤氏制禮作樂，實非公正。此可見館臣對新興思潮的寬容態度，難能可貴。館臣有按語特注明，其引文亦據晁公武《郡齋讀書志》所引，亦見其治學嚴謹，不攘他人之善。文淵閣本之治學精神、對新學的態度實非文津閣本所能及。文溯閣本同文津閣本。

東皋子集

文淵閣本：其《醉鄉記》爲蘇軾所稱，然他文亦疏野有致。其詩惟《野望》一首爲世傳誦，然如《石竹詠》，意境高古；《薛記室收過莊見尋詩》二十四韻，氣格遒健，皆能滌初唐俳偶板滯之習，置之開元、天寶間，弗能別也。

按：此爲介紹王績詩文特色。文以《醉鄉記》爲蘇軾所稱，疏野有致；詩以《野望》《石竹詠》《薛記室收過莊見尋詩》爲例，詩風意境高遠，氣勢遒健，給初唐呆板排偶之風注入一股清新之氣。文津閣本、文溯閣本無此段。《總目》與文淵閣本同。

王子安集

文淵閣本：勃文爲四傑之冠，儒者頗病其浮艷。案：段成式《酉陽雜俎》曰：「張燕公嘗讀勃《夫子學堂碑頌》『帝車南指，遁七曜於中階；華蓋西臨，高五雲於太甲』四句，悉不解，訪之一公。案：一公謂僧一行也。一公言北斗建午，七曜在南方，有是之祥，無位聖人當出。華蓋以下，卒不可悉。」洪邁《容齋隨筆》亦曰：「王勃等四子之文，皆精切有本原。其用駢儷作記序碑，碣蓋一時體格如此，而後來頗議之。杜詩云：『王楊盧駱當時體，輕薄爲文哂未休。爾曹身與名俱滅，不廢江河萬古流』，正謂此耳。身名俱滅以責輕薄子，江河萬古指四子也。」韓公《滕王閣記》云：「江南多游觀之美，而滕王閣獨爲第一，及得三王爲序、賦、記等，壯其文詞。」註謂王勃作《游閣序》，又云中丞命爲記，竊喜載名其上，詞列三王之次，有榮耀焉。則韓之所以推勃，亦爲不淺矣。夫一行、段成式博洽冠絕古今，杜甫、韓愈詩文亦冠絕古今，而其推勃如是，枵腹白戰之徒，掇拾語錄之糟粕，乃沾沾焉而動其喙，殆所謂蚍蜉撼樹者歟！今錄勃集，併錄成式及邁之所記，庶耳食者無輕詆焉。

按：此段爲徵引段成式《酉陽雜俎》、洪邁《容齋隨筆》、杜甫《戲爲六絕句》、韓愈《滕王閣記》等冠絕古今之文對王勃詩文給予高度推崇，認爲其地位不容置疑，並嚴厲斥責詆毀王勃詩文之人，他們的行爲如蚍蜉撼大

樹，爲無用之功。提要撰寫者特意強調此摘抄原文之舉，爲駁斥枵腹白戰之徒，尤見王勃詩文享譽勝遠。文津閣本、文溯閣本無此段，《總目》與文淵閣本同。

又按：《進呈存目》作：「勃文爲四傑之冠，以當時爲裴行儉所譏，後代遂以爲口實。然行儉但論其器識，非論其文藝。杜甫嘗比以『江河萬古』，又比以『龍文虎脊』『歷塊過都』，韓愈作《滕王閣記》，亦稱『得三王所爲序、賦、記等，壯其文詞』，又稱『竊喜載名其上，詞列三王之次，有榮耀焉』。杜詩、韓筆皆弁冕有唐，而其持論如是，則耳食者亦可以息喙矣。」由此可以看到，文淵閣本提要是在《進呈存目》的基礎上改進完善而成，去除了《進呈存目》中對王勃詩文直觀敘述部分，增加了高度評價，態度明朗，語氣亦顯強烈。我們由此可以知道：提要的撰寫是一個不斷修改完善的過程。

盈川集

文淵閣本：《舊唐書》本傳最稱其《盂蘭盆賦》，然炯之麗製，不止此篇，劉昫殆以爲奏御之作，故特加紀錄歟。傳又傳其《駁太常博士蘇知幾冕服議》一篇，引援經義，排斥游談，炯文之最有根柢者。知其詞章瑰麗，由於貫穿典籍，不止涉獵浮華。而《新唐書》本傳刪之不載，蓋猶本紀不載詔令之意，是宋祁之偏見，非定評也。

按：「傳又傳其《駁太常博士蘇知幾冕服議》一篇」，第二個「傳」字《總目》作「載」，據文意亦當爲「載」字。此徵引《舊唐書》，極言楊炯文章宏篇麗製，令劉昫特加記錄。而其《駁太常博士蘇知幾冕服議》更是不涉浮華，引經據典，最有根柢。《新唐書》不載，蓋由宋祁本紀不載詔令之見，然在館臣看來是偏見，不足爲定論。可見館臣對於楊炯的詔令之文亦持論頗高，爲文津閣本所無。

文淵閣本：又新、舊《唐書》並稱炯爲政嚴酷，則非循吏可概見。童佩序稱：「盈川廢縣在濲水北，其地隸龍邱，去郡四十餘里，今址歸然獨存。炯令盈川，無何卒，縣尋罷，氏屍其地，至今春秋不輟。是則因其文藝而吏粉飾其治績，亦非公論矣。」

按：「氏尸其地」當爲「民尸祝其地」，「氏」爲「民」之形誤，脫「祝」字。館臣借新、舊《唐書》稱楊炯爲政殘酷，引童佩序說明楊炯爲官不顧當地祭祀習俗，治績不容粉飾，對其有明顯貶義。文津閣本無。

翰苑集

文淵閣本：宋祁作贊傳贊，稱其論諫數十百篇，譏陳時病，皆本仁義，炳炳如丹青，而惜德宗之不能盡用。故《新唐書》例不錄排偶之作，獨取贊文十餘篇以爲後世法。司馬光作《資治通鑑》，尤重贄議論，採奏疏三十九篇。其後蘇軾亦乞以贊文校正進讀。

按：此爲舉例論述陸贄議論奏疏尤爲後世所重：宋祁爲其作贊，褒其譏陳時病，《新唐書》以其文爲後世法，司馬光採其奏疏三十九篇入《資治通鑑》，蘇軾亦以其文校正進讀。文津閣本無。

皇甫持正集

文淵閣本：鄭玉《師山遺文》有《與洪君實書》曰：「所假《皇甫集》，連日細看，大抵不愜人意。其言語敘次，却是著力鋪排，往往反傷工巧，終無自然氣象。其記文中又多叶韻語，殊非大家類」云云，蓋講學之家不甚解文章體例，持論往往如斯，不足據也。

按：鄭玉不解文章體例，批評皇甫湜爲文鋪排雕琢，多叶韻語，非大家，館臣認爲鄭玉之論不足爲據，肯定皇甫湜的文學作品。文津閣本無。《總目》同文淵閣本，文溯閣本同文津閣本。

文淵閣本：游集又有一跋，謂司空圖論詩，有「皇甫祠部文集外所作，亦爲遒逸」之語，疑湜亦有詩集。又謂張文昌集無一篇文，李習之集無一篇詩，皆詩文各爲集之故，其說則不盡然。三人非漠漠無聞之流，果別有詩集、文集，豈有自唐以來都不著錄者乎！

按：陸游懷疑皇甫湜另有詩集，且給出證據，然館臣不贊成這種看法，認爲有別集的話，自唐以來不可能沒有著錄。文津閣本無。《總目》同文淵閣本。文溯閣本同文津閣本。

李文公集

文淵閣本：鄭獬謂其尚質而少工，則貶之太甚矣。

按：文淵閣本批評鄭獬對李翱太過貶低，文津閣本無。

文淵閣本：集不知何人所編，觀其有《與侯高第二書》，而無第一書，知其去取之間，特爲精審。

按：文淵閣本提及編者不詳，且褒揚編者在存留篇目態度上的精審。文津閣本無此評價。《總目》同文淵閣本。文溯閣本同文津閣本。

文淵閣本：陳振孫謂：「集中無詩，獨載《戲贈》一篇，拙甚。」葉適亦謂其不長於詩，故集中無傳。惟《傳燈錄》載其《贈藥山僧》一篇，韓退之《遠遊聯句》記其一聯。振孫所謂有一詩者，蓋蜀本。適所謂不載詩者，蓋即此本。毛晉跋謂「邇來抄本，始附《戲贈》一篇」，蓋未詳考振孫語也。然《傳燈錄》一詩，得於鄭州石刻。劉攽《中山詩話》云：「唐李習之不能詩，鄭州掘石刻，有鄭州刺史李翺詩云云，此別一李翺，非習之。《唐書》習之傳不記爲鄭州，王深甫編習之集，乃收此詩，爲不可曉。」《苕溪漁隱叢話》所論亦同。惟王楙《野客叢書》獨據僧錄敍翺仕履，斷其實嘗知鄭州，諸人未考。考開元寺僧嘗請翺爲鍾銘，翺答以書曰：「翺學聖人之心焉，則不敢遜乎知聖人之道者也。吾之銘是鍾也，吾將明聖人之道焉。則於釋氏無益。吾將順釋氏之教而述焉，則紿乎下之人甚矣，何貴乎吾之先覺也！」觀其書語，豈肯向藥山問道者。此不刻亦如韓愈《大顛三書》，因其素不信佛，而緇徒務欲言其皈依，用彰彼教耳。楙乃以翺嘗爲鄭州信之，是知其一，不知其二也。至《金山志》載翺五言律詩一篇，全勒五代孫魴作，則尤近人所託，不足與辨。宋葉石林《詩話》曰：「人之才力有限。李翺、皇甫湜皆韓退之高弟，而二人獨不傳其詩。不應散亡無一篇存者，計或非其所長，故不作耳。」二人以非所長而不作，賢於世之不能而強爲之者也，斯言允矣。

按：文淵閣本談及此文集的版本及對李翺詩《傳燈錄》的考辨。館臣據陳振孫及葉適所言，推測他們所說分別爲蜀本和此本，一者僅存詩一首，一者無傳。對於《傳燈錄》一詩，諸家看法不一。劉攽認爲李翺未知鄭州，非此李翺所作，王深甫收之不當；胡仔《漁隱叢話》與劉觀點相同。而王楙據李翺仕官履歷推知其確嘗知鄭州，《贈藥山僧》是其作。然館臣認爲，根據李翺回覆開元寺僧的原話，知其不信佛，不會問道於藥山，王楙亦查之不足。文淵閣本又引葉氏原話，說明翺確實不長於作詩，亦不勉強，此爲眞言！文津閣本無版本及辨證。

昌谷集

文淵閣本：《樂府詩集》載有賀《靜女春曙曲》一首、《少年樂》一首，今本皆無之，得非伯思藏本所佚耶？正子又謂外集詞意儇淺，不類賀作，殆出後人摹仿。然正集如《苦篁調》《嘯引》之類，句格略率，亦不類賀作。古人操觚，亦時有利鈍。如杜甫詩之「林熱鳥張口，水渾魚掉頭」，使非刊在本集，誰信爲甫作哉！疑以傳疑可矣。

按：《樂府詩集》有李賀《靜女春曙曲》《少年樂》兩首，今已不傳，館臣懷疑黃伯思藏本已佚。吳正子《昌谷集箋注》疑外集非李賀所作，而館臣認爲正集裏亦有不類李賀作品的，然古人作文時有不盡人意之處。又舉杜甫詩爲證論述，言下之意爲李賀作品並非全爲精品。此爲文淵閣本提要最後部分，文溯閣本、文津閣本無。

白氏長慶集

文淵閣本：至彭叔夏《文苑英華辨證》謂集中《進士策問》第二道，俗本妄有所增。又馮班《才調集評》亦稱每卷首古調、律詩、格詩之目爲重刻改竄，則今所行本已迥非當日之舊矣。

按：此爲徵引彭叔夏《文苑英華辨證》、馮班《才調集評》，說明《白氏長慶集》的俗本有妄增、重刻改竄之短，迥非舊本。文淵閣本舉證評論世行本，文溯閣本、文津閣本無。

黎嶽集

文淵閣本：王士禎稱詩人爲神，未有若頻之顯著者。頻詩自佳耳，其爲神則政事之故，非文章之故固，未可相提並論也。

按：王士禎評價李頻爲神之顯者，館臣認爲文章非政事，不可相提並論，而對其詩的評價態度與王氏一致，皆認爲佳妙。文津閣本無。

李義山詩集

文淵閣本：……而無題諸篇穿鑿尤甚。今考商隱《府罷》詩中有「楚雨含情皆有託」句，則借夫婦以喻君臣，固嘗自道。然《無題》之中，有確有寄託者，「來是空言去絕蹤」之類是也；有戲爲艷體者，「近知名阿侯」之類是也；有實寓狎邪者，「昨夜星辰昨夜風」之類是也；有失去本題者，「萬里風波一葉舟」之類是也；有與《無題》相連，誤合爲一者，「幽人不倦賞」之類是也。其摘首二字爲題，如《碧城》、《錦瑟》諸篇亦同此例，一概以美人香草解之，殊乖本旨。

按：文津閣本於「尤甚」後無。此舉例說明李商隱詩歌「無題諸篇穿鑿尤甚」，說其有艷體、有狎邪、有失題、有誤合者，非無題類的亦有此類毛病，與其本旨相違背。蓋文津閣本認爲此段對李商隱評價有失公允，故刪去例證，簡而概之。《總目》同文淵閣本，文溯閣本同文津閣本。

文藪

文淵閣本：王士禎《池北偶談》嘗摘其中《鹿門隱書》一條，《與元徵君

書》一條，皆「世民」二字句中連用，以爲不避太宗之諱，今考之信然。然後人傳寫古書，往往改易其諱字，安知日休原本非「世」本作「代」，「民」作「人」，而今本易之耶？是固未足爲日休病也。

按：王士禛舉「世民」二字之例談皮日休詩文避諱問題，言其不避李世民之諱。館臣看法不同於王氏，認爲是後人在傳抄過程中回改而致，皮日休原本作「代人」，非「世民」，此不足爲皮氏之病。暗含王氏不加考證，妄下定論之意。文淵閣本甚爲嚴謹。文津閣本無。

笠澤叢書

文淵閣本：龜蒙與皮日休相倡和，見於《松陵集》者，功力悉敵，未易定其甲乙。惟雜文則龜蒙小品爲多，不及日休《文藪》時標偉論。然閒情別致，亦復自成一家，固不妨各擅所長也。

按：此爲對陸龜蒙與皮日休作品的比較評述。《松陵集》中二者唱和之作，功力相匹敵，不分勝負。若論文章，陸氏以小品文居多，皮氏氣象宏大；若論情致，二者各有所長。館臣評價不偏不倚，客觀公正。文津閣本無此比較論述。

詠史詩

文淵閣本：其詩興寄頗淺，格調亦卑。何光遠稱其中陳後主、吳夫差、隋煬帝三首，然在唐人之中木爲傑出。惟其追述興亡，意存勸誡，爲大旨不悖於風人耳。

按：此爲對胡曾詩歌的評論。其寄託不深，格調不高。何光遠所稱頌的三首，在唐詩中也不出色。惟其意旨尚有可取之處。文淵閣本提要對其優缺點一一評述，缺點尤爲突出，暗含其詩不夠傑出之意。文溯閣本、文津閣本未有評述。《總目》同文淵閣本。

文淵閣本：陳振孫《書錄解題》稱其咸通末爲漢南從事，何光遠《鑑戒錄》「判木夬」一條，載高駢鎮蜀，曾爲記室，有草檄論西山八國事，蓋終於幕府也。

按：文淵閣本徵引陳振孫《書錄解題》、何光遠《鑑戒錄》條目推斷胡曾「蓋終於幕府也。」文津閣本無「何光遠《鑑戒錄》……有草檄論西山八國事」，未引何光遠《鑑戒錄》條目，簡而言其終於幕府。《總目》同文淵閣本，文溯閣本同文津閣本。

黃御史集

文淵閣本：其《潁川陳先生集序》稱：「天復元年，甚叨閩相之辟。」考乾寧四年，唐以福州爲威武軍，拜審知節度使，累遷同中書門下平章事，封琅邪王。至梁太祖即位，乃封閩王，仍同中書門下平章事。滔稱閩相而不稱王，則所謂規正審知使守臣節度，是亦一證也。

按：「甚叨閩相之辟」，《總目》「甚」作「某」字。檢《黃御史集》卷八《潁川陳先生集序》，確作「某」字。此爲黃滔自稱，作「甚」無解，提要因形近而誤。「使守臣節度」，《總目》「度」作「者」。據文義，當爲「者」字。

又按：黃滔在《潁川陳先生集序》中自稱閩相而不稱王，館臣對此以史實考辨，證實其當時確應爲閩相，知其「規正審知」，恪守臣節，對其人品予以肯定。文津閣本無。

咸平集

文淵閣本：詩文乃其餘事，然亦具有典型。其氣體光明磊落，如其爲人，固終非�忍者所得彷彿焉。

按：此言田錫詩文非其正事，卻具有代表性，如其爲人之光明磊落。文淵閣本不僅注意到田氏奏議的特色，更對其作品做以全面介紹，完全符合提要撰寫的宗旨，符合目錄學指點門徑的實用精神。文津閣本於此遠遠不及。

南陽集

文淵閣本：其中《揚子三辨》一篇，推重揚雄頗爲過當。然孫復、司馬光亦同此失，蓋壯宋儒者所見如斯，不能獨爲湘責，知其所短則可矣。據方回稱「清獻漕益路時，宋景文序叔靈集，歐陽公跋亦稱之」。

按：此借趙湘推重揚雄而貶宋儒、宋學，借題發揮，又以方回言指明歐陽修對揚亦頗稱頌，可見宋儒毛病相同，不惟趙湘所短。文津閣本無。

文淵閣本：湘著作散佚，僅《文鑑》載其《春夕偶作》詩一首，《剡錄》載其《剡中齋唐郎中所居》詩一首，《方輿勝覽》載其《方廣寺石橋》詩一首，《瀛奎律髓》載其《贈水墨巒上人》《贈張處士》詩二首，《文翰類選》載其《秋夜集李式西齋》詩一首，《雲門集》載其《別耶溪諸叔》詩一首，《爛柯山志》載其《遊爛柯山》詩一首，餘悉不傳。併《南陽集》之名，知者亦罕。

按：文津閣本於「湘著作散佚」，下接「不傳」，無《文鑑》《剡錄》《方
輿勝覽》《瀛奎律髓》《文翰類選》《雲門集》《爛柯山志》等對其詩歌的載錄。
這些爲趙湘流傳下來的詩歌，合集爲《南陽集》。文溯閣本同文淵閣本。

春卿遺稿

文淵閣本：案胡宿《文恭集》有堂神道碑，稱堂以皇祐六年卒，贈吏部
侍郎。此集題曰《春卿》，仍舉其致仕之官，所未詳也。碑稱其有高情，富清
藻，多所綴述，尤邃於詩，其間所得，往往清絕。善作尺牘，思致簡詣，時人
得之，藏爲名筆。及退居林下，神機日旺，雖飲食寢處未嘗忘詩，亦天性然。

按：《宋史》未有蔣堂卒年詳細記載，文淵閣本引胡宿《侍郎蔣公神道碑》
對其有所交代。又引神道碑言其著作豐富，尤擅詩歌，喜作尺牘。其詩文亦
清絕有高情，尺牘爲人珍藏。文溯閣本、文津閣本無。

文淵閣本：其詩雖興象不深，而平正通達，無雕鏤纖瑣之習，北宋遺集
流傳日少，錄之亦可備一家焉。

按：文淵閣本對蔣堂詩歌評價不高，認爲淺顯平直，然無雕琢之習，可
補北宋文集流傳甚少之闕，顯然只有參考價值。文津閣本未有評價。

沈下賢集

文淵閣本：其中如《秦夢記》《異夢錄》《湘中怨解》，大抵諱其本事，託
之寓言，如《唐人后土夫人傳》之類。劉克莊《後村詩話》詆其「名檢掃地」，
王士禎《池北偶談》亦謂「美玉、邢鳳等事，大抵近小說家言」。考《秦夢記》
《異夢錄》二篇，見《太平廣記》二百八十二卷，《湘中怨解》一篇，見《太
平廣記》二百九十八卷，均注曰出《異聞集》，不云出亞之本集。然則或亞之
偶然戲筆，爲小說家所採，後來編亞之集者，又從小說摭入之，非原本所舊
有歟？

按：文溯閣本、文津閣本無「劉克莊……」以後文，簡以「後人或譏其
不經，殊乖厥旨」概之。劉克莊詆毀沈亞之作品「名檢掃地」，王士禎亦說其
似小說家語，對其評價皆不高。然館臣認爲他們的評價「殊乖厥旨」，並對《秦
夢記》《異夢錄》《湘中怨解》進行考辨，疑其爲沈氏戲筆，且非其舊本。文
淵閣本論證頗詳。

穆參軍集

文淵閣本：王得臣《麈史》述史驤之言，譏其作《巨盜詩》以刺丁謂爲

有累於道。考邵伯溫《辨惑》載，修於丁謂爲貧賤交，謂後貴，修乃不與之揖，謂銜之，頗爲所軋。修集中《聞報自崖徙雷》一章，即爲謂作，則曏所謂累於道者，病其挾私怨耳。然其詩排斥姦邪，尚不至乖於公義，未可深非。又葉適《水心集》譏呂祖謙《宋文鑑》所收修《法相院鐘記》《靜勝亭記》二篇爲腐敗麤澀，亦言之已甚。

按：王得臣《麈史》所述穆修譏諷丁謂之事，館臣考邵伯溫《辨惑》，認爲丁謂因穆修對其不行禮而懷恨在心，對其壓制；再考丁謂《聞報自崖徙雷》，知穆修譏諷丁氏僅爲私怨，並不有礙公義，不可深責。葉適認爲穆修之《法相院鐘記》和《靜勝亭記》二篇爲文粗糙陳腐，《宋文鑑》收之不當。四庫館臣卻認爲，葉適的評價言之過甚。通過對王氏、葉氏的反駁，館臣已表明了自己的態度：對前世名家應持以寬容的態度。文淵閣本、文津閣本無。

樊川集

文淵閣本：范據《雲溪友議》曰：「先是李林宗、杜牧言，元、白詩體舛雜，而爲清苦者見嗤，因茲有恨。牧又著論，言近有元、白者，喜爲淫言媟語，鼓扇浮囂，吾恨方在下位，未能以法治之。」

按：《雲溪友議》撰者爲范攄，文淵閣本訛誤。此爲引范攄語論杜牧評價元、白，似有對元、白不恭之處。然提要下文引《平盧軍節度使官李戡墓誌》述戡之言，「嘗痛自元和以來，有元、白詩者，纖艷不逞。非莊士雅人，多爲其所破壞。流於民間，疏於屛壁。子父女母，交口教授。淫言媟語，多寒夏熱，入人肌骨不可除去。」館臣又有評論：「然則此論乃戡之說，非牧之說。或牧嘗有是語，及爲戡誌墓，乃藉以發之，故攄以爲牧之言歟！」爲杜牧辯白。文津閣本無。《總目》同文淵閣本。

盱江集

文淵閣本：《湘山野錄》載覿《望海亭席上作》一首，集中不載。考是時蔡襄守福唐，於此亭邀覿與陳烈飲。烈聞官妓唱歌，纔一發聲，即越墻攀樹遁去，講學家以爲美談。覿所謂「山鳥不知紅粉樂，一聲拍板便驚飛」者，正以嘲烈。殆亦左贊病其輕薄，諱而刪之歟？

按：文淵閣本言《湘山野錄》所云《盱江集》不載《望海亭席上作》，並考史實以推測其緣由。編者左贊蓋因李覿此詩嘲諷陳烈，言語輕薄，而從集中刪掉。文津閣本無此說明。

乖崖集

文淵閣本：案：韓琦《神道碑》稱詠與邑人傅霖友善，登第後與傅詩有「巢由莫相笑，心不爲輕肥」之句。今集中乃作七言，琦蓋節用其意，故與集本不合。又案：陳輔之《詩話》稱，蕭林之知溧陽時，張乖崖召食，見几案一絕句云：「獨恨太平無一事，江南閒殺老尚書。」蕭改「恨」作「幸」字，且言「公功高身重，姦人側目，以此與公全身」，乖崖曰「蕭弟一字之師也」云云。今考集中《游趙氏西園》詩末聯云：「方信承平無一事，淮陽閒殺老尚書。」詩中既無「恨」字「幸」字，亦不作「江南」字，且七律而非絕句，則輔之所記乃傳聞訛異之詞。又《青箱雜記》載詠《贈官妓小英歌》，今不見集中。其詩詞意凡劣，決非詠之所爲，殆亦吳處原誤採鄙談，不足據也。

按：《青箱雜記》著者爲吳處厚，非「吳處原」，文淵閣本形近而誤。此兩處按語，文津閣本無。按語解釋韓琦《神道碑》與陳輔之《詩話》與《乖崖集》詩句不合的原因。一者爲韓氏節用其意，一者爲陳氏誤記。

又按：兩處按語應到「則輔之所記乃傳聞訛異之詞」止，其後「又《青箱雜記》……」乃承正文「其《聲賦》一首……」館臣舉《聲賦》一首目的有二：其一，說明張詠詩歌光明俊偉，自然流露，無雕琢之器；其二，反證《贈官妓小英歌》非張氏作品。館臣認爲《青箱雜記》所載《贈官妓小英歌》，詞意卑淺，非張詠之風，蓋吳處厚誤採。故此，「又《青箱雜記》……不足據也」爲正文，非按語。就算文津閣本省略按語，也不當將正文一併省略，於上下文銜接不上。

二、文淵閣本無

盈川集

文津閣本：雖出後人掇拾，已非復唐時原帙，然菁華略備，亦可以得其概矣。

按：這是對童佩刻本的評價：雖非唐時原帙，但具備精華，亦可睹其概貌。文淵閣本及《總目》皆無。《薈要》與文津閣本同。

春卿遺稿

文津閣本：而鑌掇拾未及則其他掛漏當亦不少，然吉光片羽固未可以叢殘之本檠棄也。

按：文津閣本對孫鑌的裒集工作做了評價，認爲其有所闕略且謬誤甚多，

然其價值在於保留了蔣堂作品的珍貴部分。文淵閣本沒有對整理者的工作給予肯定，只是評價了蔣堂的詩歌。

三、評價差異較大或完全不同

曲江集

文淵閣本：而文章高雅，亦不在燕許諸人下。

文津閣本：而文章亦有名於時，不獨以事業勳猷見重。

按：文淵閣本以張九齡的文章與他人之比，凸顯他的文學地位。而文津閣本則側重講其不僅政治上有所作為，而且文章亦揚名於世，二者對比的角度不同，然殊途同歸，皆給予張九齡文章高度評價。《總目》與文淵閣本同，文溯閣本、《薈要》與文津閣本同。

五百家注柳先生集

文淵閣本：蓋宋人輯書喜誇採摭之富，所云家數固不足盡憑，然蒐羅究為繁富。

文津閣本：蓋諸氏論韓者多，論柳者較少，故所取不過如是，特姑以五百家之名與《韓集》相配云爾。

按：對於《五百家注柳先生集》實不足五百家的問題，文淵閣本批評宋人輯書誇採之風，實質上這是館臣尊漢抑宋學術偏見的表現。而文津閣本比較客觀，認為論韓者多，論柳者少，五百家這是為了與《五百家注昌黎文集》相匹配而已。此問題，文溯閣本、《總目》同文津閣本。再看提要題寫時間：文淵閣本為乾隆四十六年十二月，文溯閣本為四十七年十一月，文津閣本為四十九年八月。我們知道，《總目》於乾隆四十七年抄成，顯然，文溯閣、文津閣此提要是以《總目》為底本抄寫的，而文淵閣成書較早，出現與其他提要態度不一致的地方。

衡州集

文淵閣本：又第六卷、七卷誌銘已缺數篇，蓋後人所掇拾重編也。溫亦八司馬之黨，當王叔文敗時，以使吐蕃幸免。其人品本不純粹，而學《春秋》於陸淳，學文章於梁肅，則授受頗有淵源。

文津閣本：又第六卷、七卷誌銘已缺數篇。目錄取《英華》《文粹》所載者補入此本。卷末有屏守居士跋、紀，薈萃成編之。屏守居士，常熟馮舒之別號，蓋舒所編也。

按：文淵閣本側重於呂溫的學識淵源，其受學於陸淳、梁蕭。文津閣本側重此本《衡州集》的目錄來源、跋、紀及彙編者。《總目》吸收二者，兼而有之，是明智之舉，文溯閣本同《總目》。

文藪

文淵閣本：並無陷賊之事，皆與史全異，未知果誰是也。

按：文津閣本「事」字後作「舊說疑失實也」，此對皮日休陷賊事眞僞做出主觀判斷，認爲舊說不可信，而文淵閣本未下定論。

小畜集

文淵閣本：惟《宋志》作二十卷，然《宋志》荒謬，最甚不足據也。

文津閣本：《宋志》云二十卷者，字有脫誤也。

按：文淵閣本認爲《宋志》所載二十卷者，不足爲據，批評較重。文津閣本僅言其字有脫漏，未對其有評價。文溯閣本同文津閣本。

傳家集

文淵閣本：光大儒名臣，固不以文重。然即以文論，亦所謂辭有體要者。

文津閣本：光大儒名臣，固不以詞章爲重。然即以文論，其氣象亦包括諸家，凌跨一代。

按：文淵閣本作「不以文重」，文津閣本作「不以詞章爲重」；文淵閣本作「亦所謂辭有體要者」，文津閣本作「其氣象亦包括諸家，凌跨一代」，顯然，文津閣本對司馬光的評價遠高於文淵閣本。

盱江集

文淵閣本：餘皆不媿所稱，淵明之賦閒情矣。

文津閣本：餘皆不媿所稱，亦可謂廣平之賦梅花矣。

按：文淵閣本作「淵明之賦閒情矣」，文津閣本作「亦可謂廣平之賦梅花矣」。文淵閣本無「亦可謂」三字，使上下文氣有隔。然文淵閣本以陶淵明之《閒情賦》比李覯《梁帝》，文津閣本以宋璟《梅花賦》作比。《總目》作「亦可謂淵明之賦閒情矣」。可知，《總目》是在文淵閣本與文津閣本提要基礎上進行了改寫。

武夷新集

文淵閣本：惟石介不以爲然，至作《怪記》以譏之，見所著《徂徠集》

中。近時吳之振作《宋詩鈔》，遂置億集不錄，未免隨聲附和。觀蘇軾深以介說爲謬，至形之於奏牘，知文章之不可以一格限矣。

文津閣本：億復編序之曰《西崑酬唱集》，當時人謂之「西崑體」。蓋宋初文章，當歐、蘇未起之時，相習以排偶爲工，其流別原各有所自。而億等以瞻博之學，發爲閎麗之詞，其才實不易及，固未可執鞏悦之説，概加詆斥也。

按：提要前文引田況《儒林公議》云，楊億變文章之體，劉筠、錢惟演傚之，時稱「楊劉」，三人唱和，爲一時美談。故文淵閣本接此意而轉語氣：石介作《怪之》譏諷楊億，吳之震作《宋詩鈔》亦附和石介，不收億集，而蘇軾卻認爲奏牘與文章不可相提並論，石介之説非是。可見，館臣亦同意蘇軾的觀點。而文津閣本承接上文三人唱和之事，言楊億編其集爲《西崑酬唱集》，被稱爲「西崑體」。繼而談及其詩排偶工整，辭藻宏麗，館臣認爲不可因其文詞華麗而詆斥。文淵閣本與文津閣本評述的角度實不相同。

韋蘇州集

文淵閣本：其詩不如五言，近體不如古體。五言、古體源出於陶而鎔化於三謝，故眞而不樸，華而不綺，但以爲步趨柴桑，未爲得實。如「喬木生夏涼，流雲吐華月」，陶詩安有是格耶。

文津閣本：「其爲詩馳驟，建安以來，各得風韻」，白居易常語。元積云「韋蘇州歌行才麗之外，深得諷諫之意，五言尤高遠雅淡，自成一家。」其爲時人推重如此。

按：據文義，文淵閣本「其詩不如五言」，「詩」字後脫「七言」二字。文淵閣本對韋莊詩歌特點給予評價，認爲其五言詩、古體詩自然華美，較七言、近體好。然其缺點亦很明顯，其效法陶淵明而不得其本，未免邯鄲學步。文津閣本對韋莊的詩歌持肯定態度，徵引白居易、元積之言，稱其詩歌奔放，歌行有才氣，五言亦高雅，與文淵閣本評價迥異。

文淵閣本：此本爲康熙中項絪以宋槧翻雕，即欽臣所校定，首賦，次雜擬，次燕集，次寄贈，次送別，次酬答，次逢遇，次懷思，次行旅，次感歎，次登眺，次遊覽，次雜興，次歌行，凡爲類十四，爲篇五百七十一。原序乃云「分類十五」，殊不可解。然字畫精好，遠勝毛氏所刻《四家詩》本，故今據以著錄。其毛本所載拾遺數首，眞僞莫決，亦不復補入焉。

文津閣本：是編即欽臣所校本，明毛晉汲古閣刻《四家詩》，別有拾遺數首，稱據熙寧丙辰紹興壬子乾道辛卯諸本增入，蓋非欽臣之舊。國朝康熙間，歙人項絪依宋本重刊，字畫精好，但不載補傳及拾遺諸詩，然尚屬宋人原帙，遠勝毛本，今故據以著錄焉。

按：二閣均介紹此本為項絪以宋本重刊，王欽臣校訂，保存完好，遠勝毛氏《四家詩》本。不同之處在於：儘管二者都未採入毛氏本所載拾遺詩，然理由不同，文淵閣本認為其是否為韋莊所作，眞假難辨，故不補入此本；而文津閣本認為毛氏本拾遺詩非王欽臣舊本，為保持原帙，故不增入。除此之外，文淵閣本還將其篇次、目錄予以介紹，甚為細緻。

武溪集

文淵閣本：靖初為臺諫，以申救范仲淹外貶。蔡襄因作《四賢一不肖詩》，頗涉標榜語詳《蔡忠惠集》條下。然實襄隨眾囂譁，非靖之本志。迹其生平樹立，要不失為名臣。其文章不甚著名，然狄青討平儂智高，靖磨崖作記，以旌武功，當時咸重其文。

文津閣本：靖初為臺諫，與范仲淹、歐陽修、尹洙有四賢之目。後從狄青討平儂智高，磨崖築京觀作記，以旌武功，當時咸重其文，故所作銘誌、碑碣居多。

按：對於余靖的人品，文淵閣本云其因救范仲淹遭貶，其生平所作為一代名臣。文津閣本只言其與范仲淹、歐陽修、尹洙有四賢之目。二者皆肯定其人品，講述角度不同而已。對於其文章，文淵閣本先抑後揚，認為其文未有名氣，然因其武功，文亦被時人所重。文津閣本言其文因武功得以揚名，故以銘誌、碑碣為多，注重其文章體裁的介紹。

河東集

文淵閣本：今第就其文而論，則宋朝變偶儷為古文，實自開始。惟體近艱澀，是其所短耳。盛如梓《恕齋叢談》載開論文之語曰：「古文非在詞澀言苦，令人難讀，在於古其理，高其意。」王士禎《池北偶談》譏開能言而不能行，非過論也。又尊崇揚雄太過，至比之聖人，持論殊謬。要其轉移風氣，於文格實為有功，謂之明而未融則可，王士禎以為初無好處，則已甚之詞也。

文津閣本：宋朝變偶儷為古文，實自開始。而體近艱澀，又尊崇揚雄太

過，至比之聖人，持論殊謬，人亦多以此論之。然宋時學者最喜贊雄，雖司馬光之賢，猶不能免，蓋亦習尚使然。至綱目出，而大義始明於開，固無足責，要其轉移風氣之功，固未可盡沒也。

　　按：二者皆云宋朝文體由駢儷變古文始自柳開，故柳文之艱澀難懂爲其短，且其尊崇揚雄甚過，持論殊甚。之後的論述二閣態度不同。文淵閣本借盛如梓所載柳言和王世禎之言，說明柳開古文理論可行，而其所作之文並未踐行其說。文溯閣本、文津閣本有不同看法，認爲宋時名賢皆推崇揚雄，司馬光亦未能免，此爲風氣所致，不能獨責柳開。且開有始創之功，對其不能求全責備。文津閣本之評價較文淵閣本寬容，也比較客觀。

孫可之集

　　文淵閣本：又稱「編成十卷，藏諸篋笥」云云，則與三卷之説迴異。近時汪師韓集有《孫文志疑序》一篇，因謂樵文惟《唐文粹》所載《後佛寺奏》《讀開元雜報》《書襄城驛》《刻武侯碑陰》《文貞公笏銘》《與李諫議行方書》《與賈秀才書》《孫氏西齋銘》《書田將軍邊事》《書何易於》十篇爲眞，餘一十五篇皆後人僞撰，然卷帙分合，古書多有，未可以是定眞僞。且師韓別無確據，但以其句字格局斷之，尤不足以爲定論也。

　　文津閣本：又稱「編成十卷，藏諸篋笥」云云，則與三卷之説迴異。樵《與王霖秀才書》云：「某嘗得爲文眞訣於來無擇，來無擇得之於皇甫持正，皇甫持正得之於韓吏部退之。」其《與友人論文書》又複云。然今觀三家之文，韓愈包孕群言，自然高古。而皇甫湜稍有意爲奇，樵則視湜益有努力爲奇之態，其弇有意於奇，是其所以不及歟！《讀書志》引蘇軾之言，稱學韓愈而不至者爲皇甫湜，學湜而不至者爲孫樵，其論甚微。毛晉跋是集，乃以軾言爲非，所見淺矣！

　　按：「則與三卷之説迴異」以後文，二閣完全不同。文淵閣本論述孫樵文章眞僞的問題，質疑汪師韓之語。汪氏認爲《唐文粹》所載孫樵文章僅十篇爲眞，餘皆後人僞撰。館臣以爲汪氏僅以卷帙分合、句字格局爲據下定論，證據不充分。文津閣本徵引孫樵《與王霖秀才書》論其治學淵源，云其有意學皇甫湜新奇之態而不及；亦引《讀書志》蘇軾之言，證實己說，且反駁毛晉之見。文淵閣本與文津閣本皆有彼此所無，又皆有所疏略，《總目》二者兼而有之。

　　又按：文淵閣本、《總目》一作《書襄城驛》，一作《書褒城驛》；一作《孫

氏西齋銘》，一作《孫氏西齋錄》。檢《唐文粹》卷四十九、卷一百，分別作《書褒城驛》《孫氏西齋錄》，《孫可之集》卷三、卷五，分別作《書褒城驛壁》《孫氏西齋錄》，文淵閣本因形近而誤。

第二章　文淵閣、文津閣《四庫》 提要訛誤舉正

第一節　文淵閣本誤

揚子雲集

文淵閣本：明注崔子玉瑗之名

按：文津閣本、文溯閣本、《總目》皆作「明注崔駰、崔瑗之名」，《簡明目錄》作「此雜以崔駰、崔瑗之作」，皆云崔氏父子對《揚子雲集》的貢獻。而文淵閣本未提崔駰名，崔駰是漢代著名學者，為崔瑗之父。文淵閣庫書《古文苑》卷十四《百官箴序》云：「初，揚雄依《虞箴》作十二州二十五官箴，其九箴亡闕，後涿郡崔駰及子瑗，又臨邑侯劉騊騟增補十六篇，胡廣復繼作四篇。」據此，崔氏父子都參與了《虞箴》的增補工作，而文淵閣本漏抄崔駰名字。

嵇中散集

文淵閣本：逸惟載康《與山巨原絕交書》一首

按：「逸」當為「選」之訛誤，此指《文選》。「原」為「源」字之譌。

文淵閣本：此小不載此碑

按：文津閣本作「此本不載此碑」。據文意應為「此本不載此碑」。文淵閣本抄寫有誤。

文淵閣本：不知又有《與向子期論養生難答》一篇四十餘言，辯論甚悉。

按：「不知又有《與向子期論養生難答》一篇四十餘言」，《總目》與《野客叢書》卷八《嵇康集》皆作「四千餘言」。據下文「辯論甚悉」，應不止四十餘言。檢《嵇中散集》卷四有《答難養生論一首》，凡四千餘字。據此，文淵閣本因形近而誤。

文淵閣本：爲司馬昭所害，時當塗之祚未終，則康當爲魏人，不當爲晉人。

按：文津閣本作「案康爲司馬昭所害……」「案」字爲撰寫者自己的觀點，不應略去。文溯閣本、《總目》皆有「案」字，故文淵閣本漏抄。無「康」字，亦使上下文氣有隔。

水部集

文淵閣本：又《青青河堤草》爲蔡邕之作

按：文淵閣本作「《青青河堤草》爲蔡邕之作」者，非是。文津閣本作「青青河邊草」，《四庫全書》本《蔡中郎集》卷四《飲馬長城窟行》云：「青青河邊草，緜緜思遠道。」是其証。文溯閣本、《總目》同文津閣本不誤。

東皋子集

文淵閣本：歸隱壯山東皋

按：文津閣本作「歸隱北山東皋」，《總目》亦作「北山」。查文淵閣庫書《東皋子集》卷上，有詩《遊北山賦》，知「壯山」當爲「北山」之誤，文淵閣本誤抄。

寒山子詩集

文淵閣本：則民新安吳明春所校刻也。

按：文津閣本作「明新安吳明春」。此「明」是指吳明春所在朝代名，作「民」意爲百姓，於意不通。《總目》、文溯閣本與文津閣本同，文淵閣本誤抄。

文淵閣本：其詩相傳即允令寺僧道翹尋寒平日於竹木石壁上及人家廳壁所書。

按：文津閣本於「寒」字後有一「山」字，文淵閣本「省」稱爲「寒」亦是。

曲江集

文淵閣本：僅有李大酺、魯蘇、李詩、延寵、姿固請名，而不及歸國，知記載有所脱漏，是尤可以補史之闕矣。

文津閣本：僅有李大酺、魯蘇、李詩、延寵、婆固諸酋長名，而不及歸國，知史文有所脱漏，不及此集之得其實，是尤可以補史之闕矣。

按：文淵閣本、文津閣本一作「姿固」，一作「婆固」，《總目》同文淵閣本，文溯閣本、《薈要》同文津閣本。江慶柏先生認爲，「作『姿固』，非是。《新唐書》卷二百十九《奚傳》云：『（李）延寵殺公主復叛，詔立它酋婆固爲昭信王、饒樂都督，以定其部。』是其證。」〔註 1〕

又按：文淵閣本將「諸酋長名」作「請名」，文溯閣本、《總目》、《薈要》皆與文津閣本同，故文淵閣本誤抄。

又按：文津閣本將「記載」作「史文」，《總目》作「記載」，文溯閣本、《薈要》同文津閣本。文淵閣本無「不及此集之得其實」，《總目》亦無，蓋《總目》參考二者校之。

北海集

文淵閣木：此本爲明無錫曹銓所刊，前有荃序，稱「紹和徵君刻唐人集，初得《北海集》，而餘論之」。

按：文淵閣本提要前作「無錫曹銓所刊」，後作「前有荃序」，人名互異。考此書卷首有曹荃序，則作「銓」者誤。文津閣本提要作「曹荃」不誤。又文淵閣本提要謂「初得《北海集》而餘論之」，「餘論之」，曹荃序作「余論之」，文津閣本提要亦作「余論之」，是也。此句爲徵引曹荃語，應爲曹荃自稱，「餘」當爲「余」之音誤，文淵閣本非。

孟浩然集

文淵閣本：排律之名，始於高棅《唐詩品彙》。

按：文津閣本作「始於楊宏《唐音》」。楊宏即元楊士弘，《唐音》提要「明高棅《唐詩品彙》即因其例而稍變之。馮舒兄弟評韋縠《才調集》，深斥棅杜撰排律之非。實則排律之名，亦因此書，非棅創始也」。知排律之名始自楊宏。又《唐詩品彙》提要「至排律之名，古所未有。楊仲宏撰《唐音》，始別爲一

〔註 1〕江慶柏等：《四庫全書薈要總目提要》，北京：人民文學出版社，2009 年，頁354。

目。梁祖其說，遂至今沿用」。故文淵閣本非。

杼山集

文淵閣本：此集卷數與《唐志》合，顗序亦存，蓋猶□本。

按：文淵閣本於「猶」後有一空格，蓋書手抄寫錯誤欲挖改，後遺忘，故此處脫字，脫字當爲「舊」，應爲「蓋猶舊本」。

翰苑集

文淵閣本：又《翰苑集》十卷，常處厚纂。

按：文溯閣本、文津閣本作「韋處厚纂」，《總目》同文淵閣本。《新唐書·藝文志》卷六十著錄道：「《翰苑集》十卷，韋處厚纂。」故文淵閣本、《總目》非是。

韓集舉正

文淵閣本：此本紙墨精好，内「完」字缺筆。

按：「内『完』字缺筆，避欽宗諱」，宋欽宗名趙桓，故應爲「桓」字缺筆，書手因音近而筆誤。《總目》作「桓」，亦是其證。

元氏長慶集

文淵閣本：又稱有悼亡詩數十首，絕詩百餘首。

按：文津閣本作「艷詩百餘首」，文溯閣本、《總目》亦同。《元氏長慶集》卷三十《敘詩寄樂天書》有文：「又有以干教化者，近世婦人，暈淡眉目、縮約頭鬢，衣服修廣之度及匹配色澤，尤劇怪艷，因爲豔詩百餘首。」故知文淵閣本「絕」當爲「艷」之形誤。

樊川集

文淵閣本：范據《雲溪友議》曰……

按：《雲溪友議》撰者爲范攄，文淵閣本訛誤。

文藪

文淵閣本：自號醉翁先生

按：文津閣本作「自號醉吟先生」。《唐才子傳》卷六本傳云：「皮日休隱居鹿門山，性嗜酒癖，詩號『醉吟先生』。」晁公武《郡齋讀書志》卷四中《皮日休文藪》十卷提要同。據此，文淵閣本誤，《總目》從文淵閣本誤。

文淵閣本：今觀集中詩序論辨諸作，亦多能原本經術。其《請孟子立學

科》……

按：文津閣本作「書序論辨」，《進呈存目》、文溯閣本、《總目》、《簡明目錄》同文津閣本。下文舉《請孟子爲學科》《請韓愈配饗太學》亦說明應爲書，而非詩，故文淵閣本非。

又按：文津閣本作《請孟子爲學科》，檢文淵閣庫書《文藪》卷九作《請孟子爲學科書》，故文淵閣本誤，《總目》亦誤。

笠澤叢書

文淵閣本：此本爲元季龜蒙裔孫德原重鐫

按：文溯閣本、文津閣本作「德厚」，《總目》同文淵閣本。文淵閣庫書後有《笠澤叢書跋》署名爲「十一世孫德厚百拜謹題」，知當爲「德厚」，文津閣本、文溯閣本是。

詠史詩

文淵閣本：注曰：「舊作非羆，俗本誤……」

按：文津閣本作「舊作非熊非羆」。檢《詠史詩》卷上《渭濱》：「當時未入非熊兆，幾向斜陽歎白頭。」有註曰：「舊作非熊非羆，疑流俗本誤，後莫知是正。」知文淵閣本非。

黃御史集

文淵閣本：其《潁川陳先生集序》稱：「天復元年，甚叨閩相之辟。」

按：「甚叨閩相之辟」，《總目》「甚」作「某」字。檢《黃御史集》卷八《潁川陳先生集序》，確作「某」字。此爲黃滔自稱，作「甚」無解，提要因形近而誤。

文淵閣本：滔稱閩相而不稱王，則所謂規正審知，使守臣節度。

按：「使守臣節度」，《總目》「度」作「者」。據文義，當爲「者」字。蓋書手因上文「拜審知節度使」連及而誤。

乖崖集

文淵閣本：梁周翰至歎爲一百年不見此作。

按：文津閣本作「二百年」。韓琦《安陽集》卷五十《故樞密直學士禮部尚書贈左僕射張公神道碑銘》云：「梁公周翰覽而歎曰：『二百年來不見此作矣』。」據此，文淵閣本作「一百年」，非也。《總目》從文淵閣本誤。

武夷新集

文淵閣本：惟石介不以爲然，至作《怪記》以譏之。

按：《總目》作「《怪說》」，文津閣本未提。然石介《徂徠集》卷五作《怪說》，故文淵閣本誤。

文淵閣本：《宋史》億本傳載所著有……《鑾坡遺札》二十卷……

按：《分纂稿》、文溯閣本、文津閣本作「《鑾坡遺札》十二卷」。《宋史》卷二百八作「《鑾坡遺札》十二卷」，文淵閣本誤，《總目》從其誤。

元憲集

文淵閣本：趙令畤《侯鯖錄》亦云……

按：文津閣本作「趙令疇」，文溯閣本作「趙令時」，《總目》同文津閣本。《侯鯖錄》的作者爲「趙令疇」，亦名「趙令時」。文淵閣本作「趙令畤」，非是。

文淵閣本：北宋諸家各分起振作

按：文津閣本作「奮起」，文淵閣本誤明矣。

盱江集

文淵閣本：集中《王土書》……

按：文津閣本、文溯閣本、《總目》作「平土書」。檢《盱江集》卷十九作「平土書」，據此，文淵閣本非。

金氏文集

文淵閣本：又如《和介甫寄安豐張無儀》一首

按：文津閣本作「張公儀」。文淵閣本下文云，「據君卿詩，知張字爲公儀」，故文淵閣本訛。

浣花集

文淵閣本：《全唐書》所錄，較此本多《勉兒子》、《即事》等篇，共三十餘首。

按：《全唐書》，當爲《全唐詩》，文淵閣本書前提要誤。《勉兒子》《即事》等詩見《全唐詩》卷七百。

咸平集

文淵閣本：此本載奏議一卷……表狀七卷，制、考詞三卷……

按：「制、考詞三卷」，文津閣本作「制誥、考詞三卷」，於「制」後有「誥」字，是也。《咸平集》卷二十八、卷二十九即制誥。文淵閣本脫字。

第二節　文津閣本誤

揚子雲集

文津閣本：則璞之所增，未爲無據。

按：文淵閣本、文溯閣本、《總目》皆作「則樸之所增，未爲無據」，唯文津閣本作「則璞之所增，未爲無據」。文津閣本此提要前文有「明歷曆中，遂州鄭樸又取所撰《太玄》《法言》《方言》三書……即此本也」。據文淵閣庫書《揚子雲集》，《原序》有「鄭樸曰……」，各卷前亦有「明鄭樸編」文字。故文津閣本作「鄭璞」係抄寫有誤，文淵閣本作「鄭樸」不誤。《簡明目錄》作「鄭璞又補輯爲六卷，即此本也」，亦筆誤矣。

水部集

文津閣本：復以古詩不換題，此詩換韻，妄增「轉韻體」云云。

按：文淵閣本作「復以古詩不換韻」。文津閣本作「復以古詩不換題」，非是。所謂「轉韻體」云云，乃就詩作韻腳而言，與詩題無關，是文津閣本有誤。文溯閣本、《總目》亦皆「古詩不換韻」。

盈川集

文津閣本：此本乃明萬曆中龍游童珮從諸書裒集

按：文淵閣本云「此乃明萬曆中龍游童佩從諸書裒集」。文津閣本作「童珮」，非是。文津閣本有萬曆三年童氏序，正作童佩可証〔註2〕。

陳拾遺集

文津閣本：韓、柳之論，乃專稱其詩。

按：文淵閣本作「不專稱其詩」，「不」「乃」一字之差，文意俱反。《文獻通考》有言，「陳拾遺詩語高妙絕出齊梁，誠如先儒之論，至其他文則不脫偶儷卑弱之體，未見其有以異於王、楊、沈、宋也。然韓吏部、柳儀曹盛有推許，韓言『國朝盛文章，子昂始高蹈』，柳言『備比興、著述二者而不作』，

〔註2〕楊訥、李曉明：《文淵閣四庫全書補遺——據文津閣四庫全書補》，北京：北京圖書館出版社，1997年，頁122。

則不特稱其詩而已，二公非輕以文許人者，此論所未諭。」據此，知馬端臨意爲「不專稱其詩」。故文津閣本「乃」爲「不」之形誤。《進呈存目》、文溯閣本、《總目》、《薈要》與文淵閣本不誤。

文津閣本：宋祁《新唐書》傳贊以爲「薦圭璧於房闥，以脂澤汗漫之」。

按：文淵閣本作「以脂澤污漫之」。據文意，爲脂粉污染之意，不爲汗水污染。《新唐書‧陳子昂傳贊》有語：「子昂乃以王者之術勉之，卒爲婦人訕侮不用，可謂薦圭璧於房闥，以脂澤污漫之也。」故當爲「污浸」，「汗」爲「污」之形誤。《進呈存目》、文溯閣本、《總目》、《薈要》同文淵閣本不誤。

李太白集分類補注

文津閣本：則以「齊賢曰」、「士贇曰」直爲標題以別之。

按：文淵閣本作「互爲標題以別之」。文津閣本「直爲標題」，於意不通，「直」爲「互」之形誤。

高常侍集

文津閣本：第十卷中有賀安祿山苦痛而死，手足俱落，眼鼻殘壞，則祿山竟以病死，與史載李豬兒事迥異。

按：文淵閣本於「第十卷中有」後有「《賀安祿山死表》，稱『臣得河南道及諸州牒，皆言逆賊』」二十字，蓋後文亦有「祿山」，文津閣本抄者錯行漏抄。文溯閣本、《總目》與文淵閣本同。

常建詩

文津閣本：據《書錄解題》作於宋末，尚稱一卷。

按：文淵閣本作「據《文獻通考》作於宋末元初，尚稱一卷。」檢《書錄解題》未著錄《常建詩》，文淵閣本是。蓋文溯閣本、《總目》從文津閣本抄出，從其誤。

次山集

文津閣本：蓋唐人在韓愈以前毅然自爲者自結始。

按：文淵閣本作「唐文」。「唐人」於文意不通，「人」當爲「文」之形誤，文溯閣本、《總目》、《薈要》皆作「唐文」，亦是其證。

顏魯公文集

文淵閣本：有《興觀集》十卷，《廬陵集》十卷，《臨川集》十卷。

文津閣本：有《興觀集》十卷，又《盧集》十卷，《臨川集》十卷。

按：《總目》與二者皆異：「有《吳興集》十卷，又《盧州集》十卷，《臨川集》十卷。」文津閣本於「盧」與「集」間脫字。至於《興觀集》還是《吳興集》，盧陵還是盧州，因其亡佚不可考，存疑。文淵閣本同《總目》。

箋注評點李長吉歌詩

文津閣本：又有……孫枝蔚、張珣、蔣文運……七家之評。

按：文淵閣本作「張恂」。提要中所指爲明代以來評點李賀歌詩的七家，故此當指明末清初張恂。《江南通志》卷一百七十二：「張恂字穉恭，涇陽人。先世以業釀家江都。崇禎癸未成進士，天才雋邁，肆力於詩、古文、詞，兼工畫筆。」文津閣本筆誤。

姚少監集

文津閣本：要不必追咎作始，遽懲美而吹虀也。

按：文津閣本誤將成語「懲羹吹虀」作「懲美吹虀」。

李義山詩集注

文津閣本：與詩中「如何初本輩……」

按：文淵閣本作「與詩中『如何本初輩』」。《李義山詩集注》卷二上《有感二首》作「如何本初輩」，故文津閣本「初」「本」二字誤倒。

文泉子集

文津閣本：咸通二年，左拾遺劉蛻極論令狐絢子編恃權納貨之罪……

按：文淵閣本作「令狐絢子滈」。此爲徵引《舊唐書·令狐楚傳》，檢《舊唐書》卷一百七十二：「咸通二年……左拾遺劉蛻、起居郎張雲各上疏極論滈，云『恃父秉權，恣受貨賂……』」故知「編」爲「滈」之訛；且據古代宗法制人名命名規則，父子名字不可能爲同一偏旁的字，文津閣本誤顯矣。

五百家注柳先生集

文津閣本：有類乎珠還合浦，劍會延津，是尤可爲寶貴也。

按：成語「劍會延津」爲「劍合延津」之誤。

劉賓客文集

文津閣本：惟「在人雖晚達，於樹似冬青」下字差爲閒婉。

按：文淵閣本此句作「惟『在人雖晚達，於樹似多青』十字差爲閒婉」。

文津閣本將「十」字作「下」字，書手以形近爲誤。

衡州集

文津閣本：徙衡州，溫從陸贄治《春秋》、梁肅爲文章，議論俱有根柢。

按：文溯閣本云：「學春秋於陸淳，學文章於梁肅，則授受頗有淵源。」陸淳即唐代經學家陸質，《舊唐書》卷一百八十九陸質本傳云：「陸質，吳郡人。本名淳，避憲宗名改之質。有經學，尤深於春秋……質著《集注春秋》二十卷。」故「贄」當爲「質」之訛。而陸贄爲同時代文學家，著有《翰苑集》。據此，文津閣本或混淆經學家陸質和文學家陸贄，或書手因音同形似而誤抄。

甫里集

文津閣本：茵於楊億《談苑》所載彈唱一事

按：文淵閣本、文溯閣本、《總目》、《薈要》皆作「彈鴨」，惟文津閣本作「彈唱」。清朱鶴齡《愚菴小集》卷十三云：「桃源洞爲宋楊侍郎紹雲之居，其後即養鴨闌故址。相傳先生嘗戲內養彈鴨，故東坡詩云：『却因養得能言鴨，驚破王孫金彈丸。』」據此，楊億《談苑》所載應是彈鴨一事，文津閣本作「彈唱」有誤。

昭諫集

文津閣本：此本爲康熙初新城知縣張瓚所刻。

按：文淵閣本作「彭城知縣」，《羅昭諫集》附錄《跋》末有「渤海張瓚跋」語，據此，文津閣本非是，文溯閣本同誤。

乖崖集

文津閣本：序稱於石刻中增詩八篇

按：文淵閣本作「世刻」，文津閣本音同而誤。

鐔津集

文津閣本：卷首有陳聖俞所撰《行業記》

按：文淵閣本作「陳舜俞」。檢《鐔津集》卷首《鐔津明教大師行業記》末有「熙寧八年十二月五日記尚書屯田員外郎陳舜俞撰」，據此，文淵閣本是。

華陽集

文津閣本：卒贈太子。

按：文淵閣本作「卒贈太師」，文津閣本非是。

錢仲文集

文津閣本：胡震亨《唐詩統籤》以爲本錢珝之詩

按：文津閣本將胡震亨的《唐音統籤》誤作《唐詩統籤》。

蘇魏公文集

文淵閣本：至於圖緯、陰陽、五行、律呂、星官、山經、本草，無所不通。

按：文津閣本、文溯閣本、《總目》皆將「星官」作「星宮」，且後文有「等法」二字。檢《宋史》卷三百四十《蘇頌傳》云，「至於圖緯、律呂、星官、籌法、山經、本草，無所不通」。據此，文津閣本等作「星宮」訛誤，「等法」亦爲「籌法」之誤，惟文淵閣本是。

金氏文集

文津閣本：是君卿所與，皆一代端人正士。

按：文淵閣本於「與」後有「遊者」二字，更準確。

第三節　文淵閣本、文津閣本皆誤

陶淵明集

文淵閣本：晚乃得江左舊本，次第最無倫貫。

文津閣本：晚乃得江左舊本，次第最若綸貫。

按：文淵閣本與文津閣本一作「次第最無倫貫」，一作「次第最若綸貫」，文溯閣本作「次第最有倫貫」，殿本《總目》作「次第最爲倫貫」，浙本《總目》《進呈存目》皆作「次第最若倫貫」。文淵閣本與文溯閣本、殿本《總目》含義完全相反；文津閣本「綸」當爲「倫」之形誤，故文津閣本、浙本《總目》、《進呈存目》爲同一含義。文淵閣本提要此處上下文謂：「宋庠《私記》稱《隋經籍志》潛集九卷，又云梁有五卷，錄一卷。《唐志》作五卷。庠時所行一爲蕭統八卷本，以文列詩前，一爲陽休之十卷本。其他又數十本，終不知何者爲是。晚乃得江左舊本，次第最無倫貫。今世所行，即庠稱江左本也。」據此，可知提要原意是稱江左舊本最有條理，故後世通行即此本。文淵閣本提要作「最無倫貫」，與提要原意不合。作「次第最若倫貫」，符合原意。文

淵閣提要有誤。

北海集

文淵閣本：凡表一篇、疏一篇、上書三篇、奏事二篇、議一篇、對一篇、教一篇、書十六篇、碑銘一篇、論四篇、詩共四十五篇。

按：文津閣本與文淵閣本相同，皆脫詩之篇數。文溯閣本作「凡表一篇、疏一篇、上書三篇、奏事二篇、議一篇、對一篇、教一篇、上（衍字）書十六篇、碑銘一篇、論四篇、詩六篇，共三十七篇」，與《總目》同。《簡明目錄》云：「張溥《百三家集》所載，凡四十二篇，此本又多《告高密令教》《告高密縣僚屬》二篇，凡四十五篇。其《聖人優劣論》，以一篇誤斷為二，實四十四篇。」《簡明目錄》所云《聖人優劣論》實有兩篇：《聖人優劣論》與《聖人優劣又論》，不應合為一篇。核其篇目，實則其「議二篇，教八篇，詩八首」〔註3〕，分別為《馬日磾不宜加禮議》《肉刑不宜復議》《答王修教》《又答王修教》《告高密縣立鄭公鄉教》《下高密賑鄧子然教》《告高密縣立鄭公宅教》《再告高密令教》《告高密僚屬教》《告昌安縣教》《六言詩三首》《其二》《其三》《雜詩二首》《其二》《離合作郡姓名字詩》《臨終詩》《失題》，凡四十七篇，諸本皆誤。

王子安集

文淵閣本：洪邁《容齋隨筆》亦稱今存者二十卷，蓋宋代所行猶其舊本。

文津閣本：馬端臨《通考》亦作二十卷。其集後亡佚，舊目不可考，世所傳者，僅詩賦二卷而已。

按：文淵閣本作「洪邁《容齋隨筆》亦稱今存者二十卷」，文津閣本作「馬端臨《通考》亦作二十卷」，《進呈存目》《總目》與文淵閣本同，文溯閣本同文津閣本。查《容齋隨筆·四筆》卷五有文「勃之文今存者二十七卷」，《文獻通考》卷二百三十一有「《王勃集》二十卷」，知《容齋隨筆》與《文獻通考》對王勃文集皆有記載，然兩種提要均有疏漏。文淵閣本誤作二十卷，實為二十七卷，亦缺《文獻通考》記載項；文津閣本對《文獻通考》記載不誤，然缺《容齋隨筆》記載項。《總目》蓋從文淵閣本抄出，未核原文，故從文淵閣本誤。

〔註3〕 袁芸：《〈文溯閣四庫全書提要〉別集類辨證》，南京師範大學碩士研究生論文，2007年，頁8。

盈川集

文淵閣本：《唐書・文苑傳》稱其文集本三十卷，云「今多亡逸」，《志》僅著錄二十卷，（云「今多亡逸」）是宋代已非完本，然其本今亦不傳……凡賦八首、詩三十四首、雜文三十九首。

文津閣本：文集本三十卷，宋時已多亡逸。《通考》著錄者二十卷，今亦不存。此本乃明萬歷中龍游童珮從諸書裒集，得詩、賦四十二首，序、表、碑銘、誌狀、雜文三十九首，詮次成編，別爲《附錄》一卷。

按：文淵閣本作《郡齋讀書志》著錄爲二十卷，文津閣本作《文獻通考》著錄爲二十卷。查《文獻通考》作「楊盈川集二十卷」，《郡齋讀書志》作「楊炯盈川集二十卷」，知皆是，然二者均有所偏頗。

又按：文淵閣本、《簡明目錄》、《總目》「賦八首、詩三十四首」，「雜文三十九首」；文津閣本「得詩、賦四十二首」「序、表、碑銘、誌狀、雜文三十九首」，未明詩幾賦幾。核《盈川集》原文，有賦八，詩三十四，序十一，碑十四，墓誌八，行狀二，祭文四，銘、表、議各一，故收錄雜文凡四十二，文淵閣本與文津閣本皆誤。

曲江集

文淵閣本：乃命九齡爲之，被詔趣成。

文津閣本：乃召九齡爲之，被詔趣成。

按：二本皆作「趣成」，江慶柏先生認爲作「輒成」，「《新唐書》卷一百二十六本傳即作『輒成』。「趣成」在此雖亦可通，但非撰寫提要之本意。」〔註4〕故二者同誤。

李義山詩集注

文淵閣本：所作《年譜》，排比時事，與其詩互相參證……

按：文津閣本、《總目》同文淵閣本，皆作「《年譜》」，《薈要》作「《詩譜》」。江慶柏先生認爲應作《詩譜》，朱鶴齡所作爲《李義山詩譜》，非《李義山年譜》〔註5〕，且後文言「與其詩互相參證」，若作年譜，於文意不通。故三本皆誤。

〔註4〕江慶柏等：《四庫全書薈要總目提要》，北京：人民文學出版社，2009年，頁354。

〔註5〕江慶柏等：《四庫全書薈要總目提要》，北京：人民文學出版社，2009年，頁370。

甫里集

文淵閣本：葉本所附顏萱《過張祐丹陽故居詩序》……

按：文淵閣本、文溯閣本、文津閣本、《總目》皆作「張祐」。江慶柏先生於《四庫全書薈要總目提要》指出「《總目》作張祐，非是」〔註6〕。檢《松陵集》卷九，有顏萱《過張祜處士丹陽故居》，是其證。故文淵閣本、文溯閣本、文津閣本、《總目》同誤。

詠史詩

文淵閣本：又《渭濱》詩「當時未入非熊夢」句

按：文淵閣本、文溯閣本、文津閣本、《總目》全作「當時未入非熊夢」，檢《詠史詩》卷上《渭濱》：「當時未入非熊兆，幾向斜陽歎白頭。」「夢」當爲「兆」字之訛。

禪月集

文津閣本：晚乃入蜀依王建，以建乾德癸酉卒，年八十一。

按：文溯閣本同文津閣本，文淵閣本無「以建」二字，《總目》作「至乾德癸未乃卒」。「乾德癸酉」，非貫休卒年。陳垣《釋氏疑年錄》卷五貫休條已指出其誤，其文云：「梁乾化二年卒，年八十一。」〔註7〕注云：「《四庫提要》別集四，作蜀乾德五年癸未卒，蓋誤以曇域《禪月集後序》之年爲休卒年，而不知《序》中明言壬申歲卒，癸酉置塔也。」〔註8〕文淵閣本、文溯閣本、文津閣本皆誤。

河南集

文淵閣本：以爭水洛城事徙慶州

文津閣本：以爭永樂城事徙慶州

按：文溯閣作「永洛城」。《宋史》卷二百九十五《尹洙》本傳云「卒徙洙慶州而城水洛。又徙晉州」，據此，文淵閣本作「水洛城」，是，文津閣本、文溯閣本皆誤。然尹洙以水洛城事遷晉州，非慶州，文淵閣本、文津閣本皆失察。

〔註6〕 江慶柏等：《四庫全書薈要總目提要》，北京：人民文學出版社，2009 年，頁371。

〔註7〕 陳垣：《釋氏疑年錄》，北京：中華書局，1964 年，頁165。

〔註8〕 陳垣：《釋氏疑年錄》，北京：中華書局，1964 年，頁166。

盱江集

文淵閣本：皇祐初以薦授太學助教，終海門主簿、太學說書。

文津閣本：皇祐初以薦為試太學助教，嘉祐中召為太學說書而卒。

按：《宋史》卷四百三十二：「皇祐初，范仲淹薦為試太學助教……嘉祐中，用國子監奏召為海門主簿、太學說書而卒。」據此，文淵閣本、文津閣本表述皆不精準。《總目》同文淵閣本，文溯閣本同文津閣本。

昌谷集

文淵閣本：唐、宋《志》皆稱賀集五卷，較牧序多一卷，檢《文獻通考》始知為集四卷，外集一卷。

按：文淵閣本、文津閣本、《總目》皆作唐、宋《志》著錄《李賀集》五卷，《文獻通考》始作集四卷，而據余嘉錫先生考辨，《宋史》只有《李賀集》一卷，外集一卷；《郡齋讀書志》始作《李賀集》四卷，外集一卷，《文獻通考》從《郡齋讀書志》轉錄而已〔註 9〕。檢《宋史》卷二百八有「《李賀集》一卷，又《外集》一卷」，《郡齋讀書志》卷四有「《李賀集》四卷」，知文淵閣本、文津閣本、《總目》於此抄錄皆誤。

〔註 9〕余嘉錫：《四庫提要辨證》，北京：中華書局，1980 年，頁 1295。

結　語

　　通過校讀四庫提要，總體上說，文淵閣本與《總目》較接近，文津閣本與文溯閣本相近，且文淵閣本與《總目》較詳盡，文津閣本與文溯閣本較簡略。文津閣本與文溯閣本應該更接近提要的原始面貌。我們知道，文淵閣提要修成後，還在不斷完善，而此時《總目》正在編纂，修改後的文淵閣提要的成果往往會被《總目》吸收，這類提要就與文淵閣本相同，而之前抄成的沒有修改，就與文津閣本、文溯閣本相同，與文淵閣本相異。至於爲什麼沒有修改，可能與編寫過程複雜，多人多頭同時纂寫，採取的提要稿本不同有關〔註1〕。而文津閣與文溯閣不在紫禁城，無法及時修改撤換，所以保留了提要最初撰寫的風貌，與文淵閣本相差較遠。四庫提要的撰寫是一個不斷修改完善的過程。

　　國家圖書館楊訥、李曉明先生所編的《文淵閣四庫全書補遺》，以文津閣庫書補文淵閣庫書，將文津閣所有而文淵閣無的篇章收入。黃寬重先生之《文津閣本宋代別集的價值及其相關問題》亦對文津閣本的價值做了相關論述，他認爲文津閣本宋代文集保留了作者生平事蹟及詩文評論的資料，也有關於宋史的資料〔註2〕，這是文淵閣本所欠缺的。然而，文津閣庫書亦有所遺漏，如《元氏長慶集》，文淵閣本有《附錄》一卷，爲《新唐書》元稹本傳，另有《補遺》六卷，而文津閣本無《附錄》，《補遺》也少最後一卷《鶯鶯傳》。又

〔註1〕黃煜：《四庫全書總目與閣書提要差異情形及其原因之考察》，《古典文獻研究》，南京大學古典文獻研究所編，2006年。

〔註2〕黃寬重：《文津閣本宋代別集的價值及其相關問題》，《文獻》，1998年第3期。

如《李義山詩集注》，文淵閣本有《附錄》一卷，內容爲《舊唐書文苑傳》《諸家詩評》《李義山詩譜》，文津閣本無《附錄》。其中《詩譜》以表格的形式，列出李商隱詩歌寫作的年份及其時事、本傳，一目了然。文津閣本卻沒有收錄。由於文津閣庫書長年秘藏深閣，近年才整理出版，亦不可輕易目睹，其究竟有多少未收錄的篇章，尚未可知。若有條件，可仔細查勘，整理出類似《文淵閣四庫全書補遺》這樣的本子。

《文淵閣四庫全書補遺》亦有未補全之文，如《樊川集》，文淵閣本作二十卷，《外集》一卷，《別集》一卷，文津閣本作二十二卷，未著錄《外集》《別集》，《文淵閣四庫全書補遺》同文淵閣本。檢文淵閣庫書，僅有十七卷，更無《外集》《別集》，與提要不符。文津閣庫書亦有二十二卷，蓋合《外集》《別集》凡二十二卷。而《文淵閣四庫全書補遺》亦只補了卷一至六、外集與別集，未有卷十七至二十，是其疏忽。

文淵閣本與文津閣本《四庫全書》提要的差異，遠非以上所舉之例，也並非只有集部別集類存在這種情況，四部皆有類似問題。從對文淵閣與文津閣提要差異的比較中發現，二者不存在絕對的孰優孰劣，要分析文本，具體考察每篇提要，才能對其定性。它們的差異表現出來的不僅是不同之處，也呈現出二者不斷修訂，不斷改動的過程。由於《四庫全書》編修時間長，工程浩大，過程複雜，提要的撰寫有這種複雜特點也不足爲奇。我們要作全面客觀的分析，才能正確地認識四庫提要的價值。

參考文獻

著　作

1. 《影印文淵閣四庫全書》，臺灣商務印書館，1986 年。

2. 《文津閣四庫全書》，商務印書館，2005 年。

3. 四庫全書出版工作委員會：《文津閣四庫全書提要彙編》，商務印書館，2006 年。

4. 金毓黻：《金毓黻手定本文溯閣四庫全書提要》，中華全國圖書館文獻縮微複製中心，1999 年。

5. 翁方綱等：《四庫提要分纂稿》，上海古籍出版社，2006 年。

6. 《四庫全書初次進呈存目》，臺北中圖藏乾隆鈔本。

7. 四庫全書研究所：《欽定四庫全書總目（整理本）》，中華書局，1997 年。

8. （清）永瑢等：《四庫全書總目》，中華書局，1965 年。

9. （清）永瑢等：《四庫全書簡明目錄》，上海古籍出版社，1985 年。

10. 《影印摛藻堂四庫全書薈要》，世界書局，1988 年。

11. 中國第一歷史檔案館：《纂修四庫全書檔案》，上海古籍出版社，1997 年。

12. 江慶柏等：《四庫全書薈要總目提要》，人民文學出版社，2009 年。

13. 楊訥、李曉明：《文淵閣四庫全書補遺——據文津閣四庫全書補》，北京圖書館出版社，1997 年。

14. 郭伯恭：《四庫全書纂修考》，商務印書館，1937 年。

15. 余嘉錫：《四庫提要辨證》，中華書局，1980 年。

16. 黃愛平：《四庫全書纂修研究》，中國人民大學出版社，1989 年。

17. 李裕民：《四庫提要訂誤》，書目文獻出版社，1990 年。

18. 崔富章：《四庫提要補正》，杭州大學出版社，1990 年。

19. 胡玉縉、王欣夫：《〈四庫全書總目〉提要補正》，中華書局，1964 年。

20. 周積明：《文化視野下的〈四庫全書總目〉》，廣西人民出版社，1991 年。

21. 楊武泉：《〈四庫全書總目〉辨誤》，上海古籍出版社，2003 年。

22. 司馬朝軍：《〈四庫全書總目〉研究》，社會科學文獻出版社，2004 年。

23. 司馬朝軍：《〈四庫全書總目〉編纂考》，武漢大學出版社，2005 年。

24. 任松如：《四庫全書答問》，巴蜀書社，1988 年。

25. 劉玉珺：《四庫唐人文集研究》，四川出版集團，2010 年。

論 文

1. 張崟：《七閣四庫成書之次第及其異同》，《國立北平圖書館館刊》，1933 年第 7 期。

2. 劉遠遊：《四庫全書卷首提要的原文和撤換》，《復旦學報》，1991 年第 2 期。

3. 黃寬重：《文津閣本宋代別集的價值及其相關問題》，《文獻》，1998 年第 3 期。

4. 司馬朝軍：《〈四庫全書總目〉殿本與浙本之比較》，《四川圖書館學報》，2002 年第 6 期。

5. 司馬朝軍：《殿本〈四庫全書總目〉與庫本提要之比較》，《圖書理論與實踐（信息學‧文獻學）》，2005 年第 2 期。

6. 陳曉華：《〈四庫全書〉三種提要之比較》，《首都師範大學學報》，2005 年第 3 期。

7. 蔣復璁：《〈四庫全書〉的性質與編纂及影印的經過》，《〈四庫全書〉研究文集》，《2005 年四庫全書研討會文選》，甘肅四庫全書研究會編，2006 年。

8. 黃煜：《四庫全書總目與閣書提要差異情形及其原因之考察》，《古典文獻研究》，南京大學古典文獻研究所編，2006 年。

9. 熊偉華、張其凡：《〈四庫全書總目〉之提要與書前提要的差異》，《學術研究》，2006 年第 7 期。

10. 袁芸：《〈文溯閣四庫全書提要〉別集類辨證》，南京師範大學碩士研究生論文，2007 年。

《文溯閣四庫全書提要》別集類辨證

袁　芸

作者簡介：

　　袁芸，1981 年生，湖南隆回人。2007 年畢業於南京師範大學中國古典文獻學專業，獲文學碩士學位。曾在《圖書館工作與研究》等雜誌發表有關《文溯閣四庫全書提要》的文章數篇。現任職於北京國圖書店有限責任公司，主要從事與國家圖書館館藏民國圖書保護、利用等相關工作。

內容提要：

　　《文溯閣四庫全書提要》是七閣《四庫全書》書前提要中最早輯成的單行本，對我們瞭解文溯閣《四庫全書》提供了極大方便，但由於《四庫全書》底本不善、修纂者傳抄失誤、排印錯誤等方面的原因，提要在書名、篇卷、作者、時間以及考據評價等方面存在諸多訛誤，影響其學術價值。自其於上世紀 30 年代問世後，囿於當時及其後的政治形勢，鮮有人對其進行專門研究。1999 年中華全國圖書館文獻縮微複製中心將其影印出版，更名爲《金毓黻手定本文溯閣四庫全書提要》，本書便以其爲研究對象，通過與《四庫全書總目》、文淵閣《四庫全書》書前提要的對比研究，找出《文溯閣提要》集部別集類所存在的書名、卷數、作者、時間以及內容等方面的訛誤數十條。筆者再結合名家目錄、史書、文集、地方志等相關資料，對其進行詳細的考辨與訂正，以供相關研究者參考利用。另外，《文溯閣四庫全書提要》在一些地方亦可補正《四庫全書總目》之失。

目　次

前　言

　　乾隆三十七年（1772），清高宗弘曆下令修纂《四庫全書》。《四庫全書》前後鈔成七部，分庋七閣。其中貯於奉天行宮之文溯閣的一部，史稱文溯閣《四庫全書》。但其不易窺見，且繁富難檢。爲此，學者將文溯閣《四庫全書》中每篇提要輯出，編爲一書，1935 年由遼海書社排印發行，題名《文溯閣四庫全書提要》。1999 年中華全國圖書館文獻縮微複製中心據此本影印，書名《金毓黻手定本文溯閣四庫全書提要》。以下此書簡稱《文溯閣提要》。

一、《文溯閣提要》與《四庫全書總目》之比較

　　乾隆三十八年（1773）二月六日，清高宗降旨：「應俟移取各省購書全到時，即令承辦各員將書中要旨隱括，總敘崖略，黏貼開卷副頁右方，用便觀覽。」〔註1〕因此，四庫館臣在纂修過程中，每校訂一書，均撰一提要，其內容包括書名、卷數、作者爵里、典籍要旨、內容得失等，鈔列於《四庫全書》所著錄各書之首（以下簡稱爲「閣本提要」）。其後，總纂官陸錫熊、紀昀等人在各閣本提要的基礎上，綜合考校，反覆潤色，並按照經、史、子、集等四部排比，編成二百卷《四庫全書總目》（以下簡稱《總目》）。因此，《文溯閣提要》便與《總目》存在不一致的地方。這裡僅以著者與書（篇）名爲例，對二者之關係稍作探討。

　　對作者的介紹。《總目》作爲完善的目錄著作，對所著錄的書都詳列作者，以知人論世。所以讀過《總目》，便會對其人一定程度的瞭解。但《文溯閣提要》於此，卻或有或無，或詳或略。有者，如《松鄉集》（P828，此爲

〔註１〕《纂修四庫全書檔案》，中國第一歷史檔案館編，上海古籍出版社。

1999 年中華全國圖書館文獻縮微複製中心影印本頁碼，下同）云任士林「字叔實，號松鄉，奉化人，以郝天挺薦，授安定書院山長」。有時羅列其著述，如《廣成集》（P696）云杜光庭「以道士事蜀主王建、王衍，賜號廣成先生。後歸隱青城山，年八十五乃卒」之後，又云其「所著《洞天福地記》、《道教靈驗記》、《墉城集仙錄》、《神仙感遇傳》，俱別著錄道家類中」。無者，則如《別本韓文考異》（P679）的編者宋代王伯大，除云其編集外，對其他情況隻字未提。而《總目》則言其「字幼學，號留耕，福州人。嘉定七年進士。理宗朝官至端明殿學士，拜參知政事。事蹟具《宋史》本傳。」既使我們對伯大有所瞭解，又爲對其進一步研究提供了線索。有時還對作者情況不明者，詳加考證。如《蘭軒集》（P836），云其作者王旭「字景初，東平人。其事蹟不見於《元史》，談藝家亦罕見稱述。顧嗣立撰《元詩選》，彙緝至三百家，而不載旭集，則久佚可知。惟《山東通志》稱旭與同郡王構及永平王磐俱以文章名世，天下號爲『三王』，而於其出處本末，亦未詳載，則並其人亦幾湮沒矣。今以集中詩文考之，蓋旭家貧力學，教授四方，嘗爲碭山令所賓禮。《送王侯二生序》所云：『至元庚寅，碭宰崔公以禮招余至其邑，俾專講習者是也。』又嘗至長蘆，主高百川家。《中和書院記》所云：『辱承君幣，來自泰山者是也。』其餘如安陽，如郕城，如鯨川，皆所曾僑寓之地。又嘗至杭州，之長沙。遊跡幾半天下，而卒未登仕版。其《有寄詩》云：『處困不堪家累重，謀生聊藉主人賢。』生平境遇，即此可以見其大概矣。」略者，則極其簡略，如《詠物詩》，只云作者謝宗可「自稱金陵人。其始末無考。」但由於《文溯閣提要》因每書提要而成，故一人之不同著述，而有重複之作者介紹。如《白雲樵唱集》《草澤狂歌》等，均爲明代王恭所撰。前者之提要云（P876）：「（王）恭，字安中，閩縣人。自稱皆山樵者，『閩中十子』之一也。成祖初以儒士薦修《永樂大典》，授翰林院典籍。」後者（P876）云：「（王）恭，字安中，閩縣人。自稱皆山樵者。成祖時，以儒士薦待詔翰林，與修《永樂大典》，授典籍投牒歸。與林鴻、高棅輩稱『閩中十子』」。而《總目》對此採用互見法，只於前者有作者介紹。當然，二目也有相同者。如以上所舉《蘭軒集》。

對書（篇）名的著錄。《文溯閣提要》別集類共著錄 966 種書，其中 134 種書名與《總目》不同。在這些不同中，有省作者姓氏者，如南朝梁何遜的作品集，《總目》爲《何水部集》，而《文溯閣提要》爲《水部集》；《總目》

之《馮安岳集》，《文溯閣提要》為《安岳集》，《楊仲弘集》為《仲弘集》
等。有書名不詳者，如《五百家注音辯昌黎先生文集》著錄為《五百家注昌
黎集》，《李太白詩集注》為《李太白集注》。此外，還有顛倒著者姓氏者，如
《歐陽行周文集》（P683）倒為《陽歐行周文集》，等等。《文溯閣提要》頗多
書名著錄，不及《總目》準確。其原因，一則疑為文溯閣《四庫全書》所選
底本的問題，二則疑為文溯閣本提要疏忽，三則在輯出及排印時，又增加了
新的失誤。

　　書（篇）名著錄，還包括其篇（卷）數的著錄。《總目》於書名後便言其
卷數，《文溯閣提要》一般也如此，但有時會在提要中再次提到，但又不同。
如《郎溪集》（P710）：「《郎溪集》二十八卷，宋鄭獬撰。」又言「《宋志》載
《郎溪集》五十卷，淳熙十三年秦焞嘗序而刊之，今已久佚。惟從《永樂大
典》內裒輯編次，又以《宋文鑒》、《兩宋名賢小集》諸書所載，分類補入，
勒為三十卷。」而在《總目》中，均為「三十卷」。有時甚至通篇提要都不言
其卷數，如《蒙齋集》（P791），《總目》作十八卷：「今取《永樂大典》所載
者，以類排比，釐為一十八卷」。

　　此外，《文溯閣提要》與《總目》雖屬於同一體系，但《總目》中總序、
小序、案語及存目為《文溯閣提要》所無，且二者次第不同。金毓黻先生云：
「原本提要與現行《總目》相對，無有一編無異同者。其通編不同，各類皆
有。與《總目》互校，異同詳略，亦不勝其列舉也」。（《解題》）此「無有一
編無異同者」，雖言之過甚，但完全相同者亦不多。據筆者統計，在《文溯閣
提要》別集類 966 篇提要中，與《總目》完全相同的僅二百餘篇。此外，《文
溯閣提要》相對粗糙，在一定程度上反映了修書的原始情況，及纂修官之間
不同的學術觀點。當然，《文溯閣提要》也有比《總目》合理的地方。如對《青
山集》與《青山續集》二書，《文溯閣提要》分別提要，而《總目》卻只有《青
山集》一種。實際上，在《四庫全書》中，此乃兩種書。

　　為探明此異，再舉一例。《文溯閣提要》之《笠澤叢書提要》（P102）云：
「《笠澤叢書》四卷、補遺　卷，唐陸龜蒙撰。龜蒙有詩集別行。此書所載雜
著為多。以其叢脞細碎，故名《叢書》，以甲、乙、丙、丁為次。後又有《補
遺》一卷。宋元符間蜀人樊開始序而梓之。政和初，毗陵朱袞復行校刊，止
分上、下二卷及《補遺》為三。此本為元季龜蒙裔孫德原重鐫。既依蜀本釐
為四卷，而序仍毗陵本作三卷者，字誤也。王士禎跋謂得都穆重刊蜀本，內

紀《錦裙》在丙集，《迎潮詞》在丁集。而此本《錦裙》在乙，《迎潮》在丙，敍次又不盡依蜀本。今姑仍其舊錄之焉。乾隆四十七年五月恭校上。」而《總目》（P1300 下）則云：「唐陸龜蒙撰。龜蒙有《耒耜經》，已著錄。此集爲龜蒙自編。以其叢脞細碎，故名《叢書》，以甲、乙、丙、丁爲次。後又有《補遺》一卷。宋元符間蜀人樊開始序而梓之。政和初，毗陵朱衮復行校刊，止分上、下二卷及《補遺》爲三。此本爲元季龜蒙裔孫德原重鐫。既依蜀本釐爲四卷，而序仍毗陵本作三卷者，字偶誤也。王士禛《漁洋文略》有此書跋，謂得都穆重刊蜀本，內紀《錦裙》在丙集，《迎潮詞》在丁集。而此本《錦裙》在乙集，《迎潮詞》在丙集，敍次又不盡依蜀本之舊，疑德原又有所竄亂矣。龜蒙與皮日休相倡和，見於《松陵集》者，功力悉敵，未易定其甲乙。惟雜文則龜蒙小品爲多，不及日休《文藪》時標偉論。然閒情別致，亦復自成一家，固不妨各擅所長也。」此詮釋書名與版本流傳爲其共同點，其他則多有差異。《文溯閣提要》語焉不詳，如其對《四庫》已著錄陸龜蒙之《耒耜經》及王士禛《漁洋文略》收有此書跋之事，只籠統說「龜蒙有詩集別行」、「王士禛跋」，而《總目》則詳言之。《文溯閣提要》之「今姑仍其舊錄之焉」陳述客觀事實，而《總目》「疑德原又有所竄亂矣……」則爲考評。《文溯閣提要》對陸氏作品風格不置一喙，而《總目》則指出陸氏之詩與皮氏之詩爲難兄難弟，而陸氏小品多於皮氏，但又不及陸氏「時標偉論」。最後，《總目》又指出，陸氏小品之閒情別致，自成一家。至此，陸氏作品之概貌便呈現於讀者面前。可見，《總目》之體例，優於《文溯閣提要》體制。

姚名達先生曾總結劉向等撰寫敍錄之義例：著錄書名與篇目；敍讎校原委；介紹著者生平與思想；說明書名含義、著書原委及書之性質；辨僞；評論思想或史事；述學術源流；判書之價值〔註 2〕。《總目》繼承並弘揚之，體例整齊劃一。而《文溯閣提要》，則參差不齊。

二、《文溯閣提要》的學術價值

金毓黻先生在《文溯閣提要》的解題中，引述時人所說影印文溯閣原本提要之「七善」，其中前「四善」概括《文溯閣提要》的學術價值：一、《文溯閣提要》爲著錄各書之原提要，依閣中所藏爲序，以之讀全書，不虞相紊。二，可窺乾隆時諸儒批評精神及文章個性。三，以之與《總目》對校，可辯

〔註 2〕姚名達：《中國目錄學史》，商務印書館，1998 年 4 月影印第 1 版。

章學術、推尋類例。四，《文溯閣提要》卷冊爲《總目》五分之三，但本末賅備，繁簡適中〔註3〕。此「四善」，誠爲宏旨。下面，筆者又從微觀方面，即《文溯閣提要》別集類部分補正《總目》相應部分，探討《文溯閣提要》的學術價値。

（一）篇卷方面

《總目》所記各書篇（首）卷數，與《四庫全書》各書實際篇（首）卷多有差誤，而《文溯閣提要》所記則與圖書多所吻合。如《總目》（P1315，此爲《總目》頁碼，下同）之《傳家集》爲八十卷，其中雜文五十六卷，《文溯閣提要》（P707，此爲《文溯閣提要》頁碼，下同）作「雜文五十七卷」。考文淵閣本此集，其卷十六至卷七十二爲雜文，即制詔一卷、表一卷、章奏四十卷、書啓六卷、論二卷、議一卷、評一卷、序三卷、記一卷、傳一卷，凡五十七卷，故該集共有八十一卷。他如《兼濟堂文集》（P1520下），《總目》云其「奏疏三卷」，《文溯閣提要》（P928）作「奏疏二卷」（其實，文淵閣本此集奏疏爲卷一、二，計二卷）。《古歡堂集》（P1526下），《總目》爲詩十四卷，而《文溯閣提要》（P934）作「詩十五卷」（文淵閣本此集，從卷一至卷十五均爲詩歌，凡十五卷），等等。

（二）姓名字號方面

《總目》提要中所記一些人物之姓名字號謚號，亦有訛誤，而《文溯閣提要》則多與實際一致。姓氏之誤者，如《翰苑集》（P1287上）：「常處厚纂。」此「常處厚」，《文溯閣提要》作「韋處厚」。韋處厚者，《舊唐書》卷一百五十九、《新唐書》卷一百四十二均有傳，其官至宰相。而常處厚者，舊、新《唐書》均無此人。如有此人，則兩《唐書》不能無傳。名之誤者，如《虛舟集》（P1482下）：「又有弘治六年桑懌序」。其「桑懌」，《文溯閣提要》作「桑悅」。桑悅，明蘇州府常熟人，字民懌，號思玄居士。成化元年舉人。會試中副榜。除泰和訓導，遷柳州通判。好爲大言，以孟子自況，謂文章舉天下惟悅，次則祝允明。《明史》等亦如此。而桑懌，則爲宋人。他如《存悔齋稿》（P1431中）之「徐琬」當作「徐琰」等。別號之誤者，如《蘭皐集》（P1410中）：「（吳錫疇）自號曰蘭皐子」。「蘭皐子」，《文溯閣提要》作「蘭皐」。文

淵、文津二閣提要及《續文獻通考》均如此。《宋元學案》卷八三,云吳氏爲徽州休寧人,吳儆從孫。字元倫,一作元範,號蘭皋。諡號之誤者,如《古廉集》(P1485 中)。《總目》云其著者明李時勉卒諡「文敬」,而《文溯閣提要》作「文毅」。《明史》卷一百六十三《李時勉傳》云:「(李)時勉卒矣,年七十七,諡文毅。」《明詩綜》卷二〇亦云:「(李)時勉名懋……終國子祭酒。卒諡文毅。」

(三)時間方面

《總目》提要中的一些時間及其他方面的錯誤,《文溯閣提要》亦可正之。如《幔亭詩集》(P1515 下),《總目》作「明徐𤊽……萬曆戊午舉人。」此「戊午(1618)」,《文溯閣提要》作「戊子(1588)」。檢乾隆《福州府志》卷四十《選舉五·舉人》,徐𤊽於萬曆十六年(戊子)鄉舉十六人中,名列第三。乾隆《福建通志》卷五十一:「徐𤊽字惟和,閩縣人,……舉萬曆戊子鄉薦。」

(四)其他方面

此外,在其他方面,《文溯閣提要》亦可匡正《總目》。如《文毅集》(P1482 上),《總目》云:「明解縉出爲江西參議」,《文溯閣提要》作「廣西參議……事蹟具《明史》本傳」。《明史》卷一百四十七謝縉本傳云:「明年(永樂六年),縉坐廷試讀卷不公,謫廣西布政司參議。」《明史》卷六《成祖本紀》亦云:「(永樂)二月庚寅,出翰林學士解縉爲廣西參議。」次如《純白齋類稿》(P1448 中)。《總目》:「濯濯幽媚,娟娟靜好」。其「濯濯」、「靜好」,《文溯閣提要》作「馥馥」、「淨好」,是。

《文溯閣提要》補正《總目》之誤的功用,誠如金先生所言:「後日修改之稿,既非出於原撰者之手,則其意趣、精神,自不必盡如原撰者之意。」「然原本甄敘簡明,多爲改本所無,亦有不可廢者。」〔註 4〕研究《文溯閣提要》的這一作用,對我們利用《總目》大有好處。

三、《文溯閣提要》存在的問題

儘管《文溯閣提要》有重要的學術價值,其錯誤也是不容忽視的。現分類歸納如下。

〔註 4〕 金毓黻:《文溯閣提要·解題》。

（一）姓名字號之誤

這種錯誤，如《霽山集》（P814），誤刻者汪士鋐爲沈士鋐。此汪士鋐，據《清史列傳》卷七一、《碑傳集》卷四七，可知其爲清江蘇長洲人，康熙三十六年進士，授翰林院修撰，官至右中允，入直南書房。與兄汪份、汪鋆、弟汪倓，俱知名，時稱「吳中四汪」。此爲承「沈士尊」之「沈」而誤。人名之誤，如《篔窗集》（P796）將「游仲鴻」誤爲「游中鴻」。考《宋史》卷四百游仲鴻本傳，游氏乃宋果州南充人，字子正，號果齋，又號鑑虛。孝宗淳熙二年進士，官至利州路提點刑獄。別號之誤，如《青山續集》（P724）將郭祥正之號「漳南浪士」作「浦南浪士」等。

（二）篇名之誤

這種失誤，一般可從其內容考察出來。如《柳塘外集》將七絕《陳了翁祠》誤爲《陳了翁詞》，《東庵集》（P833）將《祭硯司業先生文》作《祭酒司業先生文》，《始豐稿》將《將許俊墓碣》作《將許俊墓碑》（P872），《履齋遺稿》（P798）將《乞遴選近族疏》作《乞遴選近習疏》，《懷麓堂集》（P894）將《求退錄》作《求子錄》，《逍遙集》（P697）將《秋夕旅舍書懷》、《喜臘雪》分別爲《秋夕旅舍書懷》和《喜雪》，《壬子歲考試秋闈次受卷官北平行省照磨葉叔則中秋詩韻》作《壬子歲考試秋闈和北平行省照磨葉叔則》，等等。

（三）時間之誤

此類失誤，可分爲年號之誤和年份之誤。《可齋雜稿》（P759）云其撰者李曾伯卒於寶祐戊辰，當爲「咸淳戊辰」（1268）。參見《宋史》卷四百二十李曾伯本傳。其實，寶祐（1253～1258）年間無戊辰年，而咸淳年間則有之。《宗子相集》（P917）云宗臣爲嘉靖癸丑進士，實爲嘉靖庚戌進士。《臨皋文集》（P920）云明楊寅秋嘉靖丙戌進士，實爲萬曆甲戌進士。他如《清獻集》（P707）云是本爲仿宋嘉定本重刊本，實爲嘉定本重刊。年份之誤，如《鵝湖集》（P1478下）云明龔敩於洪武十三午八月丙午被置爲四輔官之一，實爲洪武十三年九月丙午，等等。

（四）職官之誤

此種失誤，其中有將官名脫字者。如《學言稿》（P857）將「萬億四庫照磨」（此官屬戶部，管錢糧出納）誤作「萬億庫照磨」。有將官名音誤者。如

《槎翁詩集》（P870）將劉崧「吏部尙書」作「禮部尙書」。有將副職誤作正職者，如《御製詩集》「協辦大學士梁國治、侍郎董誥」作「大學士梁國治、尙書董誥」等。此外，還有因刪而仕履不明者。如《春卿遺稿》（P701）介紹作者蔣堂仕履，《總目》爲「仁宗朝，歷官左諫議大夫，知蘇州。改給事中，仍知州事。後以禮部侍郎致仕，因家於蘇。」而《文溯閣提要》作「仁宗朝，歷官禮部侍郎致仕。嘗兩守蘇州，因家焉」，等等。

（五）引文之誤

這類失誤，主要爲形近而誤。《安雅堂集》（P848）將蘇軾語「我老將休，付子斯文」作「我志將休，付子斯文」。此語原出《東坡全集》卷六三《祭歐陽文忠公夫人文》：「嗚呼，軾自齠齔，以學爲嬉……此我輩人，餘子莫群。我老將休，付子斯文。」《復古詩集》（P861）將「峨峨孤竹岡，上有石魯魯」作「峨峨孤竹岡，上有石層層」。《小鳴稿》（P901）之《山行》詩「啼鳥無聲僧入定」作「啼鳥無聲僧入室」，《蘇門集》「空山鼓琴」作「高山鼓琴」，《子淵詩集》「曉市魚蝦集」爲「晚市魚蝦集」，《眞山民詩集》（P817）「沐浴山川雨有恩」作「沐浴山川雨有思」，《草澤狂歌》（P876）「天涯涼月夜三更」作「天涯涼月夜千峰」，等等。還有張冠李戴者。如《此山詩集》（P837），將周權贈虞集詩「遠遊非涉聲利途，願謁國丈開榛蕪」，誤爲贈趙孟頫（周氏贈趙氏詩爲「瓣香未展師道敬，攜琴暫出松蘿中」。）

（六）篇卷之誤

這類失誤，主要是指與實際篇卷有出入。如《（何）水部集》（P667）有何遜聯句十三首，後附《七召》一篇。實載聯句十二首：《往晉陵聯句》、《范廣州宅聯句》、《至大雷聯句》、《相送聯句》二首、《賦詠聯句》、《臨別聯句》、《贈新曲相對聯句》、《照水聯句》、《折花聯句》、《搖扇聯句》、《正釵聯句》。「《七召》一篇」，亦「《七召》八首」，即《七召》、《宮室》、《肴饌》、《聲色》、《佃遊》、《神僊》、《儒學》、《治化》。《范忠宣集》（P717）「遺文一卷，載純仁文七首，附以其弟純禮文二首，純粹文十九首，」首載范純仁之《王氏語錄序》、《議太廟增室事》、《論除呂公著文字不經書讀》、《上宣仁皇后論文德殿受冊》、《繳進明道詔書》等文五篇，范純禮《議南郊合祭》、《奏請察譏論之臣》等文二篇，范純粹之文爲《論西事當改圖》、《論熙延與夏國所畫封疆事》、《奏乞修明元頒戰守約束》等十八篇。《孔北海集》：「此本……議一篇……、教一篇……詩六篇。」其議實爲二篇：《馬日磾不宜加禮議》和《肉

刑不宜復議》。教實爲八篇，即《答王修教》、《又答王修教》、《告高密縣立鄭公鄉教》、《下高密賑鄧子然教》、《告高密縣立鄧公宅教》、《再告高密令教》、《告高密僚屬教》與《告昌安縣教》。詩實爲八首，即《六言詩三首》、《雜詩二首》，另有《離合作郡姓名字詩》、《臨終詩》與《失題》等三首。

（七）地名之誤

此類之誤，常將甲地作乙地。《陵川集》云武陵陶自悅（P823），而《昭化名人尺牘續集小傳》、楊鍾曦《雪橋詩話全集》等，清雍正《江南通志》卷一百四十二等，均爲「武進陶自悅」。《紫山大全集》（P828）云胡祇遹官至河南浙西道提刑按察使，實爲江南浙西道提刑按察使。《陳檢討四六》（P932）言楊羨陳其年。楊羨，當作「陽羨」。陳其年（維崧），江蘇宜興陽羨人，陽羨詞派之首。也有脫簡的。《覆瓿集》（P811）云「宋趙必璩居於莞」，實則居於「東莞」。

（八）史實之誤

這種失誤，有不考史籍造成乃至評價失公允等兩種情況。前者如《詠史詩》（P692）云胡曾：「事蹟無可考見。」元辛文房《唐才子傳》卷六言之甚詳：「胡曾，長沙人也，咸通中進士。初再三下第。有詩云：『翰苑幾時休嫁女，文昌早晚罷生兒。上林新桂年年發，不許時人折一枝。』曾天分高爽，意度不凡，視人間富貴亦悠悠。遊歷四方，馬跡窮歲月。所在必公卿館穀，上交不諂，下交不瀆，奇士也。嘗爲漢南節度從事，作《詠史詩》，皆題古君臣爭戰、興廢塵跡、經覽形勝、關山亭障、江海深阻，一一可賞。人事雖非，風景猶昨。每感輒賦，俱能使人奮飛。至今庸夫孺子亦知傳誦，後有擬效者不逮矣。至於近體律絕等，哀怨清楚，曲盡幽情，擢居中品不過也。惜其才茂而身未穎脫，痛哉！今《詠史詩》一卷有咸通中人陳蓋注，及《安定集》十卷行世。」又明李賢等《明一統志》卷六十三云：「唐胡曾，邵陽秋田人。長於才幹，天福間應舉不第。高駢鎮四川，乃置門下。時雲南叛，乘傳入川，辭旨不遜，使幕客各撰書答之。曾辭曰：『四方之於中國，猶眾星之拱北辰，百川之趨東海。天地尚不能違，況於人乎？』駢盛稱之，自是箋奏皆出其手。遂成《安定集》十一卷，《詠史詩》百首。」清康熙《湖廣通志·鄉賢志》卷五十亦云：「唐胡曾，姓譜邵陽人。天福間屢舉不第，高駢鎮蜀，引爲從事，時南詔叛，辭語不遜，駢命曾撰牒，諭之曰：『四方之於中國，猶眾星之拱北辰，百川之趨東海，天地尚不能違，況於人乎？』南詔屈服乞和。

尋補寧遠令，多惠政。徙延唐，請於朝，復建舜祠。著有《安定集》十二卷，《詠史詩》百首」等。記載如此之多，何云「事蹟無可考見」？《陳剛中集》（P836）亦云：「考（陳）孚《元史》無傳，其出使始末，乃載《梁曾傳》中。實則《元史‧列傳‧儒學二》卷一百九十爲其傳：「二十九年，世祖命梁曾以吏部尚書再使安南，選南士爲介，朝臣薦孚。博學有氣節，調翰林國史院編修官，攝禮部郎中，爲（梁）曾副。陛辭，賜五品服，佩金符以行。三十年正月，至安南，世子陳日燇以憂制不出郊，遣陪臣來迎，又不由陽明中門入，曾與孚回館，致書詰日燇以不庭之罪，且責日燇當出郊迎詔。及講新朝尙右之禮，往復三書，宣佈天子威德，辭直氣壯，皆孚筆也。其所贈，孚悉卻之。詳見《梁曾傳》中。」此外，還有評價失公允者。《學古緒言》（P922）：「（程）嘉燧以依附錢謙益得名，本非端士。」《明史‧列傳》卷二百八十八云：「程嘉燧……工詩善畫。與通州顧養謙善。友人勸詣之，乃渡江。寓古寺，與酒人歡飲三日夜，賦《詠古》五章，不見養謙而返。崇禎中至常熟，讀書耦耕堂。士林咸重之」可知，程嘉燧之名非緣於錢謙益之名。葉德輝《郋園讀書志》之《松園浪淘集》亦於辯駁：「松園（程嘉燧號）早得盛名，初未依附謙益，不過，晚與之昵，彼此不無阿好之詞耳。明末文人習氣，凡達官田居，必引一布衣，與之倡和往來，以炫鄉里之耳目。如董宗伯之與陳眉公，亦即其習氣。謂其詩不足名家，亦是持平之論。謂非端士，毋乃儲胥之惡與？」

（九）其他方面

除以上種種，還有其他失誤。《雲莊集》（P774）「是集……乃明天順間其世孫梗所編。」「世孫」，當作「十世孫」。《紫山大全集》（P828）：「今據《永樂大典》所載裒合成編，釐爲賦、詩餘七卷，……語錄二卷……」文淵閣本此集，在賦與詞之間，尙有五言古詩二卷、七言古詩一卷、五言律詩一卷、七言律詩一卷及五言絕句數首。此外，「語錄」亦有卷二四、二五、二六等三卷。《湛淵集》（P830）「是於至正之初，已用《洪武》，不問可知」應爲「已用《洪武正韻》，其爲依託淆混，不問可知」。《居竹軒詩集》（P854）「劉欽嘗稱（成）廷珪五言務自然，不事雕劌」，實則劉欽嘗並未提及五言詩。《易齋集》（P886）「疾如黃河怒風卷濤浪，麗如錦江秋水湧芙蓉。」其「湧」，當爲「涵」（「涵」字更合此詩原意）。《蟻蟓集》（P919）「是集爲嘉靖癸卯（盧）楠所自編。」此集雖有癸卯盧楠自序，但只解釋了書名的由來以及該集所收

作品的體裁，並未詳其編類及其卷數，更未言爲其自編。距盧楠不久的穆文熙《重刻蟻蟓集引》亦未言其自編。究竟誰編，應該存疑。

《文溯閣提要》儘管在内容、流傳範圍、影響等方面不如《總目》，但不能以此便簡單判斷孰優孰劣，而應讓二者並行不悖。

四、《文溯閣提要》的研究現狀及研究方法

《總目》自問世以來，對其研究不斷深入。但《文溯閣提要》宥於當時政治形勢，流傳不廣。1999 年，中華全國圖書館文獻縮微複製中心將其影印出版，更名爲《金毓黻手定本文溯閣四庫全書提要》，末附郝慶柏《文溯閣四庫全書提要與總目異同表》及《聚珍版本提要與四庫本提要異同表》。郝氏二表列出二者的書名、著者及卷數之異，少數注「備考」，簡要說明其差異之由，這爲研究打開了一個很好的局面，但欠全面、系統，且疏漏頗多。如表一隻列出了 655 種書名、作者、卷數的差異，除極少一部分在「備考」中有說明外，餘則未作任何解釋。至今，「四庫學」者也鮮涉及。除黃愛平先生《〈四庫全書總目〉與閣本提要異同初探》（《圖書館學刊》，1991 年第 1 期）從潤飾文字、統一體例、增刪内容等，羅琳先生《四庫全書的分纂提要、原本提要、總目提要之間的差異》（《古籍整理學刊》，1991 年第 6 期）從版本、分類、内容、考證之異等，及司馬朝軍先生《殿本〈四庫全書總目〉與庫本提要比較》（《圖書館理論與實踐》，2005 年第 2 期）從體例、對象、著錄之異等作了宏觀研究外，微觀的研究還沒有。許多有價值的東西未被發掘，極需對其作深刻的研究。

本文就以《文溯閣提要》爲研究對象，考訂其謬誤、疏漏等，同時兼考其與《總目》之異，以辨正誤。《文溯閣提要》與文淵閣提要的異同，及對此二提要疏誤，加以說明訂正，兼考前人成果之誤。因筆者不能見到文溯閣《四庫全書》，加大了考證的困難。爲此，筆者採用對照《文溯閣提要》、文淵閣提要及《總目》，考其異同，評價其得失；查閱各種書目、地方志、叢書等資料，訂正所發現的疏誤，補充不詳之處；適當運用《四庫全書》、《四部叢刊》等電子版進行檢索，並合理利用網絡資源等方法，進行研究。由於時間原因，筆者只著重考察《文溯閣提要》集部中的別集類。因當年輯錄《文溯閣提要》時，間從文淵、文津兩閣本補其所缺，筆者還將其與文淵閣提要、文津閣提要及《四庫全書簡明目錄》的相應部分作比較研究。

辨　證

一、篇名之誤

1.江文通集四卷（P666）

張本闕《爲蕭某拜太傅揚州牧表》一篇，此皆補完。他如《待罪江南思北歸賦》，張本無題首四字。《尚書符》，張本題下缺夾註「起都宮鈞局符蘭臺」八字。《爲蕭某重讓揚州表》中「任鈞無負圖之重」句，張本脫「無」字。《爲蕭某讓太傅相國十郡九錫表》首，張本脫「備九錫之禮」五字。

按：考文淵閣本此集，張本所闕之表當爲《爲蕭拜太尉揚州牧表》；《尚書符》之夾註當爲「起都官軍局符蘭臺」八字；《爲蕭某重讓揚州表》當作《爲蕭重讓揚州表》，其「任鈞無負圖之重」之「無」當作「符」，張本脫此字；《爲蕭某讓太傅相國十郡九錫表》作《爲蕭讓太傅相國十郡九錫表》。明胡之驥《江文通集彙注》（中華書局，1984 年版），亦同文淵閣本。

2.岳武穆遺文一卷（P753）

辭除西鎮僅有第二箚，則其佚篇，蓋不可殫數。

按：「辭除西鎮僅有第二箚」，《總目》作「辭除兩鎮僅有第三箚」，文淵閣提要作「辭除兩鎮僅有第二箚」。考文淵閣本此集，有《辭除兩鎮，乞在外宮觀第二箚子》：「少保臣岳飛箚子奏：臣，今月十二日，伏蒙聖恩，賜臣少保、武勝定國軍節度使，充萬壽觀使。誥一軸，仍奉朝請。臣已謝恩，外緣臣見具箚子辭免，已將誥命寄納臨安府。今月十四日，伏奉詔命不允。竊以兩鎮節旄，國朝盛典，非有大勳，豈容輕授。臣前此叨據，常懼弗稱。自惟智術短淺，坐縻歲月，考其績用，初無絲毫，安可更爾冒榮？矧內祠之任，

得侍清光。朝廷所以貴老尊賢，用昭異數。在臣愚分，非所宜處。顧待遇之愈隆，夙夜以思。雖粉身碎骨，何以圖報萬一。愧深汗溢，感極涕橫。重念臣才疏德薄，人微望輕。若不自列，濫當優寵，必致顛隮，上辜宸眷。欲望聖慈，追寢成命。除臣一在外宮觀差遣。取進止。」文淵閣提要是。

3. 蕭茂挺文集一卷（P677）

此本前有「曹溶」名字二印，蓋其所藏，僅賦九篇，表五篇，牒一篇，序五篇，書五篇。

按：「牒一篇」，文淵閣提要作「箋一篇」。考文淵閣本此集，無牒，而有《爲南陽尉六舅上鄧州趙王箋》一篇。明王三聘《古今事物考・公式》：「箋，前無聞，自魏始也。上至尊曰表。降一等，中宮、東宮皆曰箋，大體與表相類。」細品此文，爲箋，非牒也。

4. 逍遙集一卷（P697）

其（潘閬）詩如《秋夕旅舍書懷》一篇，《喜雪》一篇，間有五代粗獷之習，而其他風格孤峭，亦有晚唐作者之遺。

按：《秋夕旅舍書懷》，當作《旅舍秋夕書懷》；《喜雪》，《總目》作《喜臘雪》，是。考文淵閣本此集，有《旅舍秋夕書懷》一詩：「邊鴻過盡背枕臥，弟姪無書憂膽破。蛩聲更苦不忍聞，半夜起來塞耳坐。」《喜臘雪》詩爲：「久旱臘月如夏熱，夜來忽降一尺雪。叫謝上天聲應徹，且壓瘴氣不作孽。」

5. 履齋遺集四卷（P798）

（吳潛）爲吏部尚書時，有《乞遴選近習疏》。

按：《乞遴選近習疏》，當作《乞遴選近族疏》。《履齋遺稿》本傳中有「（吳潛）進工部尙書，改吏部尙書兼知臨安府。乃論艱屯蹇困之時，非反身修德，無以求亨通之理，乞遴選近族以繫人心，而俟太子之生……」

6. 雪磯叢稿五卷（P804）

《即秋日村路》絕句：「一路稻花誰是主？紅蜻蜓伴綠螳螂」之類，雖涉纖仄，要亦無俗韻也，正未可以名小，甚忽之矣。

按：《即秋日村路》，《總目》作《即秋日村落》。考文淵閣本此集，卷四有《秋日行村路》一詩：「兒童籬落帶斜陽，豆莢薑芽社內香。一路稻花誰是主？紅蜻蜓伴綠螳螂。」據此，可知《總目》作「村落」者不確，應作「村路」。

7. 柳塘外集四卷（P810）

其（道璨）詩邊幅窄窄，未能脫蔬筍氣，而短篇贈語亦覺清穎⋯⋯七絕內之如《題水墨草蟲》、《陳了翁詞》、《和恕齋》、《濂溪書院》諸篇，皆風致嫣然，不減《鑒湖》一曲。

按：《陳了翁詞》，當作《陳了翁祠》。考文淵閣本此集，卷四有七絕《陳了翁祠》一首：「一窗南日照芳祠，憂國空存兩鬢絲。更化早知成紹述，平舟悔不用元龜」。顯然，此詩寫祠，而非詞。故爲《陳了翁祠》。

8. 晞髮集十卷（P813）

據方鳳作翱行狀稱，翱遺稿凡手鈔詩六卷，雜文五卷，《唐補傳》一卷，《南史贊》一卷，《楚詞等芳草圖譜》一卷⋯⋯其《唐補傳》以下，如編入集中，當共二十八卷。

按：《楚詞等芳草圖譜》，《總目》作《楚詞芳草圖譜》。宋濂《文憲集》卷十附有謝翱傳，稱翱有《楚詞芳草圖譜》一卷。「等」字衍。

9. 湛然居士集十四卷（P822）

王士禛《池北偶談》，摘錄其《贈李郡王筆》、《寄平陽閒老》、《和陳秀玉韻》、《贈富察元帥河中》、《遊西園》、《壬午元日》諸詩，以爲頗有風味，而稱其集多禪悅之語。

按：《寄平陽閒老》，《總目》作《寄平陽潤老》。考文淵閣本此集，卷二有《寄平陽淨名院潤老》一詩：「昔年平水便相尋，握手臨風話素心。刻燭賦成無字句，按徽彈徹沒弦琴。風來遠渡晚潮急，雨過寒塘秋水深。此樂莫教兒輩覺，又成公案滿叢林。」王士禛《池北偶談》卷十七《耶律文正詩》亦作「寄平陽淨名院潤老」。故「閒老」當作「潤老」。

10. 可間老人集四卷（P866）

此本即從正統刻本傳寫者，士奇原序尚載於卷端。其詩如《五王行春詞》、《歌鳳臺》諸作，皆蒼莽雄肆。

按：詩題《五王行春詞》，當作《五王行春圖》。《總目》、文淵閣提要、文淵閣本此集、《御定歷代題畫詩類》、《元詩選》等，皆作《五王行春圖》。

11. 西隱文集十卷（P868）

（宋訥）文章，亦渾厚典雅。其奉敕制太學碑，極爲明祖所賞。今具載集中。又有《壬子歲考試秋闈和北平行省照磨葉叔則》詩，及《秋闈即事》

諸詩。

按：《壬子歲考試秋闈和北平行省照磨葉叔則》，文淵閣提要同，《總目》作《壬子歲考試秋闈次北平》。考文淵閣本此集，有《壬子歲考試秋闈次受卷官北平行省照磨葉叔則中秋詩韻》詩二首，其一：「兩界山河月色分，西風掃盡九天雲。桂花玉宇稀星緯，蟾影銀河卷練紋。詩為清秋宜有句，酒當今夕莫辭釅。俊髦步武薇垣上，何憶故園江水濆。」其二：「樽罍清興與誰分，月下冠裳氣薄雲。秋景夜銷銀燭燼，露華涼皺葛衣紋。文衡自省精研定，酒聖人推劇飲醺。今日車書歸一統，通州河下即江濆。」則三提要所引詩題，皆不確。

12. 始豐稿十四卷（P872）

（徐）一夔復得錢鏐《將許俊墓碑》，有「寶正三年」字，以證歐史之不誣。

按：《將許俊墓碑》，《總目》及文淵閣提要皆作《將許俊墓磚》，是。考文淵閣本此集，其《歐史十國年譜備證》卷四一文有：「至正中，余避亂海寧州之東。有姓許者嘗闢巨室，得古墓一，內有誌磚，蓋錢氏將許俊墓也」。

13. 懷麓堂集一百卷（P894）

又雜稿十卷，曰《南行稿》，曰《北上錄》，曰《經筵講讀》，曰《殺祀錄》，曰《集句錄》，曰《哭子錄》，曰《求子錄》，凡七種。

按：「《求子錄》」，《總目》及文淵閣提要皆作「《求退錄》」。考文淵閣本此集，卷九九、卷一○○為《求退錄》，均為李東陽奏請休致之文。故當作「《求退錄》」。

14. 忠肅集十六卷（P890）

臣等謹案：《忠肅集》十六卷，明于謙撰。⋯⋯此本為奏議十卷，分北伐、南征、雜行三類，當即李賓所編。後次以詩一卷，雜文一卷，附錄一卷，與《藝文志》所載，多寡不合。然覈其篇什，亦已罕所遺脫，蓋編次者分析之不同也。

按：「十六卷」、「奏議十卷⋯⋯後次以詩一卷，雜文一卷，附錄一卷」即「十三卷」，《總目》均作「十三卷」，文溯閣提要前後卷數不同。考文淵閣本此集，卷一、二為北伐類，卷三、四為南征類，卷五、六、七、八、九、十為雜行類，卷十一為雜體（詩），卷十二為雜文（序、賦、記、贊、祭文等），

卷十三爲附錄。則當爲十三卷，十六卷誤。

15. 見素集二十八卷奏疏七卷續集十二卷（P899）

奏議分《西曹》、《外臺》、《內臺》、《西征》、《起輔新政》、《秋臺》六稿，無不委曲詳盡，通達事機，平生經略，此足見其大凡矣。

按：「六稿」，實爲「七稿」。考文淵閣本此集，有奏疏卷一有《西曹稿》一篇、《外臺稿》五篇、《外臺稿》五篇、《內臺稿》九篇、《西巡稿》六篇，卷二爲《西巡稿》十七篇，卷三爲《西征稿》七篇，卷四爲《西征稿》八篇，卷五爲《起輔新政》六篇，卷六爲《秋臺稿》十四篇，卷七爲《秋臺稿》二十篇。凡七稿。周錄祥師兄《〈四庫全書簡明目錄〉訂誤》對此有詳辨，可參看。

16. 午亭文編五十卷（P930）

（陳廷敬）諡文貞，嘗著《尊文堂集》八十卷，晚年手定爲此編，其門人侯官林結繕寫付雕。

按：《尊文堂集》，《總目》及文淵閣提要皆作《尊聞堂集》，是。考康熙《山西通志》卷一百二十二，云：「（陳）廷敬著《尊聞堂集》八十卷。晚年手定爲五十卷，曰《午亭文編》。」《國朝耆獻類徵初編》卷七亦作《尊聞堂集》。文溯閣提要因此二字音同而誤。

二、篇卷之誤

1. 孔北海集一卷（P664。此爲 1999 年中華全國圖書館文獻縮微複製中心影印本頁碼，下同。）

凡表一篇、疏一篇、上書三篇、奏事二篇、議一篇、對一篇、教一篇、上書十六篇、碑銘一篇、論四篇、詩六篇，共三十七篇。其《聖人優劣論》，蓋一文而存兩條，編次者遂析爲兩篇，其實三十六篇也。

按：考文淵閣《四庫全書》此集（以下簡稱爲「文淵閣本此集」），議實爲二篇，即《馬日磾不宜加禮議》和《肉刑不宜復議》；教實爲八篇，即《答王修教》、《又答王修教》、《告高密縣立鄭公鄉教》、《下高密賑鄭子然教》、《告高密縣立鄭公宅教》、《再告高密令教》、《告高密僚屬教》與《告昌安縣教》；詩實爲八首，即《六言詩三首》、《雜詩二首》，另有《離合作郡姓名字詩》、《臨終詩》與《失題》等三首。故凡四十七篇，非三十七篇。若將二《聖人優劣論》作一篇，亦爲四十六篇，非三十六篇。蓋統計誤。

2. 嵇中散集十卷（P664）

此本凡詩四十七篇、賦一篇、書二篇、雜著二篇、論九篇、箴一篇、家誡一篇，而雜著中《嵇荀錄》一篇有錄無書，實共文六十二篇。

按：《總目》、文淵閣提要皆同。考文淵閣本此集，卷一實載嵇康詩五十三首，又附錄《秀才答四首》、《郭遐周贈三首》、《郭遐叔贈四首》、《阮德如答二首》等十三首，故凡六十六首。文溯、文淵二閣提要及《總目》皆誤。

3. 水部集一卷（P667）

首列遜小傳，凡詩九十五首，附載范雲、劉孝綽同作擬古二首，聯句十三首，末載黃伯思跋，後附《七召》一篇，末復有紘跋。

按：考文淵閣本此集，實載聯句十二首：《往晉陵聯句》、《范廣州宅聯句》、《相送聯句》二首、《至大雷聯句》、《賦詠聯句》、《臨別聯句》、《贈新曲相對聯句》、《照水聯句》、《折花聯句》、《搖扇聯句》、《正敘聯句》。《相送聯句》二首後有《慈母磯》一首，題中無「聯句」二字，故非聯句。又，「《七召》一篇」，文淵閣本此集題「《七召》八首」，首一篇後各題《宮室》、《肴饌》、《聲色》、《佃遊》、《神仙》、《儒學》、《治化》，則非止一篇也。考其內容，亦實為何遜一人之作。

4. 宗玄文集三卷（P675）

考（權）德輿序稱四百十五篇，而此本合詩賦論僅一百十九篇。

按：「四百十五篇」，《總目》、文淵閣提要均作「四百五十篇」。考文淵閣本此集，前有權德輿序，稱「……合為四百五十篇，博大真人之言，盡在是矣」。則文溯閣提要「十五」二字倒。

5. 五百家注昌黎集四十卷（P680）

首列評論、詁訓、音釋諸儒名氏一篇，自唐燕山劉氏迄潁人王氏，共一百四十八家。又附以新添集注五十家、補注五十家、廣注五十家、釋事二十家、補音二十家、協音十家、正誤二十家、考異十家，統計只三百六十八家，不足五百之數。

按：「三百六十八家」，《總目》、文淵閣提要同。據本提要所云原一百四十八家，加新集注二百三十家，實凡三百七十八家。文溯、文淵二閣提要及《總目》皆誤。

6. 李群玉集三卷（P691）

考劉禹錫作《柳宗元集序》稱四十二通，則唐詩以一通爲一卷。

按：「四十二通」，《總目》作「三十二通」（其後有案語：「今本作四十五通，乃後人追改。」）。考文淵閣本《柳宗元集注》之《唐柳河東文集序》，有「故人禹錫執書以泣，遂編次爲四十五通行於世」之語。則文淵閣提要之「四十二通」當作「四十五通」。

7. 司空表聖文集八卷（P693）

臣等謹案：《司空表聖文集》八卷，唐司空圖撰……此（指該集）十卷，其文集也。

按：考文淵閣本此集，共十卷：卷五爲碑，餘九卷乃雜著。「八卷」誤。

是編舊本前後八卷皆題爲雜著，六卷獨題曰碑，實則他卷亦有碑文。

按：「六卷獨題曰碑」，文淵閣提要同，《總目》爲「五卷六卷獨題曰碑」。考文淵閣本此集，卷五之三篇爲碑文，即：《文中子碑》、《唐故太子太師致仕盧公神道碑》、《太尉琅琊王公河中生祠碑》等。卷六雖題曰「雜著」，其三篇亦爲碑文：《故鹽州防禦使王縱追述碑》、《華帥許國公德政碑》（勅撰）、《解縣新城碑》（勅撰）等。故三種提要皆不確。

8. 郎溪集二十八卷（P710）

臣等謹案：《郎溪集》二十八卷，宋鄭獬撰……《宋志》載《郎溪集》五十卷，淳熙十三年秦焴嘗序而刊之，今已久佚。惟從《永樂大典》內裒輯編次，又以《宋文鑑》、《兩宋名賢小集》諸書所載，分類補入，勒爲三十卷。

按：「二十八卷」、「三十卷」，《總目》均爲「三十卷」，文淵閣提要於「卷三十卷」爲「二十八卷」。考文淵閣本此集，實二十八卷：卷一至卷七制，卷八、九詔，卷十口宣，卷十一表，卷十二狀，卷十三箚子，卷十四書，卷十五記，卷十六、十七論，卷十八解，卷十九祝文，卷二十至二十二墓誌銘，卷二十三、二十四爲五言古詩，卷二十五、二十六爲七言古詩，卷二十七爲七言古詩。卷《增訂四庫簡明目錄標注》亦有「清傳抄《四庫全書》本二十八卷」。則該集當以二十八卷爲確。

9. 范忠宣集二十卷（P717）

臣等謹案：《范忠宣集》二十卷，奏議二卷，遺文一卷，補編一卷。宋范純仁撰……（范純仁）事蹟具載《宋史》本傳。文集凡十八卷：前五卷爲

詩，後十二卷皆雜文，其末卷爲《國史》本傳，則純仁再從孫柔於刊集時所附入也。

按：文溯閣提要前後對本書卷數記錄不一，一爲二十卷，一爲十八卷。《總目》作「事蹟附載《宋史・范仲淹傳》，文集凡二十卷，前五卷爲詩，後十二卷皆雜文，其末三卷爲《國史》本傳及李之儀所撰行狀，皆其侄孫柔於刊集時所附入也」。而文淵閣提要前後皆作十八卷。考文淵閣本此集，文集共十八卷，其末一卷爲《忠宣公國史本傳》，無李之儀所撰行狀。且本提要與文淵閣提要甚爲一致，故疑此集與文淵閣本情形一致。

又遺文一卷，載純仁文七首，附以其弟純禮文二首，純粹文十九首，乃裔孫能濬據舊本重加刪補者。

按：考文淵閣本此集，首載純仁文《王氏語錄序》、《議太廟增室事》、《論除呂公著文字不經書讀》、《上宣仁皇后論文德殿受冊》、《繳進明道詔書》等五篇，恭獻公純禮文《議南郊合祭》、《奏請察譏論之臣》等二篇。純粹遺文爲《論西事當改圖》、《論熙延與夏國所畫封疆事》、《奏乞修明元頒戰守約束》、《奏乞那差將兵》、《奏蕃官李忠傑等事》、《奏牽制西夏事》、《奏分兵守汝遮》、《奏乞不許蕃官私自改姓》、《論交換生口事》、《論治平兵馬與今不同》、《奏乞訪問州縣闕食去處》、《奏乞勞賞曲珍》、《奏論西師不可再舉》、《乞以棄地易被虜之人》、《荅詔論邊情乞不妄動以觀成敗之變》、《論息兵失於欲速》、《乞令蕃官不得換授漢官差遣》、《議進築非便》等十八篇，非十九篇。

10. 浮溪集三十六卷（P739）

有胡堯臣者，以舊傳《浮溪文粹》，共文八十五篇，分十五卷刊行於世。

按：文淵閣本此集提要作：「嘉靖中，有胡堯臣者，以舊傳浮溪文六十五篇，詩二十七首，詞三首，合爲十五卷，名曰《浮溪文粹》，刊行於世。」則其詩文共爲九十五篇。《浮溪文粹》亦爲《四庫全書》收錄，文溯、文淵二閣提要及《總目》皆言「此本不知何人所輯。而胡堯臣爲之授梓以行者，蓋是時原集已佚，僅從諸書所引掇拾而成，故其目祇八十五篇，未能盡窺全豹」。考文淵閣本《浮溪文粹》，實文六十六篇，詩二十四篇，詞三篇，共九十三篇。故三種提要皆誤。

11. 栟櫚集二十五卷（P746）

臣等謹案：《栟櫚集》二十五卷，宋鄧肅撰。……今本爲詩一卷，詞一卷，

文十四卷，目次不同，疑已爲傳寫者所脫佚。

按：「今本爲詩一卷，詞一卷，文十四卷」，可知其爲十六卷。而《總目》及文淵閣提要亦爲「十六卷」。考文淵閣本此集，實爲二十五卷。《增訂四庫簡明目錄標注》載其「元刊本、明正德本二十五卷，較《四庫》本完善。」疑爲文溯、文淵閣本此集，已抽換成二十五卷本，而此提要未作修改，成此牴牾。

12. 西巖集一卷清苑齋詩集一卷（P788）

趙與虤《娛書堂詩話》載《送謝耘遊淮詩》二句，又《東甌續集》載師秀詩五首，《瀛奎律髓》載師秀詩四首，今並附錄集末，題曰《拾遺》。

按：「五首」、「四首」，《總目》同，而文淵閣提要分別作「六首」、「三首」。考文淵閣本此集，從《東甌續集》補錄六首，即《秋日遊棲霞庵》、《一眞姑》、《秋夜偶成》、《夜宿江浦聞元八改官寄此》、《贈寫竹上人歸湘》和《潤陂山》。從《瀛奎律髓》補錄三首，即《寄新吳友人》、《十里》及《秋日偶書》。故文溯閣提要、《總目》皆誤。

13. 蒙齋集（P791）

臣等謹案：《蒙齋集》，宋袁甫撰。

按：文溯閣提要無卷數，文淵閣提要亦同，《總目》作十八卷。《總目》云：「今取《永樂大典》所載者，以類排比，釐爲一十八卷」，可知乃四庫館臣從《永樂大典》輯出。文溯、文淵二閣此提要並未提及該書從何輯出，而二閣之《甬上耆舊詩》提要云：「袁甫之《蒙齋集》亡佚已久。今始得於《永樂大典》中，裒集成編。」可知，三種提要均依《永樂大典》本，卷數卻異，不知何因。考文淵閣本此集，實爲二十卷，卷一經筵講義，卷二至卷七奏疏，卷八、卷九誌，卷十表、狀、書、啓，卷十一序，卷十二至卷十四記，卷十五說、跋等，卷十六箴、銘、贊等，卷十七祭文、墓誌銘等，卷十八墓誌銘，卷十九詩賦，卷二十詩。

14. 滄浪集三卷（P795）

臣等謹按：《滄浪集》三卷，宋嚴羽撰。……《滄浪詩話》一卷，舊本別行。明正德中，淮陽胡仲器所編集時，始列詩前，意在標明宗旨，殊乖體例。今仍各爲分編，以還其舊焉。

按：《總目》作「《滄浪集》二卷，宋嚴羽撰。……其《詩話》一卷，舊本別行。此本爲明正德中淮陽胡仲器所編，置之詩集之前，作第一卷。意在

標明宗旨，殊乖體例。今惟以詩二卷，著錄別集類。其《詩話》別入《詩文評類》，以還其舊焉。」考文淵閣本此集，共三卷：卷一詩話，卷二、卷三詩。文溯閣提要既云「各爲分編」，且其卷一百十一詩文評類有《滄浪詩話》一卷，則此集（文溯閣本《滄浪集》）當爲二卷，非三卷。

15. 竹溪鬳齋十一稿續集三十卷（P807）

凡詩五卷、雜著一卷、少作三卷、記二卷、序一卷、跋一卷、四六三卷、省題詩二卷、挽詩一卷、祭文一卷、墓誌二卷、行狀二卷、學記六卷，其門人福清林式之所編。

按：「四六三卷」，李裕民《四庫提要訂誤》云：「『四六三卷』實爲『四六二卷』（即卷一四、卷一五），啓一卷（卷一六）。」考文淵閣本此集，李說爲是。

16. 佩韋齋集二十卷（P815）

臣等謹案：《佩韋齋集》二十卷，宋俞德鄰撰。德鄰有《佩韋齋輯聞》，已著錄……是集原本二十卷，凡詩七卷，雜文九卷，末即輯聞四卷。然考集首有皇慶壬子熊禾序，稱其平生詩文多不留稿，其子庸哀集，僅得詩文五百二十二首，釐爲一十六卷。則集與輯聞本各爲卷帙。此本爲後人所附綴，今仍分著於錄，從其初也。

按：「二十卷」，《總目》作「十六卷」。考文淵閣本此集，卷一至卷三古詩，卷四至卷六律詩，卷七絕句，卷八賦，卷九記，卷十序，卷十一、十二序，卷十三牋，卷十四、十五啓，卷十六箚子，卷十七至卷二十輯聞。則該集當二十卷也。

17. 則堂集六卷（P816）

惟《永樂大典》收其詩文尚夥，謹裒合排比，以類相從，釐爲文一卷、詩詞一卷。

按：「文一卷、詩詞一卷」，《總目》作「文四卷、詩詞二卷」，是。考文淵閣本此集，卷一至卷四爲文，卷五至卷六爲詩。

18. 滹南集十五卷（P821）

臣等謹案：《滹南集》十五卷，金王若虛撰……此本凡《五經辨惑》二卷，《論語辨惑》五卷，《孟子辨惑》一卷，《史記辨惑》十一卷，《諸史辨惑》二卷，《新唐書辨》三卷，《君事實辨》二卷，《臣事實辨》三卷，《議論辨惑》

一卷，《著述辨惑》一卷，《雜辨》一卷，《謬誤雜辨》一卷，《文辨》四卷，《詩話》三卷，雜文及詩五卷，與四十五卷之數合。

按：「十五卷」，《總目》及文淵閣提要均作「四十五卷」。考文淵閣本此集，亦爲四十五卷。則文溯閣提要在「十五卷」脫「四」字。

19. 紫山大全集二十六卷（P828）

今據《永樂大典》所載裒合成編，釐爲賦、詩餘七卷，文十二卷，雜著四卷，語錄二卷，其間雜著一類。祗適一生所學，具見於斯。

按：「釐爲賦、詩餘七卷」，當作「釐爲賦、詩、詩餘七卷」。考文淵閣本此集，其中尚有五言古詩二卷、七言古詩一卷、五言律詩一卷、七言律詩一卷及五言絕句數首，故「詩餘」前脫「詩」類。此外，「語錄二卷」，當作「語錄三卷」，即卷二四、二五、二六。

20. 吾吾類稿三卷（P859）

元吳臯撰。臯，《元史》無傳，志乘亦失載其姓名，獨《永樂大典》各韻中頗採錄其詩文，題作《吳舜舉吾吾類稿》。又別收胡居敬等原序三篇，略具行履。

按：「《原序》三篇」，《總目》作「《原序》二篇」。考文淵閣本此集，有元明間梁寅與張美和（九韶）《原敘》各一篇。

21. 海桑集十卷（P879）

其（陳謨）集詩文各二卷焉。其甥楊士奇所編。

按：「二卷」，《總目》作「五卷」。考文淵閣本此集，詩文共十卷，卷一、卷二爲詩，餘八卷皆爲文。故文溯閣提要、《總目》皆不確。

22. 畦樂詩集一卷（P880）

原目列古今體詩二百二十四首，而五言古詩中注闕七首，實二百一十七首，題中有缺字二處，詩中有缺字二處，均無別本可補，今亦仍之。

按：「二百二十四首」、「二百一十七首」，《總目》及文淵閣提要均作「二百三十四首」、「二百二十七首」。考文淵閣本此集，古今體詩實二百二十七首，則原目古今體詩當爲「二百三十四首」。故文溯閣提要誤。

23. 文毅集十六卷（P886）

此本十六卷，則康熙戊戌，其十四孫悅所增輯也。

按：「十四孫」，《總目》與文淵閣提要均作「十世孫」。考文淵閣本此集，

其原跋云：「大清康熙戊戌年黃鍾月長至前一日，十世孫悅薰沐跋。」且「十四孫」不辭。此因「四」、「世」音近而誤。

（解）縉所著，有《白雲稿》、《東山集》、《太平奏疏》等書，歿後多散佚。天順初，金城黃諫始輯其遺文爲三十卷以傳，後亦漸湮。

按：「三十卷」，非也。葉德輝《郎園讀書志》卷九，有《解學士詩集十二卷》（明初刻本），云：「今此本（指《解學士詩集十二卷》）卷首，標題結銜有『金城黃諫輯編』一行，僅詩十二卷。卷一頌及四言，卷二五古，卷三、卷四七古，卷五長短句，卷六五絕，卷七之卷九七絕，卷十五律、五排律，卷十一七律，卷十二七律、七排律。卷帙完全，而不及文，不知《提要》何據而云三十卷也。」

24. 迪功集六卷（P907）

王士禛《居易錄》稱：黃庭堅自定其詩爲《精華錄》，僅三百首；（徐）禎卿自定《迪功集》，亦三百首。此本凡樂府共五十首，贈答詩十八首，遊覽詩二十五詩，送別詩四十首，寄憶詩一十九首，詠懷詩十二首，題詠詩二十二首，哀挽詩三首，共一百八十九首，不足三百之數。

按：文淵閣提要及《總目》皆作：「王士禛《居易錄》稱：黃庭堅自定其詩爲《精華錄》，僅三百首；（徐）禎卿自定《迪功集》，亦三百首。此本凡樂府四十四首，贈答詩十六首，遊覽詩二十五首，送別詩四十首，寄憶詩二十一首，詠懷詩十二首，題詠詩二十一首，哀挽詩三首，共一百八十二首，不足三百之數。」考文淵閣本此集，凡樂府四十一首，贈答詩十七首，遊覽詩二十五詩，送別詩四十首，寄憶詩一十九首，詠懷詩十二首，題詠詩二十二首，哀挽詩三首，共一百七十九首。故三種提要皆不確。

25. 方齋存稿十卷（P909）

國朝朱彝尊輯《明詩綜》，乃獨不裁之，當由未見此本，非置之不錄也。又近人鄭王臣輯《莆風清籟集》，所選文後詩尚有《彭城夜泊》七律一首，《送黃主簿赴蘄水》七絕二首，爲是集所未收，未知王臣何自得之。

按：「《送黃主簿赴蘄水》七絕二首」，文淵閣提要同。「二首」，《總目》作「一首」，是。考《四庫存目叢書》之集部 411 冊 447 頁《莆風清籟集》卷十六有《送黃主簿用赴蘄水》七絕一首：「旅食京華幾度秋，今朝歲事又更新。……（此句模糊，不可辨認），欲折長條贈遠人。」

26. 張文貞集十二卷（P933）

（是集）首有賦二篇……墓誌銘三十三篇，大抵皆舂容典雅，渢渢乎盛世之音。其《他諾山》、《狼胥山》二碑敍述聖武神功，皆爲詳贍，足以昭示萬世。

按：「三十三篇」、《他諾山》，《總目》及文淵閣提要皆作「三十二篇」、《拖諾山》。考文淵閣本此集，實有墓誌銘二十七篇，另《他諾山》作《拖諾山》。則三種提要皆不確。

三、時間之誤

1. 清獻集十卷（P707）

此本乃仿宋嘉定本重刊，前有陳仁玉序。

按：「嘉定」，非也。考王士禛《居易錄》卷十二云：「《趙清獻公集》十卷，衢州舊刻本，有景定陳仁玉、至治蒙古僧家奴鈞二序。」葉德輝《郋園讀書志》卷八，有明嘉靖二十年重刻嘉靖元年林有年本《趙清獻集》十卷，云：「前刻舊序有景定元年天台陳仁玉一序。又有至治首元蒙古晉人僧家奴鈞元卿一序、成化七年知衢州府事馬㠻閣鐸一序、嘉靖壬戌衢州府知府宜興楊準一序。又衢州府知府莆田林有年一序，蓋歷來刻本舊序也。」故葉氏指出「非『嘉定』也。」

2. 唯室集四卷附錄一卷（P758）

至於紹興六年應詔箚子，諄諒以嚴師律、備長江、謀漕運爲急。

按：「紹興六年」，當作「紹興七年」。考文淵閣本此集，卷一僅載《上殿箚子》一篇，題注：「案《宋史》：紹興七年，以久旱詔中外臣庶實封言事。長方時爲蕪湖尉，此箚子當是應詔所上也。」則此箚子爲紹興七年事。另「諄諒」不辭，當作「諄諄」。

3. 可齋雜稿三十四卷（P795）

其（李曾伯）《雜稿》編於淳祐壬子，《續稿·前》編於寶祐甲寅，皆有曾伯自序。《續稿·後》爲甲寅以後至辛酉之作，不知誰編。考曾伯卒於寶祐戊辰，則亦所自定也。

按：「寶祐戊辰」，當爲「咸淳戊辰」（1268）。考《宋史》卷四百二十李曾伯本傳，李氏「景定五年（1264）起知慶元府，兼沿海制置使。咸淳元年（1265），殿中侍御史陳宗禮論劾被職。德祐元年（1275），追復元官」。寶祐

（1253～1258）年間，無戊辰年。

4. 西湖百詠二卷（P816）

（董）嗣杲，宋亡後入道孤山四聖觀，改名思學，字無益。故《西湖志》稱爲道士。

按：「宋亡後」，《總目》作「宋季」，《宋詩紀事》卷九十亦同：「嗣杲字明德，號靜傳，宋季入道孤山四聖觀，改名思學，字無益，有《西湖百詠》」。未詳孰是。

5. 宗子相集十五卷（P917）

明宗臣撰。臣字子相，揚州興化人。嘉靖癸丑進士。

按：「嘉靖癸丑」，《總目》及文淵閣提要皆作「嘉靖庚戌」。《明史‧列傳》卷二百八十七云：「梁有譽，宗臣，徐中行，吳國倫，皆嘉靖二十九年（庚戌）進士。」雍正《江南通志》卷一百四十四：「宗臣字子相，興化人，嘉靖庚戌進士，官吏部員外郎。」《獻徵錄》卷九〇之宗墓誌銘亦如此。故「嘉靖癸丑」，當作「嘉靖庚戌」。

6. 臨臯文集四卷（P920）

明楊寅秋撰。寅秋，字義叔，號臨臯，盧陵人。嘉靖丙戌進士，官至廣西左江兵備道副使。

按：「嘉靖丙戌」，《總目》作「萬曆甲戌」。考康熙《江西通志‧人物‧吉安府》卷七十九：「楊寅秋，字義叔，泰和人。萬曆進士，授東莞令，擢御史。」雍正《廣東通志‧名宦志》卷四〇亦云：「楊寅秋，字義叔，江西泰和人。萬曆三年，以進士知東莞。」《古今圖書集成》官常典卷六五〇，云其爲楊士奇裔孫，萬曆三年（甲戌）進士，等等。故「嘉靖丙戌」，當作「萬曆甲戌」。

7. 御製詩初集四十八卷二集一百卷三集一百十二卷四集一百十二卷（P1519下）

（皇上）染翰擘箋，頃刻輒數十首。侍臣授簡，吮墨沉思，前韻未廣，新題已作，丹毫宣示，日以爲常。四十九年之中，卷帙如是之浩博，職是故也。

按：「四十九年」，《總目》作「四十八年」。考該集所收詩，自乾隆元年至乾隆四十八年，凡四十八年，非四十九年。

8.御製樂善堂全集三十卷（P927）

《御製樂善堂文集》定本三十卷，乾隆三十三年協辦大學士尚書臣蔣溥等奉敕重編。

按：「《御製樂善堂文集》」，考文淵閣本作《御製樂善堂全集》。考文淵閣本此集，前十三集爲文，從十四卷至三十卷均爲詩。故題《御製樂善堂文集》不確，當作《御製樂善堂全集》。

「乾隆三十三年」，《總目》作「乾隆二十三年」，《四庫全書簡明目錄》亦云：「乾隆二十三年尚書協辦大學士蔣溥等奉敕編」。考《御製樂善堂全集定本·奏議》云：「協辦大學士戶部尚書蔣溥等謹奏，乾隆二十三年六月十五日奉上諭：『近日偶閱《樂善堂集緣初刻》，所存卷帙頗繁，其中多有不甚愜心之句……』。」則當爲乾隆二十三年。

四、姓名字號之誤

1.青山續集七卷（P724）

上復召之（郭祥正），行至半道，闓使者狀其罪以聞，遂下吏，留於漳幾三年，又自號曰浦南浪士云云。

按：「浦南浪士」，《總目》作「漳南浪士」。考文淵閣本此集，卷二《浪士歌》云：「又自號曰漳南浪士，客或疑而問焉。郭子曰：『士有可以憂，有不足以憂者，仰愧於天，俯愧於人，內愧於心，此可以憂矣，反是夫何憂之有？』作《浪士歌》以釋客問。」《續資治通鑒長編》卷二四四、卷三四四，云其：「宋太平州當塗人，字功父，自號謝公山人，又號漳南浪士。少有詩名，極爲梅堯臣所賞歡。舉進士。神宗熙寧中，知武岡縣，簽書保信軍節度判官。王安石用事，祥正奏乞天下大計專聽安石處畫。神宗異之。安石恥爲小臣所薦，極口陳其無行。時祥正方從章惇辟，以軍功爲殿中丞。聞王石語，遂以本官致仕去。後復出通判汀州，元豐七年坐事勒停。知端州，又棄去，隱於青山卒。能詩。有《青山集》。」《總目》是。

2.香溪集二十二卷（P759）

（范）濬，字茂名，蘭溪人。

按：「茂名」，當作「茂明」。考文淵閣本《范香溪集》卷前提要，即作「濬，字茂明」。書前有陳巖肖序，稱「先生姓范氏，名濬，字茂明」。又朱彝尊《經義考》卷二十一有范氏《易論》一篇，亦云：「濬，陳巖肖曰『先生

姓范氏，名濬，字茂明。』《范香溪集》卷首傳及《宋元學案》卷四五均稱其字「茂明」。

3. 雲莊集二十卷（P774）

是集爲祁承爣澹生堂抄本。前有嘉定間李埴序，又附眞德秀碑文，乃明天順間其世孫梗所編。又別一本，爲其十世孫櫺所重刻，較梗所編少文數首，亦不載德秀碑文。

按：「其世孫梗」，當作「其十世孫梗」。考文淵閣本此集，有吳高後序云：「（劉爚）平昔所爲詩文甚多，兵燹散失。九世孫輝始裒集之，藏於篋笥，人未能遍觀也。十世孫梗，由帥府從事都臺知印，贊幕歸善，處事循理，政得民心，乃慨念祖德，捐俸繡梓以廣其傳」等語。

4. 簣窗集十卷（P796）

惟車若水爲耆卿弟子，所著《腳氣集》，則曰：「予登簣窗先生門，方逾弱冠。荊溪吳名輔先從簣窗，已登科，相與作爲新樣古文……」

按：「名輔」，文淵閣提要同。考雍正《浙江通志》卷一百八十一云：「吳子良，（康熙）《臨海縣志》：『字明輔，寶慶二年進士。官至湖南運使，太府少卿。幼從陳耆卿遊，長登葉適之門。適稱其文意特新，語特工，韻趣特高遠。』」《宋元學案》卷五五、《宋史翼》卷二九均作「明輔」。故「名輔」當爲「明輔」。

今從《永樂大典》中採掇薈稡，共得文一百三十一篇，詩三十八篇，詞四篇，中如《林下偶談》所稱《謝希孟上錢相啓》、《游中鴻諡議》之類均已亡缺，蓋所存僅十之一二矣。

按：「游中鴻」，文淵閣提要同，《總目》作「游仲鴻」。考《宋史》卷四百游仲鴻本傳，游氏乃宋果州南充人，字子正，號果齋，又號鑒虛。孝宗淳熙二年進士。任犍爲主簿，以才被薦爲四川制置司幹辦公事，爲制置使趙汝愚所重。改秩知中江縣。光宗紹熙四年赴召，時趙汝愚在樞密，訪以蜀中利病。寧宗即位，朱熹以論事罷官，仲鴻上疏爲辯護。慶元黨禁起，出知洋州。歷知嘉定府。擢利州路轉運判官，數忤宣撫副使吳曦。曦叛，曾勸楊輔、程松等討伐，不果。曦被誅，除利州路提點刑獄。尋致仕歸。卒諡忠。此外，雍正《四川通志》卷七，亦作「游仲鴻」。

5. 勿齋集二卷（P805）

臣等謹案：《勿齋集》二卷。宋楊至質撰。至質字體文，號勿齋，合阜山

道士。

按：「體文」，文淵閣提要及《總目》皆作「休文」。《郡齋讀書志》卷五上：「《竹宮表制》一卷。至質，字休文。太乙宮代言之文也。自號勿齋。聖上嘗書二字以賜之，休文謝表云：『先儒德秀嘗貽金石之文，督府了翁復貢蟲魚之篆，希弁云不若用臣眞德秀、臣魏了翁，休文以爲然。』」《眞文忠公（德秀）集》卷二六、《宋詩紀事》卷九〇亦作「休文」。故當作「休文」。

6. 霽山集五卷（P814）

此爲康熙間沈士尊、沈士鉉所刊行，蓋即呂洪所定之本也。

按：「沈士鉉」，當作「汪士鉉」。考《清史列傳》卷七一、《碑傳集》卷四七，可知爲汪士鉉。汪氏清江蘇長洲人，字文升，號退谷，又號秋泉。康熙三十六年進士。授翰林院修撰，官至右中允，入直南書房。與兄汪份、汪鈞、弟汪倓俱知名，時稱「吳中四汪」。善詩文，書法與姜宸英齊名。有《長安宮殿考》、《全秦藝文志》、《三秦紀聞》、《玉堂掌故》、《華嶽志》、《元和郡縣志補闕》等。此爲承沈士尊之「沈」而誤。

7.《自堂存稿》十三卷（P820）

臣等謹案：《自堂存稿》四卷，宋陳傑撰。厲鶚《宋詩紀事》載傑字壽父，分寧人，淳祐十年進士，制置司屬官，有《自堂存稿》。

按：葉德輝《郋園讀書志》卷八有《自堂存稿》十三卷（宋元明活字參雜本），其云：「《四庫全書總目》著錄，云《永樂大典》本。《提要》據厲鶚《宋詩紀事》云：『傑字壽父，分寧人，淳祐十年進士，制置司屬官，有《自堂存稿》』。今此本十三卷，卷一第二行撰人題：『賜進士豐城玕溪陳傑壽甫撰』。據此則《提要》云『字壽夫』，及『分寧人』者，皆誤也。……是本多於大典本過半，尤足以窺全豹。前有宋咸淳甲戌十月望自敘，末有明萬曆壬辰賓汝功補版跋。書版有宋刻，有元刻，有明刻，又有活字排印者，數葉版式大小不一。蓋其版自宋元時迄明陸續補刊而成，臨印時又以活字補其闕葉耳。若其歷官，則自序題銜可以考見大略，題銜云『賜進士第朝奉大夫提點江西刑獄兼制閫參謀前工部郎中玕溪陳傑壽甫識』。《大典》本無此敘，故《提要》不能詳。幸有此本可補《提要》之略，而存《自堂存稿》之全』。」葉言甚是。

8. 魯齋遺書二卷（P831）

元許衡撰。衡有《讀易私言》，已著錄。初，衡七世孫婿郝亞卿輯其遺又

未竟，河內教諭章廷俊繼成之，何瑭爲之序。

按：「章廷俊」，《總目》及文淵閣提要均作「宰廷俊」。考文淵閣本《魯齋遺書・先儒議論》卷十四有《鄂渚宰廷俊詩》：「道在乾坤若水流，斷焉復續仰前休。一從伊洛相承後，賴有先生世教謀。」另文淵閣本明何瑭撰《柏齋集》卷七《河內縣重修廟學記》一文提及教諭宰廷俊。其云宰廷俊，湖廣江夏縣人，監生。曾任淇縣訓導，後升任河內（沁陽）教諭。明嘉靖《淇縣志》卷十有其題詩《名宦祠題顏公》一首：「生祠偉矣立當時，敬奉分明慕四知。豈但淇門聲譽重，試看鳳閣雨霖施。冠華事業人無敵，蓋世功名孰與持！自古大才終不泯，他年還有鼎葬思。」

9. 文忠集六卷（P840）

元王結撰。結，字義伯，定興人。

按：「義伯」，當作「儀伯」。考《元史・列傳》卷一百七十八王結本傳：「王結，字儀伯，易州定興人……四年五月，詔贈資政大夫、河南江北等處行中書省右丞、護軍，追封太原郡公，諡文忠。有詩文十五卷行於世。」朱彝尊《經義考》卷四十五亦云王氏字「義伯」。

10. 伊濱集二十四卷（P844）

《伊濱集》二十四卷，元王沂撰。沂，字師魯。

按：「師魯」，當作「思魯」。《總目》、文淵閣提要、《續文獻通考》均作「思魯」。

又有《寓吉林塘避桃林兵警》詩。壬寅爲至正二十二年，正中原盜起之時，距沂登第已五十載，尚轉側兵戈，閒計其年，亦當過七十矣。

按：《寓吉林塘避桃林兵警》，當作《寓吉安林塘避桃林兵警》。考文淵閣此集卷三，有五言古詩《寓吉安林塘避桃林兵警感賦六首》，如第一首云：「汎舟水東偏，擇地林塘口。稍紓兵革難，少待旬日久。時時候邊警，佇立屢回首。路逢荷蕢徒，坐石蔭高柳。及時事耕鑿，煩慮復何有？不聞桃林戰，昨日竄群醜。泰運未有期，淒涼在郊藪。」

11. 杏亭摘稿一卷（P848）

是集爲其子浦江尉在所編。其所居有銀杏，樹大百圍。（洪）焱祖嘗以杏庭自號，因以名集。

按：「杏庭」，因本集名爲《杏亭摘稿》，故當作「杏亭」。因銀杏爲百圍

之大樹，似亭，而不似庭，且「亭」較「庭」更具文人之雅趣。故自號只能爲「杏亭」，不會是「杏庭」。

12. 玉笥集十卷（P857）

元張憲撰。憲，字思庶，山陰人，家玉笥山，因以爲號。

按：「思庶」，當作「思廉」。考文淵閣本此集，有劉焯《玉笥集原序》：「予嘗於岳武穆王《精忠錄》，閱先輩張思廉所作詩歌，其辭氣抑揚感激，所以爲王自處而表其忠烈者，曲盡無遺」。《總目》、文淵閣提要及清顧嗣立《元詩選初集》卷五四等亦作「思廉」。

13. 圭峰集二卷（P851）

徐燉《筆精》曰：「《圭峰集》歲久弗傳，近歲惠安莊戶部徵甫搜而梓之，誤入薩天錫詩六十餘首。」

按：「徐燉」，當作「徐𤏳」。考《列朝詩集小傳》丁集下，徐𤏳，明福建閩縣人，字惟起，更字興公，徐熥弟，布衣，家不甚富而喜聚書，合父兄所藏，積書三萬餘卷。博聞工文，善草隸書。明萬曆間與曾學銓主閩中詩壇。有《紅雨樓集》、《徐氏筆精》等。又仿《通志‧藝文略》和《文獻通考‧經籍考》體例，撰《紅雨樓書目》四卷。文淵閣《四庫全書》子部雜家類著錄其《徐氏筆精》一書，《榕蔭新檢》與《閩南唐雅》二書亦分別於《總目》史部傳記類和集部總集類存目。

14. 西菴集九卷（P877）

（孫）蕢歿，諸書散逸。其詩文今行世者爲門人黎眞所編……黎眞乃綴於集，後又並載其序，遂似蕢眞有遇鬼事者。

按：「黎眞」，《總目》及文淵閣提要均作「黎貞」。考明焦竑《獻徵錄》卷一○五，黎貞，字彥晦，號陶陶生、秫坡，明廣東新會人。元末從孫蕢學。爲人坦蕩不羈，以詩酒自放。洪武初，署本縣訓導。坐事戍遼東。時孫蕢亦戍遼東，坐藍玉黨被殺，爲殯葬之。歷十八年，放還。卒年五十九。有《秫坡集》、《古今一覽》。清朱彝尊《曝書亭集‧孫蕢傳》亦云：「蕢之被戮也，其弟子新會黎貞抱持其屍，裹之以衣，殯於安山之陽。黎貞，字彥晦，新會人。洪武初舉邑訓導，不就，有《秫坡集》。」故「黎眞」當作「黎貞」。

15. 強齋集十卷（P879）

是集乃其門人余愐所編，詩文雜著凡九卷，又益以其交遊贈答詩文暨行實墓誌爲十卷，附刻於後。

按：「余儫」，《總目》及文淵閣提要均作「余燿」，是。考文淵閣本此集，其《強齋集》原序云：「新安余燿嘗從先生學，洎較藝京師，擢居近侍，貴顯矣！而尤不忘其師，及再居憂鄉里，則纂集先生詩文若干篇，而請序於予。」明方鵬《崑山人物志》卷三、明末何喬遠《名山藏》卷四均云：余燿，元明間蘇州府崑山人，字茂本。少有俊才，從陳潛夫學，得《春秋》之傳。洪武初官至吏部尚書。而「余儫」則無此人。

16. 竹齋集三卷（P880）

王冕撰。冕，字仲章，《續高士傳》作字元肅。諸暨人。

按：「仲章」，文淵閣提要同，《總目》作「元章」。考文淵閣本此集，有劉基序，稱：「予在杭時，聞會稽王元章善為詩，士大夫之工詩者多稱道之，恨不能識也」。《獻徵錄》卷一一六、《萬姓統譜》卷四十五、《列朝詩集小傳》甲前集、《明史·王冕傳》等，均作「元章」。則當為「元章」。

詩集三卷，其子周所輯，劉基序之。續集詩及雜文一卷。又附錄呂升所為王周行狀，則冕之女孫之子駱居敬所輯。

按：文淵閣本《竹齋詩續集》小引，末題「諸甥暨陽駱居安等敬書」。考此集跋又云：「居安等謹按：外氏家世累膺，武功顯擢。迨及我外曾祖父山農先生，由儒發身，奕葉相仍。一畝之宅，清約自處，集義養浩，聲利一無動於心，具載傳序中。俯念吾母極孝慈，撫諭我兄弟，嘗曰：『我先世《竹齋遺稿》必將鐫刻，酬我祖父志。』顧歲月於邁，因循何哉！幸我堂上垂白之祖，昔與我外祖父山樵先生締交，推及是心為心，申命於下。吾父厥志，順承居安，日與諸弟居敬、居恭校讀刊詳，芳聲麗澤，從容乎其間。樗散之木，因山之高百尋可致。顧居安等學業無成，揚名顯親，徒切於懷。又無從仿昔人，成其宅相之榮。自勉自顯，中焉忸怩。詩分三卷。從遺稿編次未備者，期之採補書板。收藏來者，時加局鑰。勉旃工墨之費，日廣其傳，與士君子共之。諸孫駱居安等百拜謹書」。從此跋可知，「冕之女孫之子駱居敬所輯」當作「冕之女玄孫之子駱居安、居敬、居恭所輯」。

17. 毅齋集八卷（P887）

此集即（莫）琚所編。雜文皆樸雅，駢體亦工，詩尤具唐格，而不為林羽、高棟之鈎摹。其序文及序書二篇，立論具現根底。

按：「林羽」，《總目》及文淵閣提要均作「林鴻」。考《明史》卷二百八十六林鴻本傳：「字子羽，福清人。洪武初，以人才薦，授將樂縣訓導，歷禮

部精膳司員外郎。性脫落，不善仕。年未四十，自免歸。閩中善詩者，稱『十才子』，鴻爲之冠。」此處當爲「林鴻」，而林羽則無此人。

18. 敬軒文集二十四卷（P890）

明薛瑄撰，其門人關西張鼎所編。

按：「薛瑄」，當作「薛瑄」。考《獻徵錄》卷一三，薛瑄乃明山西河津人，字德溫，號敬軒。少工詩賦。後從高密魏希文、海寧范汝舟治理學，即盡焚所作詩賦。永樂十九年進士。旋居父喪，悉遵古禮。宣德中服除，授御史。三楊當國，欲見之，謝不往。正統間，初爲山東提學僉事，以白鹿洞學規開示諸生，親爲講授，人呼「薛夫子」。召爲大理寺左少卿，以正直忤宦官王振，被誣下獄，幾被殺。景帝嗣位，起大理寺丞。天順間，官禮部右侍郎兼翰林院學士，入閣預機務。尋致仕。卒諡文清。其學全本程、朱，以爲自朱熹後，無煩著作，直須躬行。修己教人，以復性爲主。明李賢等《明一統志》卷五十九云：「薛瑄，宣德間爲御史，監湖南銀場，黜貪墨，正風俗。暇則進諸生，講學不倦。」而薛瑄則無其人。

19. 吳文肅摘稿四卷（P900）

其集初成於家。至萬曆甲申，同邑王升、武進莊照及其從孫可達，爲選而存之，其孫士遇始刊板，故名曰《摘稿》。

按：「莊照」，《總目》、文淵閣提要均作「莊煦」，且文溯閣《四書蒙引》提要云：「嘉靖中，武進莊煦參校二稿，刊削冗複，十去三四，輯成一書而刊之。末又別附一冊，則煦與學錄王升商榷訂定之語也。」考文淵閣本《吳文肅摘稿》之《凡例》，及莊氏所編之《四書蒙引・別錄》，亦作「莊煦」。則當爲「莊煦」。

20. 讀書後八卷（P916）

《讀元命苞》一篇，所言皆衛嵩之《元包》，尤爲荒謬。則猶早年盛氣，不及檢校之作也。

按：「衛嵩」，《總目》作「衛元嵩」，是。考文淵閣本此集卷五，有《讀元命苞》一文云：「右書（指《讀元命苞》），據以爲後周衛元嵩述。唐蘇源明傳，李江注。」陳振孫《直齋書錄解題》卷一云：「《元包》十卷，唐衛元嵩撰。秘書少監武功蘇源明傳，四門助教趙郡李江注。」《新唐書・藝文志》卷五十七：「衛元嵩《元包》十卷，蘇源明傳，李江注。」宋祁等《崇文總目》卷一：「衛元嵩撰。元嵩，唐人。武功蘇原明傳，趙郡李江注」，等等。

21. 因園集十三卷（P935）

國朝趙執信撰。執信，字仲符，號秋谷，晚號飴山老人，益都人。

按：「仲符」，《總目》及文淵閣提要均作「伸符」。《碑傳集》卷四五云：「趙執信，山東益都人，字仲符，號秋谷。」《清史稿》卷四八四趙執信本傳亦作「伸符」。

五、職官之誤

1. 西塍集九十四卷（P804）

臣等謹案：《西塍集》一卷，宋宋伯仁撰。伯仁字器之，湖州人，嘉熙時為鹽運司經歷。

按：「經歷」，《總目》及文淵閣提要均作「屬官」。「經歷」為特定官名。而「屬官」為「屬下的官吏」之泛稱。金於都元帥府、樞密院置。元樞密院、大都督府、御史臺等衙署，皆有此官。明清都察院、通政使司、布政使司、按察使司等亦置，職掌出納文書。《總目》作「屬官」。《韓非子・有度》：「屬官威民，退淫殆，止詐偽，莫如刑。」《漢書・百官公卿表上》：「元壽二年復賜大司馬印綬，置屬官，去將軍，位在司徒上。」《兒女英雄傳》第三三回：「大臣有個聞見，便訓誡屬官，末吏有個知識，便規勸上憲。」《續文獻通考》卷一百九十五《經籍考》云：「宋伯仁《西塍集》一卷。伯仁，字器之，湖州人。嘉熙中為鹽運司屬官。」

2. 學言稿六卷（P857）

元吳當撰。當，字伯尚，崇仁人，澄之孫也。以陰授萬億庫照磨，後歷官至翰林直學士，江西行省參政。

按：「萬億庫照磨」，當作「萬億四庫照磨」（屬戶部，管錢糧出納）。《元史》卷七十四吳當本傳云：「吳當，字伯尚，澄之孫也。當幼承祖訓，以穎悟篤實稱。長精通經史百家言，侍其祖至京，補國子生。久之，澄既捐館，四方學子從澄遊者，悉就當卒業焉。至正五年，以父文陰，授萬億四庫照磨，未上，用薦者改國子助教。」文淵閣提要、《總目》均作「萬億四庫照磨」。

3. 槎翁詩集（P870）

（洪武）十三年，手敕召為禮部侍郎，署禮部尚書致仕。

按：「署禮部尚書致仕」，《總目》作「擢吏部尚書致仕」。《明史》卷一百三十七劉崧傳云：「（洪武）十三年，（胡）惟庸誅，（崧）徵拜禮部侍郎。未

幾，擢吏部尚書。雷震謹身殿，帝廷諭群臣陳得失。崧頓首，以修德行仁對，尋致仕。」故《總目》是。

4. 泊庵集十六卷（P877）

永樂初，召修《太祖實錄》，（梁潛）累遷左春坊右贊善。會修《永樂大典》，代禮部尚書鄭賜爲總裁，升侍讀。

按：「左春坊」，《總目》及文淵閣提要均作「右春坊」。《明史·鄒濟傳》卷一百五十二：「梁潛……永樂元年，召修《太祖實錄》。書成，擢修撰，尋兼右春坊右贊善，代鄭賜總裁《永樂大典》。」《明詩綜》亦云：「永樂初，召修《實錄》，（梁潛）升翰林修撰，歷右春坊右贊善。帝北狩留監國中，讒死，有《泊庵集》。」則文淵閣提要誤。

5. 東江家藏集四十二卷（P903）

（顧）清學端行謹，砥礪名節。當正德時，諫疏凡十數上。嘉靖初，力請停遣緹騎。於時政皆有所獻替。

按：「緹騎」，《總目》及文淵閣提要皆作「旗校」。考《明史》卷一百八十四顧清本傳云：「嘉靖六年，詔舉老成堪用內閣者。廷推及清，乃以爲南京禮部右侍郎，上言：『……請自今悉付所司停旗校，無遣。』」「緹騎」爲穿紅色軍服的騎士，泛指貴官的隨從衛隊，後用爲逮治犯人的禁衛吏役。「旗校」是旗軍的校官。如明王錡《寓圃雜記》卷上「宜檄示在京官軍旗校，預給一歲之糧，令自往支」，《明史·周經傳》「至清軍之弊，洪熙以前在旗校，宣德以後在里胥」，《明史·葛守禮傳》「旗校詗其事以聞」，等等。故當作「旗校」。

6. 御製詩集三百七十二卷（P927）

自乾隆三十七年壬辰至乾隆四十八年癸卯，計詩九千七百餘首，編爲四集一百卷，目錄十二卷。則大學士梁國治、尚書董誥等所校刊也。

按：「大學士梁國治、尚書董誥」，《總目》作「協辦大學士梁國治、侍郎董誥」。考文淵閣本《御製詩集·御製詩四集告成恭摺》，其款識爲「協辦大學士尚書臣梁國治，侍郎臣董誥謹奏爲敬刊。」則文淵閣提要誤。

六、地名之誤

1. 覆瓿集六卷（P811）

宋趙必璩撰。必璩字玉淵，自號秋曉，太宗十世孫，居於莞。咸淳元年，

與父崇龠同登進士。

按：「居於莞」，文淵閣提要及《總目》皆作「居於東莞」。考《覆瓿集》卷六附錄《志傳》：「趙必璒，字玉淵，東莞人，系出濮邸。咸淳元年，與父崇龠同登進士，時稱橋梓聯輝，簪紳侈爲盛事。」清陸心源《宋史翼》卷一七，亦作「東莞人」。文淵閣提要於「莞」前脫「東」字，故「居於莞」當作「居於東莞」。

2. 潛齋集十一卷（P813）

（何夢桂）咸淳乙丑進士，官至大理寺卿，引疾去，築室小酉原，宋亡後屢徵不起。

按：「小酉原」，《總目》作「小酉源」。考文淵閣本此集，後附其八世孫何淳所撰《家傳》，稱何夢桂「築室於故居旁近之小酉源，著書自娛，不復與世接。」《南宋書》卷六三亦如此。則當作「小酉源」。

考元盛如梓《老學齋叢談》載《夢桂送留夢炎》一詩……

按：《老學齋叢談》，當作《庶齋老學叢談》，《四庫全書》子部雜家類收錄此書，凡三卷。

3. 紫山大全集二十六卷（P828）

中統初，張文謙宣撫大名，辟袛遹爲員外郎，後官至河南浙西道提刑按察使。延祐五年追贈禮部尚書，諡文靖。

按：「河南」，當作「江南」。考《元史》卷一百七十胡袛遹本傳云：「（胡袛遹）召拜翰林學士，不赴。改江南浙西道提刑按察使，未幾以疾歸。二十九年朝廷徵耆德者十人，袛遹爲之首，以疾辭。三十年卒，年六十七。延祐五年贈禮部尚書，諡文靖。」元代王惲《秋澗先生大全文集》卷四〇《祠堂》亦爲「江南浙西道」。

七、引文之誤

1. 真山民詩集一卷（P817）

（眞山民詩）格出於晚唐，長短皆復相似。五言如「風竹有聲畫，石泉無操琴」、「飛花游蕩子，古木老成人」，七言如「商嶺定無屠狗客，雲臺寧有釣魚人」、「雕花鏤柳春無跡，沐浴山川雨有思」。

按：文淵閣本此集有《奉和春遊呈雲耕叔祖》一詩：「節遇中和景漸暄，自摩倦眼望前村。雕鏤花柳春無跡，沐浴山川雨有恩。憶昔踏青終日醉，如

今垂白幾人存。未應便作衰翁看，藉草猶堪倒一樽。」則「雕花鏤柳春無跡，沐浴山川雨思」，當作「雕鏤花柳春無跡，沐浴山川雨有恩」。且從全詩之意來看，當爲「雨有恩」。此爲「思」、「恩」形近而誤。

2. 此山詩集五卷（P837）

然（周權）詩名日起，唱和日多，集中有贈趙孟頫詩云：「遠遊非涉聲利途，願謁國丈開榛蕪」。

按：「遠遊非涉聲利途，願謁國丈開榛蕪」，非贈趙孟頫詩，乃贈虞集（字伯生）詩，周權贈趙孟頫（字子昂）詩爲「瓣香未展師道敬，攜琴暫出松蘿中」。考文淵閣本此集，卷四有《呈虞伯生修撰》詩「遠遊非涉聲利途，願謁國士開榛蕪」，亦有《趙子昂學士》詩「瓣香未展師道敬，攜琴暫出杉蘿中」。

3. 安雅堂集十三卷（P848）

史稱其（陳旅）文典雅峻潔，必求合於古作者，不徒以徇世好。又稱虞集見所作，有「我志將休，付子斯文」之語。

按：「我志將休，付子斯文」，當作「我老將休，付子斯文」。考《元史‧陳旅傳》卷一九十云：「（陳旅）遊京師既至，翰林侍講學士虞集見其所爲文，慨然歎曰：『此所謂"我老將休，付子斯文"者矣。』即延至館中，朝夕以道義學問相講習，自謂得旅之助爲多。」「我老將休，付子斯文」出自《東坡全集》卷六三《祭歐陽文忠公夫人文》：「嗚呼，軾自齠齔，以學爲嬉。童子何知，謂公我師。晝誦其文，夜夢見之。十有五年，乃克見公。公爲拊掌，歡笑改容。此我輩人，餘子莫群。我老將休，付子斯文。」

4. 子淵詩集六卷（P852）

（此集）古詩沖澹，頗具陶韋風格。律詩雖頗涉江湖末派，格意未高，然五言如「晚市魚蝦集，秋山筍蕨多……」，亦皆楚楚有致，其見重於當時名輩，亦有以也。

按：「晚市魚蝦集，秋山筍蕨多」，當作「曉市魚蝦集，深秋筍蕨多」。考文淵閣本此集，卷三有《宿單孟年溪齋次韻》：「蘇端元有約，風雨亦來過。曉市魚蝦集，深秋筍蕨多。交情今管鮑，詩句逼陰何。最喜華顛祖，孫兒似小坡。」

5. 灤京雜詠一卷（P860）

（其詩）一則曰：「強欲驅愁酒一巵，解鞍閒看古祠碑。居庸千載興亡事，

惟有中天月色知。」

按：「強欲驅愁酒一巵」，考文淵閣本此集，「驅」作「澆」。且「以酒澆愁」較「以酒驅愁」更確。

6.復古詩集六卷（P861）

古樂府諸篇，則與《鐵崖樂府》相複者數十首。而稍有異同，如「石婦操山夫折山花」句上，樂府本尚有「峨峨孤竹岡，上有石層層」二句。

按：「峨峨孤竹岡，上有石層層」，不確。考文淵閣本此集，卷一有《石婦操》（並引）：「（石婦即望夫石也，在處有之。詩人悲其志與精衛同，不必問其主名也。予爲詞，補入琴操）云：『峨峨孤竹岡，上有石魯魯。山夫折山花，歲歲山頭歌石婦。行人幾時歸？東海山頭有時聚。行人歸，啼石柱，石婦岑岑化黃土』，《總目》亦如此。則「峨峨孤竹岡，上有石層層」，當作「峨峨孤竹岡，上有石魯魯」。

7.草澤狂歌五卷（P876）

其詩深婉淒怨，長於託諭。如「渭水寒流秦塞晚，灞陵殘雨漢原秋」、「鳥外明河秋一葉，天涯涼月夜三更」……至今膾炙人口。

按：「三更」，當作「千峰」。考文淵閣本《白雲樵唱集》之《初秋寄清江林崇高先輩》詩：「十年滄海寄萍蹤，迢遞鄉山思萬重。鳥外明河秋一葉，天涯涼月夜千峰。心知久別魂應斷，生事中年夢亦慵。無限相思何處著，越山仙島樹蒙茸。」明袁表等《閩中十子詩》卷十八、清鄭方坤《全閩詩話》卷六等，均如此。

8.鵝湖集六卷（P1478下）

明龔斆撰。斆，鉛山人。《明史》無傳。惟《太祖本紀》載，洪武十三年八月丙午，置四輔官，以儒士王本、杜佑、龔斆、趙民望、吳源，爲春、夏官，而亦不詳其本末。

按：「十三年八月丙午」，《總目》作「十三年九月丙午」。考朱元璋《明太祖寶訓》卷三：「洪武十三年九月丙午，始置四輔官，告太廟，以王本、杜佑、龔斆爲春官，杜斆、趙民望、吳源爲夏官。敕曰：『昔之耕莘者爲政，社稷永安。築岩者在朝，君仁民康。二臣繼出於殷商，致君六百年之大業。是賢者雖處同出異，其忠君濟民之道則一。朕政有未周，化有未洽，訪近臣而求士，故召爾等來朝，命爲四輔官，兼太子賓客。位列公、侯、都督之次，必欲德合天人，均調四時，以臻至治，其敬慎之。』」《明史》卷七二《志》

第四十八云：「（洪武）九月，置四輔官，以儒士王本等爲之。置四輔官告太廟，以王本、杜佑、龔斆爲春官，杜斆、趙民望、吳源爲夏官，兼太子賓客。秋、冬官缺，以本等攝之，一月內分司上、中、下三旬，位列公侯都督之次。」乾隆《歷代職官表・內閣下》卷四：「《明史》太祖本紀，洪武十三年九月丙午，置四輔官，告於太廟。以儒士王本、杜佑、龔斆、杜斆、趙民望、吳源爲春夏官。」則以《總目》爲是。

天台盧廷綱稱其詩云：「酒酣落筆詞愈工，命意不與常人同。清如冰甌玉碗貯繁露，和如大廷清廟鳴絲桐。疾如黃河怒風卷濤浪，麗如錦江秋水湧芙蓉。」

按：「麗如錦江秋水湧芙蓉」，《總目》與文淵閣提要作「麗如錦江秋水涵芙蓉」。考盧氏詩，「涵」字合「芙蓉映秋水」之原意。此二字形近而誤。

9.小鳴稿十卷（P901）

又《山行》詩云「啼鳥無聲僧入室，半巖風落紫藤花。」

按：「啼鳥無聲僧入室」，《總目》及文淵閣提要均作「啼鳥無聲僧入定」，是。考文淵閣本此集，亦作「啼鳥無聲僧入定」。且「啼鳥無聲」與「僧入定」意境悄然，更富禪意。而「啼鳥無聲僧入室」，則無甚詩境。

10.蘇門集八卷（P911）

王世貞《藝苑卮言》評叔嗣詩，如高山鼓琴，沉思忽往；木葉盡脫，石氣自清。說者以爲形容馬之駿。

按：「高山鼓琴」，《總目》作「空山鼓琴」。又《總目》卷一百八十五《睫巢集》提要云：「較王世貞所謂高叔嗣詩，如空山鼓琴，沉思忽往，木葉盡脫，石氣自青者，則猶有一間之未達。」且「空山鼓琴」更適合「沉思忽往」之意境。故以「空山鼓琴」爲是。

八、其他

1.詠史詩二卷（P692）

臣等謹案：《詠史詩》二卷，唐胡曾撰。曾，邵陽人，事蹟無可考見。《文苑英華》載其二啓，皆干謁方鎮之作。陳振孫《書錄解題》載咸通末爲漢南從事，蓋終於幕府也。

按：「事蹟無可考見」，非也。元辛文房《唐才子傳》卷八：「胡曾，長沙人也。咸通中進士。初再三下第。有詩云：『翰苑幾時休嫁女，文昌早晚罷生

兒。上林新桂年年發，不許時人折一枝。』曾天分高爽，意度不凡，視人間富貴亦悠悠。遊歷四方，馬跡窮歲月。所在必公卿館穀，上交不諂，下交不瀆，奇士也。嘗爲漢南節度從事，作《詠史詩》，皆題古君臣爭戰、興廢塵跡、經覽形勝、關山亭障、江海深阻，一一可賞。人事雖非，風景猶昨。每感輒賦，俱能使人奮飛。至今庸夫孺子亦知傳誦，後有擬效者不逮矣。至於近體律絕等，哀怨清楚，曲盡幽情，擢居中品不過也。惜其才茂而身未穎脫，痛哉！今《詠史詩》一卷有咸通中人陳蓋注，及《安定集》十卷行世。」又明李賢等《明一統志》卷六十三云：「唐胡曾，邵陽秋田人。長於才幹，天福間應舉不第。高駢鎮四川，乃置門下。時雲南叛，乘傳入川，辭旨不遜，使幕客各撰書答之。曾辭曰：『四方之於中國，猶眾星之拱北辰，百川之趨東海。天地尚不能違，況於人乎？』駢盛稱之，自是箋奏皆出其手。遂成《安定集》十一卷，《詠史詩》百首。」清康熙《湖廣通志·鄉賢志》卷五十亦云：「唐胡曾，姓譜邵陽人。天福間屢舉不第，高駢鎮蜀，引爲從事，時南詔叛，辭語不遜，駢命曾撰牒，諭之曰：『四方之於中國，猶眾星之拱北辰，百川之趨東海。天地尚不能違，況於人乎？』南詔屈服乞和。尋補寧遠令，多惠政，徙延唐，請於朝，復建舜祠。著有《安定集》十二卷，《詠史詩》百首」等。則文溯閣提要所云失考。

2. 嘉禾百詠一卷（P810）

此乃其初出單行之本，每首之後皆有附考。作者雖不詳爲何許人，而自吳越以後嘉興典故，頗可得其梗概。

按：考文淵閣本此集，《村門口》一首末云「附考未詳」。他如《水心亭》、《樂郊亭》、《南塢》、《海棠亭》、《白蓮沼》、《桃花亭》、《紅薇逕》、《茶溪》、《仙鶴亭》、《芙蓉塘》、《白苧橋》、《漁漵》、《雪峰庵》、《三塔》等十四首，亦無附考。故此云「每首之後皆有附考」，不確（注：此條已爲周錄祥師兄所辨）。

3. 湛淵集一卷（P830）

如成化《杭州府志》所載《三月八日過西馬塍》一首，中四句全與《月泉吟社詩》同。而第二句以「塍」字與「晴」聲名字同押，是於至正之初，已用洪武，不問可知。

按：「已用洪武，不問可知」不辭。據文淵閣提要及《總目》，「洪武」與「不問」之間脫「正韻，其爲依託淆混」數字，爲鈔手漏鈔。《洪武正韻》爲

明初一部官方韻書。

4. 居竹軒詩集四卷（P854）

劉欽嘗稱，（成）廷珪五言務自然，不事雕劚；七言律最工，深合唐人之體。

按：考文淵本此集，原序郜肅所作。序云：「唯意於詩，五言務自然，不事雕劚；七言律最爲工，深合唐人之體……故序其大概於篇首云。京兆郜肅序。」此序後爲劉欽序，並未論及廷珪五言詩。郜肅、劉欽均其友，且二者之序相連（因爲連在一起，容易將作者混淆），故館臣誤。

5. 蟻蟓集五卷（P919）

是集爲嘉靖癸卯（盧）楠所自編。凡雜文二卷，賦一卷，詩二卷。

按：「楠所自編」，不確。考文淵閣本此集，前載有癸卯盧楠自序，該序只解釋了書名的由來以及該集所收作品的體裁，並未詳其編類及其卷數，更未言爲其自編。即便是距盧楠不久的穆文熙，其《重刻蟻蟓集引》云：「吾郡盧山人者，以詩文雄一世，而當其時則人少有能重之者。今沒去二十餘載，而所撰《蟻蟓集》始出。崐崍張公手自校讎之，刻之太倉署中。」也未言及其成集者爲誰。究竟是自編還是他編，在無確證的情況下，應該存疑。葉德輝《郋園讀書志》卷九亦謂：「前載癸卯自序，並未詳其編類及卷數，館臣並不考實，謂其自編，則謬甚。」至今，葉氏所藏之五卷本《蟻蟓集》於西南師範大學圖書館亦有收藏（據《四川省高校圖書館古籍善本聯合目錄》卷五，1994年，四川大學出版社），可參看。

6. 學古緒言二十五卷（P922）

（婁堅）與（唐）時升、（程）嘉燧及李流芳號「嘉定四先生」。然嘉燧以依附錢謙益得名，本非端士。

按：程嘉燧以工詩畫，曉音律名。《明史·列傳》卷二百八十八亦云：「程嘉燧，字孟陽，休寧人，僑居嘉定。工詩善畫。與通州顧養謙善。友人勸詣之，乃渡江。寓古寺，與酒人歡飲三日夜，賦《詠古》五章，不見養謙而返。崇禎中至常熟，讀書耦耕堂。士林咸重之。閱十年，始返休寧，遂卒，年七十有九。」可知，程嘉燧之名緣於其詩畫之才，而非錢謙益之名。葉德輝《郋園讀書志》收有程嘉燧《松園浪淘集》十八卷，並云：「松園（程嘉燧之號）早得盛名，初未依附謙益。不過，晚與之昵，彼此不無阿好之詞耳。明末文人習氣，凡達官田居，必引一布衣，與之倡和往來，以炫鄉里之耳目。如董

宗伯之與陳眉公，亦即其習氣。謂其詩不足名家，亦是持平之論。謂非端士，
毋乃儲胥之惡與？」故言「非端士」誤。

參考文獻

1. 金毓黻：《金毓黻手定本文溯閣四庫全書提要》，中華全國圖書館文獻縮微複製中心，1999 年。

2. （清）永瑢，紀昀等：《四庫全書總目》，中華書局，1965 年。

3. 楊家駱：《四庫大辭典》，中國圖書大辭典編輯館，1932 年。

4. 楊家駱，世界學院中國學典館：《四庫全書學典》，世界書局，1946 年。

5. 朱士嘉：《中國地方志綜錄》，商務印書館，1958 年。

6. （清）黃虞稷等，（清）王鴻緒等：《明史藝文志》、《明史藝文志補編》、《明史藝文志附編》，商務印書館，1959 年。

7. 引得編纂處校訂：《三十三種清代傳記綜合引得》，中華書局，1959 年。

8. 陳乃乾：《清代碑傳文通檢》，北京圖書館出版社，2003 年。

9. 鄭振鐸，北京圖書館：《西諦書目》，文物出版社，1963 年。

10. 胡玉縉，王欣夫：《四庫全書總目提要補正》，中華書局，1964 年。

11. 王重民：《美國國會圖書館藏中國善本書目》，文海出版有限公司，1972 年。

12. 嚴靈峰：《書目類編》，成文出版有限公司，1978 年。

13. 邵懿辰，邵章：《增訂四庫簡明目錄標注》，上海古籍出版社，1979 年。

14. 葉德輝：《郋園讀書志》，臺灣明文書局，1980 年。

15. 余嘉錫：《四庫提要辨證》，中華書局，1980 年。

16. 朱保炯，謝沛霖：《明清進士題名碑錄索引》，上海古籍出版社，1980 年。

17. 萬曼：《唐集敘錄》，中華書局，1980 年。

18. （清）章鈺等：《清史稿藝文志及補編》，中華書局，1982 年。

19. 上海圖書館：《中國叢書綜錄》，上海古籍出版社，1982～1984 年。

20. 周清澍：《元人文集版本目錄》，南京大學出版社，1983 年。

21. 王重民：《中國善本書提要》，上海古籍出版社，1983 年。

22. 洪煥椿：《浙江方志考》，浙江人民出版社，1984 年。

23. （清）黃宗羲：《明儒學案》，中華書局，1985 年。

24. （清）永瑢等：《四庫全書簡明目錄》，上海古籍出版社，1985 年。

25. （清）黃宗羲，全祖望：《宋元學案》，中華書局，1986 年。

26. 周子美：《嘉業堂鈔校本目錄天一閣藏書經見錄》，華東師範大學出版社，1986 年。

27. 洪業等：《八十九種明代傳記綜合引得》，上海古籍出版社，1986 年。

28. 臺灣中央圖書館：《明人傳記資料索引》，中華書局，1987 年。

29. 文淵閣《四庫全書》影印本，上海古籍出版社，1987 年。

30. 楊廷福、楊同甫：《清人室名別稱字號索引》，上海古籍出版社，1988 年。

31. 傅增湘：《藏園群書題記》，上海古籍出版社，1989 年。

32. 《明代地方志傳記索引》，臺灣大化書局，1989 年。

33. 黃愛平：《四庫全書纂修研究》，中國人民大學出版社，1989 年。

34. （清）黃虞稷，瞿鳳起，潘景鄭：《千頃堂書目》，上海古籍出版社，1990 年。

35. 羅偉國，胡平：《古籍版本題記索引》，上海書店，1991 年。

36. 崔富章：《四庫提要補正》，杭州大學出版社，1990 年。

37. 李裕民：《四庫提要訂誤》，書目文獻出版社，1990 年。

38. 馮惠民等：《明代書目題跋叢刊》，書目文獻出版社，1994 年。

39. 南京師範大學古文獻整理研究所：《江蘇藝文志》，江蘇人民出版社，1994～1996 年。

40. 中國古籍善本書目編輯委員會：《中國古籍善本書目‧集部》，上海古籍出版社，1998 年。

41. 李學勤，呂文郁：《四庫大辭典》，吉林大學出版社，1996 年。

42. 張書才，中國第一歷史檔案館：《纂修四庫全書檔案》，上海古籍出版社，1997 年。

43. 祝尚書：《宋人別集敘錄》，中華書局，1999 年。

44. 王紹曾：《清史稿藝文志拾遺》，中華書局，2000 年。

45. 楊武泉：《四庫全書總目辨誤》，上海古籍出版社，2001 年。

46. 司馬朝軍：《〈四庫全書總目〉研究》，社會科學文獻出版社，2004 年。

47. 《四庫全書》出版工作委員會：《文津閣四庫全書提要彙編》，商務印書館，2006 年。

48. 司馬遷等：《二十四史》，中華書局校點本。